전도서에 나타난

속담의

수사학적 기능 연구

popular proverbs

전도서에 나타난
속담의
수사학적 기능 연구

채은하

한국학술정보㈜

성경 전체가 하나님의 말씀이고 진리이지만 특히 신앙적 고민과 위로를 동시에 제공해 주는 성경은 단연코 전도서이다. 전도서는 불과 12장 222절의 짧은 분량으로 전도자가 물었던 수많은 질문과 그의 해결 즉 생사화복, 지혜와 인과응보와 자연의 질서와 노년과 경제와 정치 등 많은 내용들을 담고 있다.

적어도 2,300-400년 전에 살았을 사람인데도 전도자는 마치 오늘을 사는 것처럼 우리와 같은 고민을 솔직하게 이야기하고 있다. 그는 하나님을 전적으로 신뢰하고 경배한다. 하지만 그는 신앙인이 이 땅에서 살아야 하는 현실의 무게는 결코 작지 않다고 말한다. 인간의 신앙과 지혜와 지식이란 사실 턱없이 부족하기에 하나님의 섭리를 제대로 헤아리기 어렵다. 그는 묻고 또 묻는다. 신앙인은 어떻게 살 수 있을까? 설사 인간이 제사나 예배와 같은 외적인 행위를 철저히 준수해도 그것들은 때때로 삶의 장식으로 끝나기도 한다. 또한 조상들이 충고하는 대로 전통적 신앙에 아무리 충실하여도 사람들은 현실 앞에서 절망하고 나아가 하나님을 회의하고 도피하려고 한다. 그래서 전도자는 사람은 삶도 죽음도 사랑과 미움도 모른다고 불평한다. 인간은 모든 것을 얻은 듯 기뻐하다가도 순간 아무 것도 남지 않는 인생을 겪기도 한다. 하지만 전도자는 결국 하나님 앞에서 모든 것이 하나님의 손에 있다고 고백한다. 이처럼 전도자는 결코 쉽게 신앙의 길을 제시하지도 그의 최종적 결론도 강요하지도 않는다.

그는 신앙의 선배로서 사람들의 고민을 들어주고 스스로 자신의 삶을 돌아보면서 선택하고 결단하게 한다. 이런 의미에서 전도자는 회의할 줄 아는 정직하고 넉넉한 신앙인이다. 이것이 전도서의 개성이요 매력이다.

전도서의 이러한 메시지를 이해하기 위한 다양한 방법들이 있다. 그 가운데 한 가지 방법이 본 저서가 주지하는 속담 장르의 발견과 그것들의 수사학적 기능 연구이다. 속담은 우리가 일상생활에서 흔하게 사용하고 있는 것인데, 저자나 화자가 자신의 논지를 설득하고 강화하기 위해 효과적으로 사용할 수 있는 수사학적 장치이다. 전도자 역시 지혜 교사로서 문장에 탁월한 만큼 많은 속담들을 기능적으로 다양하게 사용하고 있다. 그는 자신의 논쟁과 주장을 위해 속담들을 다양한 수사학적 기능으로 사용(혹은 인용)하면서 자신의 성서적 메시지를 확고하게 전달하고 있다. 전도서에 나타난 속담들의 수사학적 기능들은 전도서의 구조와 이해를 위해 중요한 도구로 자리매김하고 있다.

제1장에서는 속담 연구의 의의와 방법을 제시하고, 제2장에서는 속담의 정의와 용도를 정의한다. 제3장에서는 여기에서 정의한 속담의 기준에 따라 전도서에 나타난 속담들을 분류한다. 제4장은 본 연구의 본론으로서 속담의 의미와 기능들과 효과를 다루게 될 것이다. 마지막으로 제5장은 본 연구의 결론이 실려 있다.

본 연구는 서울 광장동에 위치한 장신대에서 신학 박사 학위 논문으로 제출한 것이다(2002년). 이 저서가 나오기까지 많은 분들의 기도와 실질적인 도움이 있었다. 지금은 고인이 되신 이동수 교수님께서는 이 논문의 완성을 위해 처음부터 마지막까지 늘 격려와 용기를 아끼지 않으셨다. 또한 부족한 나에게 학문적 길을 꿋꿋이 갈 수 있도록 든든한 후원자가 되신 어른들이 계시다. 실로암 안과 병원의 김선태 목사님, 대덕교회의 이중삼 목사님과 이 부족한 제자를 아껴 주시고 세워주시는 한일장신대의 정장복 총장님께 한없는 감사를 표한다. 또한 지금도 늘 딸을 염려하고 자랑스러워하시는 어머니와 언제라도 따뜻한 밥과 차와 대화를 나눌 수 있는 여러 동료들과 친구들에게 감사한 마음을 꼭 전하고 싶다.

마지막으로 이 연구가 서가에 꽂힐 수 있도록 책으로 만들어주신 한국학술정보(주)와 직원 분들께 깊은 감사를 드린다.

2007년 12월
채은하

목 차

* 약 어 표 *

ABD	*Anchor Bible Dictionary*
AJBI	*Annual of the Japanese Biblical Institute*
AJOSLL	*American Journal of Semitic Languages and Literature*
BASOR	*Bulletin of the American Schools of Oriental Research*
BTB	*Biblical Theology Bulletin*
BT	*The Bible Translator*
BZAW	*Beihefte zur Zeitschrift für die Alttestamentliche Wissenschaft*
CBQ	*Catholic Biblical Quarterly*
CJ	*Concordia Journal*
DBI	*Dictionary of Biblical Interpretation*
EQ	*The Evangelical Quarterly*
ERT	*The Evangelical Review of Theology*
ET	*Expository Times*
GTJ	*Grace Theological Journal*
HAR	*Hebrew Annual Review*
HUCA	*Hebrew Union College Annual*
IB	*Interpreter's Bible*
ICC	International Critical Commentary
INT	*Interpretation*
ITQ	*Irish Theological Commentary*
JBL	*Journal of Biblical Literature*
JNES	*Journal of Near Eastern Studies*
JSOT	*Journal for the Study of the Old Testament*

＊ 일러두기 ＊

1. 각주에서 처음 인용하는 문헌은 자세하게 서지 사항을 적지만, 그 뒤부
   터는 저자의 이름과 책 가운데 중요한 낱말 몇 개만 적고 인용 쪽수를
   적기로 한다.
2. 국내 책은 『 』로, 외국 책은 이탤릭체로 표기한다.
3. 개역 한글 성경과 히브리 성경의 장절이 다를 경우 히브리 성경의 장절
   표시를 적고 뒤이어 ( ) 안에 개역 한글 성경의 장절을 적는다.
4. 성경에 나타난 고유명사는 개역 성경을 따르기로 한다. 성경을 인용해
   야 할 경우 특별한 언급이 없는 경우 개역 성경을 적는다. 또한 성경책
   의 약자는 개역 성경의 표기법을 따르고, 외경 책의 약자는 공동번역
   성경을 따른다. 외경 가운데 집회서는 '집'으로, 솔로몬의 지혜서는 '지'
   로 표기한다.
5. 한 절을 반으로 나누어서 앞은 상반절로, 뒤는 하반절로 부르고, 상반
   절, 하반절을 다시 둘로 나누었을 때는 그 앞부분을 ㄱ, 그 뒷부분을
   ㄴ으로 표기하기로 한다.
6. 한 각주 안에서 동일 저자의 이나 기사가 연이어 반복될 경우 처음 문
   헌에만 저자 이름을 적고 그 이후부터는 생략하기로 한다.

제1장 서 론

14

1. 문제 제기 및 연구 과제

전도서는 많게는 9개의 자료들의 혼합된 문헌으로 여겼던 극단적인 경우를 포함하여 대체로 그 복합적인 성격이 인정되어 왔다.[1] 먼저 전도서의 저작에 대한 견해들을 두 가지로 집약해 볼 수 있다. 첫째는 전도서에서 최소한 두 사람 이상의 필적을 발견할 수 있다는 복수 저작설이다. 이것은 전도서의 여러 본문과 사상이 때로는 서로 모순되고 있다는 것과 전도서의 장르와 전개 방식이 다양하다는데 그 근거를 둔 것이다. 둘째는 전도서는 통일성 있는 작품이라는 최근 학자들의 견해이다. 특별히 전도서가 다양한 문체들과 장르들로 구성되어 있다는 사실은 전도서의 통일성을 주저하는 이유가 되기도 하지만 다른 측면에서 볼 때 오히려 전도자(קהלת)의 뛰어난 문학적 능력을 반영하고 있다고 할 수 있다. 전도자의 활발한 문학 활동을 뒷받침할만한 본문(12:9-10)이 있다. 여기에 사용된 למד, אזן, חקר, תקן라는 4개의 동사가 이 사실을 단적으로 증거해 주고 있다. 먼저 전도자가 사람들을 '가르쳤다'(피엘 동사, למד)고 언급하는 것으로 보아 그는 직업적인 교사이든 아니든 지혜를 연마하고 가르쳤을 것이라는 점이다.[2] 나머지 세 동사들 역시 전도자의 문헌 활동을 적극적으로

---

1) 전도서를 최고 9명의 복합 작품으로 본 학자는 19세기 말 지그프리트이다. C. Siegfried, *Prediger und Hoheslied*(HAT; Göttingen: Vandenhoeck and Ruprecht, 1898); C. Bartholomew, *Reading Ecclesiastes: OT Exegesis and Hermeneutical Theory*(Roma: Editrice Pontificio Istituto Biblico, 1998), pp.69-70에서 재인용.

2) 화이브레이는 전도자가 폭넓은 작품 활동을 했다는 사실을 교사에게만 한정할 수 없다는 이유 때문에 전도자가 전문적인 교사였으리라는 가정을 단호하게 부인한다. 따라서 그는 12:9의 본문은 전도자의 교사직이 아닌 전도자의 작품 활동을 의미한다고 주장한다. R. N. Whybray, *The Intellectual Tradition in the OT*(Berlin, N. Y.: Walter de Gruyter, 1974), pp.47-48; *Ecclesiastes*(London: Marshall, Morgan & Scott Publ. LTD., 1989), pp.169-171.

묘사해 주고 있다. 두 번째 동사 אזן은 구약성경에서 유일하게 전도
서에서만 나타나는 동사로서 '듣다,' '귀기울이다'라는 의미를 지니고
있다.3) 이 단어의 사용은 전도자는 다른 사람의 지혜에도 관심을 갖
고 이를 경청하고 배웠던 사람이었음을 시사해 준다(잠 1:5-6; 집
3:19; 6:33-35). 외경 중의 하나인 집회서(Ben Sirach)에서도 현인들
(sages)의 문헌 활동을 엿볼 수 있다. "교양있는 사람이 현명한 말을
들으면 그 말을 중히 여길 뿐 아니라 거기에 더 좋은 말을 보탠다"
(집 21:15상). 주전 3세기 말 혹은 2세기 초에 저작된 집회서의 저자
벤시라의 시대를 반영하는 이 본문은 전도자의 역할이 현인들 혹은
교사와 매우 가까웠음을 짐작케 한다. 또 다른 동사 חקר 역시 피엘
형태로는 전도서에서만 사용되고 있는데, '주의 깊게 관찰하고 연구
하다'4)는 사실을 의미하므로 학문에 대한 전도자의 진지한 태도를
암시하는 것으로 볼 수 있다. 특히 구약성경 가운데 유일하게 전도서
에서만 3회 나타나는 마지막 동사 תקן(1:15; 7:13; 12:9)는, 여기에서
'작성하다' 혹은 '정돈하다'5)라는 의미로 그의 활발한 문헌 활동을
짐작하게 해준다. 전도서 본문에서 발견되는 위의 4개의 동사들을
종합해 볼 때 전도자는 문학 활동과 연구에 전념한 현인 혹은 교사
이었을 가능성이 크다.6) 어쨌든 전도자는 지혜 전승에 관심을 갖고
이를 연구하고 가르쳤을 뿐만 아니라 자신의 의도와 계획에 따라 지
혜 자료들을 분류하고 배열하면서 전도서를 저작하였을 것이다.

---

3) M. Fox, *A Time to Tear down and a Time to Build up: A Rereading of Ecclesiastes*(Grand Rapids: Eerdmans, 1999), pp.350-352.

4) M. Tsevat, "חקר," *TDOT* 5, 1986, pp.148-150.

5) L. Jonker, "תקן," *NIDOTTE* 4, pp.328-329.

6) O. Rankin, "The Book of Ecclesiastes: Introduction and Exegesis," *IB* vol.5 (N. Y. & Nashville: Abingdon Press, 1956), pp.86-87; A. Caneday, "Qoheleth: Enigmatic Pessimist or Godly Sage?," *GTJ* 7(1986), p.55; 엄원식, "코헬렛 허무주의에 대한 연구", 『히브리 성서와 고대근동문학의 비교 연구』(서울: 한들, 2000), pp.903-906.

　실제로 저자의 문학적 능력을 짐작케 하는 여러 종류의 특징적인
문학 장치들(literary devices), 이를테면 수사 의문문(2:2, 15, 19, 25; 3:9
등), 비교 잠언(4:4, 6, 9; 5:4; 6:3, 9 등)과 지혜 문학의 주요 문학 유
형인 속담, 예술 잠언, 알레고리, 교훈 등을 전도서에서 발견할 수 있
다. 또한 전도서에서 자주 발견되는 독특한 어휘와 문구인 הבל(38번),
אכל(8번), עמל(8번), אשר נעשה כל חמעשׂה(9번), יתרון(15번), תחת השׁמשׁ(27번),
שׁחתה / (5번), מי־יודע(4번) 등을 그 예로 들 수 있다. 전도서에서 발견되
는 문체들과 어휘와 어구들은 독자들이나 청중들의 흥미와 관심을
집중시키는 중요한 요소들이다. 말하자면 이것들은 전도서를 특징지
우는 독특한 문학 장치로서 전도자의 활발한 문헌 활동의 결과이다.
　덧붙여 전도서에서 주목해야 할 장르가 속담[7](popular proverbs)이다.
속담은 개별적이든 집단적이든 전도서 전체에서 발견되고 있다. 속담은
내용적으로 자연, 동물과 인간의 행동 등을 비롯한 주변의 관찰과 경험
을 통해 얻어지는 통찰력을 표현한다. 비록 속담의 양식과 용어와 그
범위는 정의에 따라 조금씩 다를 수 있지만 그 문장은 무엇보다 쉽게
기억할 수 있도록 간결하고 명료하게 작성되는 특징이 있다. 속담은 특
히 쉽게 쓰이고 적용될 수 있어서 다양한 상황에 자주 사용되고 있다.
속담은 전도자의 의도 없이 전도서의 일부가 되거나 같은 주제를 중심
으로 모아진 것이 아니다. 속담은 전도자의 계획과 의도에 따라 주로
전도자 '나'의 일인칭으로 된 자서전적인 틀과 전도자만의 독특한 문구,
예를 들면 הבל이나 그와 유사한 표현들이 함께 사용되고 있다. 전도서
의 이러한 특색은 전도자의 문학적 창조성과 계획을 돋보이게 한다.
　그러나 전도서에 나타나는 속담은 아직 학문적인 관심이나 연구가
충분히 이루어지지 않고 있다. 따라서 본 논문은 전도서의 속담을

---

7) 속담의 정의는 아래에서 자세히 다룰 것이다. 또한 뒤에 부록으로 수록
　한 도표 2는 구약성경에서 발견되는 משׁל(משׁלים)이 주로 한역으로는 속
　담으로, 영역으로는 proverb(s)로 번역되고 있음을 보여준다.

연구 과제로 삼고 이 장르가 전도서에서 차지한 위치, 특징, 의미와 그것의 수사학적 기능과 효과를 다루고자 한다.

제1장에서는 전도서의 양식과 구조에 관한 연구사를 다루게 될 것이다. 여기서 주로 최근 학자들이 연구한 전도서의 양식과 구조 문제의 학문적 견해를 검토해 보고, 이러한 관점에서 본 논문의 과제인 속담의 문제를 제기하고자 한다. 제2장에서는 지혜 문학의 양식 비평은 여전히 초기 단계임을 살펴볼 것이다. 그것의 대표적인 증거는 지혜 문학에 나타나는 여러 장르들의 명칭과 정의 그리고 그 구분이 학자들마다 다른데서 찾을 수 있다. 그러므로 이 장(章)에서는 본 논문의 주요 관심인 속담의 장르와 그 이해를 구약성경에 나타난 משל의 용법을 통해 찾고자 한다. 제3장에서는 앞 장에서 다룬 속담의 정의와 특징을 기초로 전도서에서 발견되는 속담의 의미를 찾고 이를 구분하려고 한다. 제4장은 전도서에서 구별한 24개[8]의 속담들을 각 속담이 위치한 단원 안에서 그 특징과 의미와 내용과 효과를 통해 속담이 지닌 수사학적 기능과 효과를 다루게 될 것이다. 마지막으로 제5장에서는 전도서에서 나타난 속담의 수사학적 기능들과 특징을 알아보려고 한다. 결론적으로 전도서의 속담의 사용과 그 특징들은 전도서가 분명한 계획과 의도 아래 일정한 구조로 구성되어 있음을 알 수 있게 한다.

2. 전도서의 연구사

구약성경 가운데 전도서만큼 학자들의 논란을 일으킨 책은 별로 없을 것이다. 전도서에 대해서 고대에는 정경성의 문제가, 중세에는 솔로몬의 저작설[9]이 논의되었고, 최근에 이르러 전도서의 통일성과

---

8) 속담 개수는 한 절을 단위로 계수함.

9) 전도서는 오랫동안 솔로몬 왕을 그 저자로 간주해 왔다. 솔로몬에 관한 성경 본문(왕상 5:26 이하; 10:23 이하; 대하 1:7 이하; 아가 8:12 이하)이 이 견해를 지지해 주는 것으로 여기고 있다. 그러나 1644년 그로티우스 (H. Grotius)가 전도서의 솔로몬의 저작설에 도전한 것을 기점으로 이 견해는 수정되어야 할 것으로 받아들여지고 있다. 그로티우스는 솔로몬 저작설에 대해 "전도서는 결코 솔로몬의 작품일 수 없다. 단지 그의 이름으로 쓰여졌을 뿐이다. 에스라기, 다니엘서와 아람 문구가 아니면 발견될 수 없는 많은 단어들이 나타나기 때문이다"라는 말을 남겼다(Ginsburg, pp.145-146). 그 이래로 전도서의 저작 문제는 솔로몬의 저작설과 포로 이후의 작품으로 이해되고 있다. 이같은 상반된 두 견해들에 대한 증거를 각각 살펴보고자 한다.

첫째로, 솔로몬을 전도서의 저자로 보는 것이다. 아처(G. Archer)는 솔로몬이 그 저자라는 증거를 다음에서 찾아내고 있다.

① 전도서의 표제(1:1)와 전도자 '나'의 지혜와 엄청난 재물과 신하 그리고 여러 종류의 쾌락들과 방대한 건축 공사 등의 언급(1:16; 2:3-8)은 솔로몬 왕이야말로 바로 그 적격자임을 말해준다.
② 유대인 랍비들과 전통(Megilla 7a, Shabbath 30) 역시 솔로몬 왕을 전도서의 저자로 여기고 있다.
③ 포로 후기에 저작되었다는 사실을 가장 강력하게 지원해 주고 있다고 믿는 전도서의 단어들(פרדס, פתגם)들과 문법 구조(אשׁר대신 -שֶׁ, הוּא, הִיא, הֵם)조차도 실제로 포로 후기의 것임을 증명할 수 없다고 한다. 왜냐하면 솔로몬의 통치 시대는 그 어느 때보다 페니키아와 수리아 지역의 아람어를 쓰는 백성들과 정치적으로, 경제적으로 더 깊은 유대를 맺었기 때문이다. 전도서의 언어가 독특한 것은 분명하지만 포로 후기의 것이거나 어느 특정 시대의 것이 아니다. 전형적인 아람어로 보는 פרדס와 פתגם는 오히려 고대 인도의 산스크리트어에서 유래된 것으로 보아야 한다고 한다.
④ 쿰란 동굴에서 전도서의 파편이 발견된 것은 후대설의 가능성을 매우 어렵게 한다.
그러므로 아처는 전도서를 솔로몬 시대에 기록된 것으로 보는 것이 가장 자연스럽다고 결론짓는다. 이같은 주장은 일찍이 1939년 출판된 박형룡의 전도서 주석서에서도 발견되고 있다.

둘째로, 최근에 다수의 학자들은 전도서를 솔로몬의 저작이 아닌 포로 후기 유대 사회의 산물, 아마도 현인이나 교사로 이해하려고 한다. 솔로몬의 저작설을 포기하고 이것을 주장하는 대표적 이유들은 다음과 같다.

① 전도서의 어휘나 문법구조가 포로 후기 히브리어에 더 가깝다는 것이다. 이를테면 장음 i가 대체로 י(yod)와 함께 사용되는 점이다(רָאִיתִי, 1:14; עֲשִׂירִים, 10:6; כְּסִיל, 10:2). 마찬가지로 장음 u는 ו(waw)를 철자로 사용하고 있다(תַּעֲנוּגֹת, 2:8; מְתוּקָה, 5:11; שָׁמוּר, 5:12; קְבוּרָה, 6:3; זְסוּרִים, 7:26, Seow, p.645). 또한 פַּרְדֵּס(2:5)와 פִּתְגָם(8:11)는 대표적인 아람어로서, 전자는 포로 후기의 문헌인 느 2:8에서, 후자는 역시 같은 시대의 스 1:20, 4:17, 5:17, 6:11, 8:9, 단 3:16; 4:14에서도 각각 발견할 수 있다. 이것은 분명 전도서의 저작 연대가 5세기보다 빠를 수 없음을 말해준다. 여기에 페르시아 시대의 경제용어인 יִתְרוֹן(1:3; 2:11 외 다수), חֶסְרוֹן (1:15), הַחֶשְׁבּוֹן(7:25, 27, 29; 9:10, Seow, p.652)을 첨가할 수 있다. 또한 관계 대명사 שֶׁ-는 후기 히브리 성경의 특징인데, 모두 136회가 사용된 가운데 절반 정도가 전도서 안에서 발견되고 있는 점이다. 그 외에 후기 히브리어의 특징으로 אֲנִי, אֵת, זֶה, אֵין와 같은 어휘들을 찾을 수 있다.
② 전도서에 반영된 정치 사회적 상황이 솔로몬 시대의 상황과 일치하지 않는다는 것이다. 더욱이 3장 이후부터는 더 이상 솔로몬을 연상할 수 있는 언급이 전혀 나타나지 않는다.

이처럼 위의 두 견해들은 전도서의 언어들을 그 증거로 내세우고 있지만 서로 상반되고 있다. 그러나 전도서의 저자 문제를 위해 전도서의 본문 자체로 돌아갈 필요가 있다. 본문에서 그 저자로 소개된 전도자(קֹהֶלֶת)는 그 원형이 קָהַל로서 '모으다'라는 어원적 의미를 지닌다. 이 단어를 통해 본 그의 역할은 집회를 소집한다(신 4:10; 왕상 8:22)거나 혹은 자료 수집을 하고 이를 가르치고 정리한 사람일 수 있음을 가정해 볼 수 있다. 전도자의 역할에 관한 이같은 추측은 7:27에서도 발견할 수 있다. 특히 전도자를 3인칭으로 묘사한 12:9-10은 전도자를 왕의 직분을 가진 다윗의 아들 솔로몬이 아니라 인생을 고민하고 그의 의미와 가치를 찾고 궁극적으로 하나님과의 긴밀한 관계를 유지하려는 포로 후기의 경건한 현인이나 교사로 묘사하고 있다. 이것은 위의 두 번째 견해와 함께 전도서의 저자를 솔로몬 왕으로 보기 어렵게 한다.

여기에 다른 측면을 한 가지 더 첨가할 수 있을 것이다. 정경에 속한 유대 문헌은 아니지만 신구약중간시대에 나타난 외경과 위경 문헌들을 보면 실제의 저자가 아닌 성경에 나타난 과거의 인물들을 그 저작자로 하는 예들이 빈번하다(므낫세의 기도, 다니엘 부록과 에스더 부록, 에녹 1, 2서, 바룩 1, 2서, 에스라 2(4)서, 아브라함 묵시서 등). 그러므로 유대 전통에 있어서 문헌의 권위를 위해서 특히 신앙적 모델을 제시할 필요를 위해서 다른 사람들의 이름을 차용하는 것은 이상한 일이 아니다. 그렇다면 전도서 저자를 솔로몬 왕을 연상하도록 진술한 일은 충분히 가능한 일이다.

양식과 구조의 문제가 전도서의 중요 관심사가 되고 있다. 전도서는 과연 한 저자의 작품인가? 아니면 여러 저자들에 의해 저작 혹은 편집 되었는가? 전도서를 구성하는 주요 문학 장르들은 무엇인가? 전도서 저작의 주요 원리 내지 구조는 존재하는가? 있다면 그것은 무엇인가?

먼저 전도서의 저작에 대한 최근의 견해를 두 가지로 생각해 볼 수 있다. 하나는 전도서에서 최소한 두 사람 이상의 필적을 인정하는 복수 저작설이다.[10] 이 견해는 전도서에서 발견되는 여러 층의 모순 된 주장들이 공존한다고 믿기 때문이다. 가령 2장 26절과 3장 17절, 8장 12-13절은 하나님의 의로우신 심판을 확신하는 반면, 3장 17절 이나 8장 14절은 의인과 악인이 무차별적으로 동일한 운명을 맞이할 것을 언급하고 있다. 또 다른 중요한 이유는 12장 9-14절에서 전도서 의 다른 곳에서는 전혀 나타나지 않는 '계명을 준수하라'(12:13)와 같 은 종교적 명령이 뚜렷하게 나타나고 있으며 1장 2절부터 12장 8절

박형룡(편), 『성경주석: 잠언, 전도, 아가』(경성: 장로회총회종교교육부, 소 화 14(1939)), pp.1-21; G. Archer, 『구약총론』(김정우 역; 서울: 기독교문 서회, 1985), pp.547-559; W. p. Brown, *Ecclesiastes*(Louisville: John Knox Press, 2000), pp.19-20; M. Eaton, *Ecclesiastes*(Leicester, Downers Grove: Inter-Varsity Press, 1983), p.19; C. Ginsburg, *The Song of Songs and Coheleth,* Reprint(New York: KTAV, 1970), pp.145-146에서 재인용; R. Harrison, *Introduction to the Old Testament*(Michigan: W. B. Eerdmans, 1969), pp.1074-1078; A. Schoors, *The Preacher Sought to Find Pleasing Words: A Study of the Language of Qoheleth*(Leuven: Peeters Press & Department Orientalistiek, 1992), pp.54-56'; C-L. Seow, "The Dating of Qohelet," *JBL* 115(1996), pp.643-666.

10) 전도서의 통일성을 문제시하는 이 견해는 적어도 두 사람 이상이 전도 서 저작에 참여했다고 믿고 있다. G. Barton, *The Book of Ecclesiastes* (Eidnburgh: T. & T. Clark LTD, 1912), pp.18-31; W. C. Kaiser, Jr, *Ecclesiastes: Total life*(Chicago: Moody Press, 1979); R. Murphy, "The Sage in Ecclesiastes and Qoheleth the Sage," *The Sage in Israel and the Ancient Near East*(ed. by J. G. Gammie, L. G. Perdue; Winona Lake: Eisenbrauns, 1990), p.264; G. H. Wilson, "The Words of the Wise: the Intent and Significance of Qohelet 12: 9-14," *JBL* 103(1984), pp.175-192.

까지 지속적으로 사용하던 1인칭 문체가 갑자기 12장 9절부터 3인칭
으로 바뀌고 있는 점이다. 이러한 요소들은 후대의 편집자의 첨가나
가필의 중요한 단서로 간주되었고, 결과적으로 전도서의 복수 저작을
주장하거나 전도서의 통일성을 문제삼는 근거로 사용되고 있다.

　다른 하나는 전도서의 통일성과 함께 단독 저작설을 주장하는 견
해로서 최근 다수의 학자들이 이를 주장하고 있다.[11] 이들은 비록
전도서에서 편집과 첨가의 흔적을 인정하지만 그 양이 극히 적거나
거의 없는 것으로 보고, 전도서를 단독 저자의 통일된 작품으로 간
주하고 있다. 전도서에서 문제시되고 있는 마지막 부분(12:9-14)은
다른 사람의 가필이나 후대의 첨가로 어느 정도 인정할 수 있지만
전도서의 핵심 부분인 1:2-12:8은 적어도 한 사람의 작품으로 보아야
한다는 주장이다.[12] 물론 전도서의 단독 저작설을 주장하는 학자들
역시 전도서의 모순이나 의문점을 알고 있다. 예를 들면, 고디스(R.
Gordis)는 전도서에서 발견되는 논리의 모순은 그의 적대자를 반박
하기 위하여 자신의 것과는 상이하지만 그 당시 널리 퍼져 있던 신
앙을 인용한 데서 발생한 것으로 이해하고 단독 저작설을 주장하고
있다.[13] 화이브레이(R. Whybray)는 전도서는 일종의 메모 같은 것으

---

11) M. Fox, "Frame-Narrative and Composition in the Book of Qohelet," *HUCA*
　　48(1977), pp.83-106; "Qohelet's Epistemology," *HUCA* 58(1987), pp.137-155;
　　T. Longman Ⅲ, *The Book of Ecclesiastes*(Grand Rapids: William B.
　　Eerdmans, 1998); C-L. Seow, "Beyond Them, My son, Be Warned: The
　　Epilogue of Qohelet Revisited," *Wisdom, You are my Sister* (ed. by M.
　　L. Barre), The CBQ Monography Series 29, 1997, pp.125-141; C-L. Seow,
　　Ecclesiastes(New York: Doublday, 1997); A. G. Wright, "The Riddle of the
　　Sphinx: The Structure of the Book of Qoheleth," *CBQ* 30(1968), pp.313-334.

12) J. Crenshaw, *Ecclesiastes*(Philadelphia: the Westminster Press, 1987), pp.34-49;
　　O. Rankin, "The book of Ecclesiastes: Introduction and Exegesis," *IB* 5
　　(N. Y. & Nashville: Abingdon Press, 1956), p.7.

13) R. Gordis, *Qoheleth-The Man and his World*(New York: Schocken, 1968),
　　pp.69-74.

로서 단번에 쓴 것이 아니라 전도자 한 사람이 평생에 걸쳐 수집한 자료들을 그의 사후(死後)에 한 권의 책으로 편찬한 것으로 보고 있다. 때문에 비록 전도자 한 사람의 작품이라도 연대기적인 시차(時差)에서 오는 사고(思考)의 변화가 전도서에서 약간의 논리적 모순을 일으킨 것으로 설명하고 있다. 그는 전도서의 이러한 특성 때문에 전도서를 파스칼의 팡세(Pensee)에 비유하고 있다.14) 최근에 많은 학자들은 다른 성경에 비추어 전도서의 논쟁적인 성격을 고려해 볼 때 어떤 첨가도 없다고 보는 것이 오히려 이상한 일로 여기고, 후대의 이차적인 편집 부분을 극소화시키고 전도서 전체를 하나의 통일되고 계획된 책으로 간주하고 있다.

위에서 살펴본 것처럼 부분적인 복수 저작설을 주장하든 아니면 단독 저작설을 주장하든, 전도서의 통일성은 대체로 인정되고 있다. 그러나 전도서의 양식과 구조의 문제는 아직 일치된 의견이 없다.

1) 양식의 문제

전도서에서 양식의 문제는 최근에 논의의 중심이 되고 있다. 현재의 전도서는 어떤 문학 유형에 속하는가? 전도서를 구성하는 주요 문학 장르는 무엇인가? 최근에 양식 비평이 지혜문학에 적용되면서 지혜 문학의 양식에 관한 관심이 고조되면서 조금씩 밝혀지고 있다. 그러나 지혜 문학의 양식에 대해 일치된 견해는 부족하다.

지난 세기 긴스부르그(C. Ginsburg)는 전도서의 양식 문제를 지나치고 있다. 그는 전도서는 리듬과 대구(parallelism)가 무시된 예술성이 없는 속담(proverbial sayings)으로 구성되어 있다고 간주하고 있다.15) 델리취(F. Delitzsch)는 전도서에서 점차적인 발전이나 연속되

14) R. N. Whybray, *Ecclesiastes*(Sheffield: JSOT Press, 1989), p.11.

는 사상을 찾을 수 없다고 단정하고 전체적으로 일관된 사상과 주제
와 그것들을 이어주는 유기적인 구조를 찾으려는 모든 시도는 실패
했다고 한다. 그는 전도서는 내용적으로 단지 같은 세계관과 같은
결론들을 가진 서로 다른 자료들의 모음집이라고 단정짓고 있다.[16]
갈링(K. Galling)은 전도서는 논리적인 전개와는 무관한 37개의 격언
(aphorisms)으로 구성되어 있다고 주장한다. 갈링은 전도자는 전통적
인 격언 양식을 빌어서 자신의 생각을 표현했거나 혹은 이것들을 수
집했으며, 후에 그것들을 한데 모아 일종의 명문집(名文集, anthology)
으로 만들었다는 것이다.[17] 아이스펠트(O. Eissfeldt)도 전도서는 일
종의 일기로서 전기(傳記) 자료, 회상(reflection), 속담과 같은 다양한
장르들이 수집된 것으로 여긴다.[18] 그러므로 전도서는 논리적이고
지속적인 사고가 부족한 문헌이라고 그는 판단한다. 한편 침멀리(W.
Zimmerli)는 전도서와 잠언서의 유사점을 발견하고 전도서의 논리성
에 대해 매우 소극적인 입장을 갖고 있다. 그러나 그는 전도서에 나
타나는 경구들의 중요성을 결코 간과하고 있지 않다. 침멀리는 전도
서 안에 나타난 경구, 특히 비교 잠언의 역할의 중요성을 다음과 같
이 지적하고 있다.

---

15) C. Ginsburg, *Coheleth*(New York: KTAV Publishing House, Inc., 1970,
   1861년에 처음 출판되었다가 1970년 재발행), p.255.

16) F. Delitzsch, *Commentary on the Song of Songs and Ecclesiastes*(tr. by
   M. G. Easton; Edinburgh: T & T Clark, 1949-1950), p.188.

17) R. Whybray, *Ecclesiastes*(Sheffield: JSOT, 1989), pp.19-21에서 재인용(K.
   Galling, "Koheletstudien," *ZAW* 50(1932), pp.276-99).

18) 포러는 전도서를 격언 모음집(collection of aphorisms)으로 간주하고 있다.
   처음에는 격언이 개별적으로 모아졌다가 나중에 이 격언이 집단적으로
   모아졌다고 한다. 그는 이 격언들이 사용된 틀을 1인칭과 2인칭 문장으로
   구별하고 있다. G. Forher, *Introduction to the OT*(London: SPCK, 1970),
   p.337; O. Eissfeldt, *The OT: An Introduction*(Oxford: Basil Blackwell, 1974),
   pp.491-500.

코헬렛은 순환하는 사상의 움직임 속에서 한 주제로부터 다른 주제로 뛰어넘기도 하지만 그 중에서 우리가 알아야 할 것은 다음 주제가 늘 우연히 잡히는 것이 아니라, 앞에 나오는 경구의 사상의 흐름에 따라 다음 경구의 윤곽이 드러나기 때문에 다음에 다루어야 할 주제가 잡히고 있다.[19)

이처럼 많은 학자들은 비록 속담에 대한 명칭은 경구나 격언으로 달리 부르고 있지만 전도서에서 주요 양식인 속담을 발견하고 그 중요성을 지적해 오고 있다. 그럼에도 불구하고 전도서에 나타난 속담에 관한 연구는 아직 초기 단계에 머물러 있다.

한편 다른 측면에서 전도서의 양식 문제를 해결하려는 시도들이 있다. 대표적인 예로 폰 라드(G. von Rad)를 꼽을 수 있다. 그는 전도서의 주요 문학 양식을 고대의 근동 문학에서 그 유형을 찾을 수 있는 '국왕의 유언' (royal testament)으로 보고 있다.[20) 그러나 이 양식은 전도서 2장에만 해당되기 때문에 폰 라드의 견해는 학자들의 동의를 얻지 못하고 있다. 이와는 달리 로핑크(N. Lohfink)는 헬라 특유의 '비난'(Hellenistic diatribe)을 전도서의 대표적인 양식으로 보고 있다. 비난 양식은 견유학파 사이에서 양성된 문학 유형이며, 로마 시대에도 사용되면서 솔로몬의 지혜서(13:1-9)와 바울 서신에 영향을 끼쳤다고 한다. 비난 양식의 두드러진 특성은 저자가 실제이든 가상이든 대담자와 나누는 대화에 있다. 바로 이런 특징 때문에 로핑크는 전도서의 기본 형태를 대화로 보고, 그것의 주요 양식을 '비난'으로 보고 있다.[21) 그러나 전도서 안에 구체적인 대화의 존재가

---

19) H. Ringgren, & W. Zimmerli,, 『잠언, 전도서』(박영옥 역; 천안: 한국신학연구소, 1992), p.205.

20) G. von Rad, 『이스라엘의 지혜신학』(허혁 역; 서울: 분도, 1980), p.258.

21) 로핑크는 헬라의 수사학적 장치 '팔린드롬'(palindrome, 회문(回文))이 사용된 비난(diatribe) 양식을 전도서의 주요 장르로 보고 있다. 그는 전

확인되지 않은 상황에서 비난 양식을 전도서의 대표적 양식으로 보기는 어렵다.

전도서의 다른 장르로서 지적되고 있는 것은 관찰과 경험을 기초로 한 '회상'(reflection)으로서 머피(R. Murphy)가 이것에 주목하고 있다.[22] 왜냐하면 전도자는 지혜를 얻는데 가장 정확한 방법으로 자신의 인식과 경험을 중요시하기 때문이다. 예를 들면, '나는 장담하였다'(דִּבַּרְתִּי 혹은 אָמַרְתִּי, 1:16; 2:1, 15; 3:17), '나……알아내려고……심혈을 기울였다'(נָתַתִּי אֶת־לִבִּי 혹은 약간의 변형, 1:13, 17; 8:9, 16), '나는 보았다'(רָאִיתִי, 1:14; 2:24; 3:10, 16; 4:1, 4, 15; 5:17; 6:1; 7:15; 8:9, 10; 9:11, 13; 10:5, 7), '나는……알게 되었다'(יָדַעְתִּי, 1:17; 2:14; 3:12, 14; 8:12)와 같은 일인칭의 자서전 문체가 전도서 전체에서 자주 반복되고 있다.[23] 전도자는 자신의 직접 경험과 개인적 인식과 증거를 중요시하고, 이것을 일인칭 '나'로 보고하는 회상 장르를 취하고 있다. 이런 특징 때문에 회상은 전도서의 주요 장르로 인식되고 있다.[24] 그러나 전도서에서 회상 장르 외에 지혜 잠언

도서를 조직적으로 정리된 철학 논문이라고 정의하고 그 내용을 우주론(1:4-11), 인간론(1:12-3:15), 사회 비판 Ⅰ(3:16-4:16), 종교 비판(5:1-7), 사회 비판 Ⅱ(5:8-6:10), 이념적인 비판(6:11-9:6) 윤리(9:7-12:7) 7가지로 구분하고 있다. 한편 페리(Perry) 역시 전도서는 경건한 현인이자 화자인 P(Presenter)가 회의적인 인물인 K(Kohelet)의 지혜를 전달하고 토의하는 것을 대화 형식으로 꾸미고 있다고 주장한다. 그러나 그는 전도서의 주요 양식을 '비난'이라고 규정하는 것은 아니고 오히려 전도서를 모음집(collection) 혹은 명문집(anthology)으로 보고 있다. N. Lohfink, Qoheleth(Minneapolis: Fortress Press, 2003); J. Crenshaw, *Ecclesiastes*(OTL; Philadelphia: the Westminster Press, 1987), pp.38-39에서 재인용; T. Perry, *Dialogues with Kohelet: The Book of Ecclesiastes*(Pennsylvania: the University Press, 1993), pp.6-8.

22) R. E. Murphy, *Wisdom Literature*(Grand Rapids: Eerdmans, 1981), pp.130, 181.

23) 다른 지혜 문학에서는 일인칭의 자서전적인 문체가 간헐적으로 발견될 뿐이다. 시 37:25, 35-36, 집 33:16-19, 잠 24:30-34와 비교해 보라.

24) 머피는 회상(reflection)외에 지혜 잠언(wisdom saying)과 교훈(instruction)

과 교훈과 같은 장르가 간과된 것은 아니다.

전도서의 주요 장르를 찾는 여러 시도들 가운데 중요하게 다루어 온 것은 아니지만 부분적이나마 관심을 둔 것은 잠언이다.[25] 전도서의 저작과 구조의 복잡한 문제를 파악한 엘러마이너(F. Ellermeier)는 장르 연구를 통해 전도서의 의도와 계획을 알아내는 연구에서 잠언과 회상 장르를 전도서의 주요 장르로 제안하고 있다.[26] 잠언이라는 용어가 12장 9절에 나타날 뿐만 아니라 여러 종류의 잠언 양식과 일인칭 이야기(I-narrative)로 된 '회상'(reflection) 장르가 전도서에서 자주 발견되기 때문이다. 이 장르들은 모두 잠언과 의문문과 자아표현(self-presentation)으로 구성되어 있다고 한다. 잠언은 더욱 전통적인 방식으로 짜여 있으며, 잘 알려진 예술 잠언(Kunstspruch)이거나 진실 잠언(Wahrspruch)이거나 충고(Rat), 혹은 속담(Sprichwort) 등이 마샬의 주요 하위 장르들이다. 엘러마이어에 따르면 전도서의 거의 모든 자료들은 원래 전도자의 것이나 나중에 편집자(Qr 1)가 전도서 서문에 가상적인 국왕의 이야기를 추가함으로써 최종적인 편집을 마쳤다고 한다. 이 편집자는 사고의 발전적 논리 없이 전도서의 자료를 현재의 형태로 정리했다고 한다. 비록 엘러마이어가 전도서의 잠언에 대한 조직적인 연구를 본격적으로 시도하지 못했을지라도 잠언을 전도서의 주요 양식으로 삼았다는 사실은 중요하다.

고디스(R. Gordis)[27]는 전도서에서 발견되는 전통적인 속담은 전도

이라는 두 개의 주요 장르를 더 찾아내고 있다. R. Murphy, *Wisdom Literature*, pp.129-130.

25) 앞에서 언급한 Ginsburg, Galling, Eissfeldt, Zimmerli와 같은 학자들을 꼽을 수 있다. 18-21쪽을 참조하라.

26) F. Ellermeier, *Qohelet*(Herzberg am Harz: Verlag Erwin Jungfer, 1967), pp.89-92.

27) R. Gordis, *Qoheleth-The Man and his World*, pp.95-108; "Quotations in Wisdom Literature," *JQR* 30(1939-1940), pp.123-147; "Quotations as a Literary Usage in Biblical, Oriental and Rabbinic Literature," *HUCA* 22(1949), pp.157-219.

자가 논의를 목적으로 인용된 것으로 이해하고 있다. 그는 인용의 의미를 현재 저자 자신의 생각을 반영하는 말이 아니라 다른 사람이나 다른 상황을 전달하려고 소개하는 것으로 이해하고 있다.[28] 지혜 문학에서는 초자연적인 계시가 없고 단지 합리적인 결론을 근거로 인내심이 요구되는 관찰을 중요시하기 때문에, 현인들(sages)은 선조들이 이룩한 과거의 지혜 문헌이나 구전에서 진리를 발견하고 이를 인용한다. 특히 비정통적인 지혜 전승에 속했을 전도자가 그의 문학 장치로서 속담을 자주 인용하고 있다고 한다. 그는 전도서에서 주로 인용되는 속담 유형을 다음의 4가지 형태로 분류하고 있다. 이것들은 A) 저자가 전적으로 동의하는 속담의 인용(7:3, 4, 7; 8장 전체; 10:2, 8, 9 18; 11:1, 3-4), B) 자신의 견해를 주장하기 위한 기존의 속담 일부 인용(7:2상, 2하; 4:9-12; 2:13-14, 18이하; 4:7이하; 5:9이하; 6:9이하; 8:2-4, 5-6, 11-14; 9:4-6), C) 자신의 견해를 속담 양식을 빌어 표현(7:1-4; 4:9-12), D) 자신과는 다른 견해를 속담 양식을 빌어 표현(4:5-6; 9:16-18)한 경우들이다. 고디스는 이처럼 전도서 저자는 자신의 사상을 전달하기 위한 방법으로써 속담들을 다양하게 인용하였다고 주장한다. 그가 선택한 속담의 기준은 간결하고 폭넓게 사용되는 진술로서 본문과는 구별되는 문구나 대구(parallelism)의 사용, 현실성 있는 감각과 간결한 문체 등이다.[29] 그러나 이러한 문체적 특징만으로 인용된 잠언을 찾기는 어려운 점이 있다. 실제로 고디스 역시 속담의 인용이라는 용어를 사용하면서도 그 양식을 고려하지 않을 뿐만 아니라 그것이 속담인지 아니면 교훈인지조차 구별하지 않고 있다. 아마도 고디스의 주요 관심이 양식의 구분에 있지 않기 때문일 것이다. 더구나 고디스 자신도 인용된 속담을 정의

---

28) R. Gordis, *Qoheleth-The Man and His World*, p.96.
29) R. Gordis, "Quotations as a Literary Usage in Biblical, Oriental and Rabbinic Literature," *HUCA* 22(1949), pp.158-166.

28

할 때 전통적으로 알려진 속담을 인용한 것인지 아니면 전도자의 창작인지 결정하기 어렵다는 사실을 인정하고 있다. 그렇다면 속담의 '인용'이라는 정의는 수정이 필요해 보인다.[30]

고디스는 이러한 속담들이 전도자 자신의 것인지 아니면 다른 곳에서 빌려왔는지 결정하기 어렵다는 사실을 인정하면서도 이들을 찾아내고 분류하는 과정을 통해 전도서 전체의 통일성을 찾아낼 수 있다고 믿고 있다. 고디스는 전도자가 속담을 전도서의 기본 사상을 제공하는 본문으로 삼고 있는 만큼 전도서에 나타나는 속담들은 전도서의 골격을 이루고 있다고 주장한다.

전도서의 משל을 양식 연구의 중요 문제로 다룬 학자는 존슨(R. Johnson)[31]이다. 존슨은 그의 학위 논문에서 양식 비평을 사용하여 59개의 sayings을 전도서에서 구분하고 이것들을 하위 장르들로 구분하는 것을 그의 연구 과제로 삼고 있다. 그는 משלים을 sayings로 번역하고 있다. 이 낱말은 원래 어원적으로 비교나 유사를 의미하는 것으로서 인간 혹은 자연에 대한 통찰을 기초로 이미 알려진 상황과의 비교로부터 얻어지는 결과이다. 시간이 흐르면서 히브리어 마샬은 많은 문학 장르들에 적용되었다가 후대에 가서는 개념적인 용어보다는 포괄적인 문학 범주(comprehensive literary category, 잠 1:1 이하)를 지칭하는 일반 용어로 사용되고 있다. 존슨은 마샬에 속한 전도서의 주요 장르를 다음의 세 가지로 구분, 정의하고 있다.

첫째로 속담(proverbs)은 인생에서 공통으로 나타나는 행동과 상황과 세계에 대한 일반적인 결론이나 관찰이다. 이것은 기술

---

30) R. Gordis, "Quotations in Wisdom Literature," *JQR* 30(1939-1940), pp.123-147.
31) R. Johnson, *A Form Critical Analysis of the Sayings in the Book of Ecclesiastes*(다음부터는 이 논문을 *A Form Critical Analysis of the Sayings*로 간략히 표기하기로 한다), Emory University, Ph. D. Dissertation unpublished, 1973.

적인 면에서 직유, 비유나 의인화를 주로 사용하고, 문법
적으로는 단순 직설법, 수사 의문문과 리듬과 교차 대구법
등으로 나타난다.

둘째로 도덕 문장(moral sentences)은 윤리적 규범을 진술이나 가
치로 주장하는 것인데 문법적으로 격언과 유사하다.

셋째로 교훈(paraenetic sayings)[32]은 이유가 포함된 금지(admonition
/ prohibition)나 권고(exhortation)이다. '권고'는 선한 행동을
도덕적으로 촉구하고, '금지'는 악한 행위를 금한다. 교훈
장르의 기본적인 문법 형태는 명령형이나 단축형(jussive)
과 אל 혹은 לא와 같은 부정형이 함께 사용된다. 존슨은 전
도서에 나타나는 משל에 속한 하위 장르들을 다음과 같이
찾아내고 있다.

첫째로 속담(proverbs, 1:15, 1:18, 3:20하, 4:5, 4:12하, 5:10, 11,
6:7, 7:6, 20, 10:2-3, 8-15, 11:3-4)이다.

둘째로 도덕 문장(moral sentences, 2:14상, 4:6, 9, 13, 17하, 5:2, 6
상, 9, 6:9, 7:1-5, 7, 8, 11, 12, 19, 8:1상, 1하, 5, 9:4하,
17, 18, 10:1, 10, 18-19, 11:7)이다.

셋째로 교훈(paraenetic sayings)인데, 이것은 금지(admonitions 혹은
prohibitions, 7:9-10, 21; 10:4)와 권고(exhortations, 11:1-2)
로 구분된다.[33]

---

32) 멕케인은 같은 장르에 대해 존슨이 사용하는 paraenetic sayings라는 용
어 대신 instruction으로 명명하고 있는데, 현재 후자가 더 일반적으로 사
용되고 있다. 그러나 화이브레이나 크렌쇼는 이것에 대해 admonition으
로 대신 사용하고 있다(아래의 각주 36, 39 참조). W. Mckane, *Proverbs*,
OTL(London: SCM, 1970), pp.3-10.

33) 존슨은 축복과 저주(blessing과 curse, 10:16-17)를 발견하고 있지만 이
장르가 마샬에 포함되는지에 대해서는 분명하지 않다.

이처럼 죤슨은 그의 논문에서 양식 비평을 사용하여 전도서에 나타나는 마샬에 속한 주요 장르들을 분류해 내는 공헌을 하게 되었다. 나아가 죤슨은 전도서에서 발견한 마샬의 주요 장르들을 고대 근동의 지혜 문학들과 비교하기도 하였다. 그 결과 그는 전도서에서 발견되는 마샬의 문학 양식과 주제는 잠언서(book of Proverbs)와 고대 근동의 다른 지혜문학과 상당히 유사하다는 사실을 밝혀내고 있다. 그는 비교 잠언(מ……טוב 잠언)을 제외하고는 전도서의 마샬 양식과 구조를 통해 전도자는 구약에서 흔히 나타나는 문법적 양식과 개념적 구조와 주제를 전도서에서도 그대로 사용하고 있음을 발견한다. 이 사실은 지혜 문학의 주제나 양식이 전도서에서도 그대로 사용되고 있음을 의미한다. 다시 말하면 전도자 역시 전통적인 지혜 전승을 충실하게 전수하고 있음을 말한다. 그럼에도 불구하고 전도서에서 그의 독창성을 찾을 수 있음은 지혜 문학의 양식과 전통적인 주제들 속에 הבל을 비롯한 전도자만의 독특한 여러 문구들의 삽입과 배열 때문이라고 한다.

한편 지혜 문학의 관점에서 문체의 특성을 찾은 침멀리(W. Zimmerli)[34]는 잠언이 지배적으로 사용된 산문이 전도서임을 발견한다. 잠언이 불연속적으로 흩어져 있게 된 것은 이야기(narratives)들이 잠언 중간에 첨가되었기 때문이라는 것이다. 지혜문학에 나타나는 잠언 양식은 주변 환경을 보고 느낀 점을 밝혀주고, 그것을 대체로 두 개의 반구로 병행시켜 고양된 어조로 진술하는 것이다. 그는 이를 A가 B보다 낫다는 양식으로서 대체로 히브리어 토브(טוב)가 문장 앞에 나오는 비교 잠언(7:1이하; 4:6, 13)과 권고 잠언(4:17; 5:1-5; 7:16하, 17하; 11:1-2, 6)을 주요 잠언 양식으로 꼽고 있다. 권고 잠언의 특징은 상대방을 이인칭으로 직접 호칭하고, 여기에 이유를 설명하

---

34) W. 침멀리, 『잠언, 전도서』, pp.200-205.

는 진술이 덧붙여진다. 이처럼 침멀리 역시 비교 잠언과 권고 잠언
을 구별하고 있지만 전도서 전체에서 잠언 양식이나 그 의미에 대해
서는 크게 관심을 두고 있지 않다.

화이브레이(R. Whybray)[35])는 전도서의 양식 문제를 다음 세 종류
의 전통적인 문학 장르들로 압축하고 있다. 이들은 격언(aphorisms,
7:1-8; 10:1-3, 8-15; 1:15, 18; 2:14상; 4:5, 6)과 교훈(admonitions[36]),
5:1, 2, 4; 7:16, 17)과 교훈 이야기(didactic narratives, 4:13-16; 5:13-17;
9:13-16)이다. 이 장르들은 각각 그의 기술 방식에서 4가지로 구분된
다고 한다. 즉 완전한 사상을 나타내는(self-contained) 잠언, 양식에
있어서 잠언서(book of Proverbs)와 유사한 잠언, 주제가 잠언서의
것과 일치하지만 부분적이나마 전도서의 독특한 사상과 일치하지 않
거나 긴장을 이루는 잠언과 마지막으로 언어가 전도서의 것과는 다
른 특징을 가진 잠언이다. 화이브레이는 위의 4개의 구분들 가운데
위에서 첫 번째와 두 번째에 해당하는 40개의 잠언을 찾아낸다. 즉
완전한 사상을 나타내는 잠언과 그 양식이 성경의 잠언서와 일치하
는 것들이다.[37]) 그러나 1:4-11, 3:1-9, 12:1-7처럼 기존의 지혜문학과

35) R. Whybray, *Ecclesiastes*(Sheffield: JSOT, 1989), pp.32-37; *Ecclesiastes*
(Grand Rapids: Wm. B. Eerdmans Publ. Co., 1989), pp.20-21; "The
Identification and Use of Quotations in Ecclesiastes," *Congress Volume
Vienna* 1980(ed. by J. Emerton; Leiden: E. J. Brill, 1981), pp.435-451.

36) 화이브레이가 사용하는 장르 명칭에 대해 명확히 해야 할 부분이 있다.
그는 교훈(instruction 혹은 paraenetic sayings) 장르에 대해 admonition라는
용어를 대신 사용하고 있다. 그러나 많은 경우 admonition은 교훈 장르 가
운데 하나인 부정적인 명령형인 금지(prohibition) 장르와 교환 가능한 용
어로 사용되고 있다. 이처럼 양식 비평에 의한 지혜 문학의 장르 명칭이
아직도 혼란스럽게 사용되고 있다. 교훈 장르에 대해 instruction, paraenetic
sayings, admonition과 같은 용어들이 상호 교환적으로 사용되고 있다.

37) 1:4, 8하, 15, 18(ki생략); 2:14상; 4:4, 6, 9, 11(gam생략), 13, 17상; 5:2(ki
생략), 9상; 6:7, 9상; 7:1, 2상, 3, 4, 5, 6상, 7(ki생략), 8, 9; 8:1하, 4, 8
상, 8상; 9:4하, 17, 18; 10:2, 8, 9, 11, 19; 11:1, 4. R. Whybray, "The
Identification and Use of Quotations in Ecclesiastes," *Ibid.*, pp.437-440.

32

전혀 다른, 즉 양식 비평으로는 밝힐 수 없는 저자 자신의 창작도 있음을 발견한다. 이렇게 화이브레이는 전도서의 주요 장르로 잠언 양식을 찾아내고 인용의 측면에서 이들을 분류하고 있다. 그 외에도 그는 전도서의 문학 양식에 대해 한, 두 개의 특정 양식으로만 한정 지을 수 없는 다양한 장르들이 더 존재하고 있음을 밝혀내고 있다. 그럼에도 불구하고 그는 이렇게 다양한 양식들의 연속성이나 의도성에 대해서 부정적이다.

크렌쇼(J. Crenshaw)[38]는 전도서를 여러 저자들의 혼합 작품으로 여기고 있지만 그의 통일성을 문제삼지는 않는다. 그는 전도서의 특징적인 장르인 회상(reflection)과 국왕의 교훈(royal instruction)이 효과적으로 사용되어 전도자 자신의 진정성(personal authenticity)을 도모하고, 그의 교훈들을 가장 지혜롭고 부유한 왕에게 돌림으로써 그 효과를 극대화하고 있다고 주장한다. 그럼에도 불구하고 그는 전도서에서 지혜 문학의 전형적인 잠언 양식들을 찾아내고 이들을 A) 경구(sayings, 7:1-8; 10:1-3, 8-15), B) 교훈(admonitions, 5:1-7; 7:9)[39], C) 교훈 이야기(didactic narratives, 4:13-16; 5:13-17; 9:13-16)로 구분하고 있다.[40] 여기에다 그는 자서전 이야기, 수사 의문문, 비유, 저주와 축복, 회상 등 다른 양식들을 더 첨가하고 있다.[41] 그러나 이

---

38) *Ecclesiastes*, pp.34-49.

39) 크렌쇼도 화이브레이(위의 각주 36 참조)와 마찬가지로 교훈(instruction) 장르에 대해 admonition이라는 낱말을 사용하고 있다. 크렌쇼는 경험을 밑바탕으로 한 결론 부분의 강조가 전도서의 특징이라고 말한다. admonition이라는 양식은 바로 그런 경험에서 나온 것이다. 그는 두 개의 잠언 모음집이 전도서에 존재하고 있다고 주장한다(7:1-14; 10:1-20). J. Crenshaw, *Ecclesiastes*, p.48; "The Shadow of Death in Qoheleth," *Israelite Wisdom*(ed. by J. Gammie; MT: Scholars Press, 1978), pp.105-116.

40) J. Crenshaw, "Wisdom," *Old Testament Form Criticism*(ed. by J. Hayes; San Antonio: Trinity University Press, 1974), pp.225-264.

41) *Ibid.*; R. Murphy, *Ecclesiastes*, pp.xxxi-xxxii; R. Clifford, "The Book of

것들이 전도서 전체에서 혹은 다양한 장르들 사이에서 어떤 기능을 하고 있으며, 전도서의 의도와 구조에 어떤 영향을 미치는지에 대해서는 논의하고 있지 않다.

최근에 머피(R. Murphy)[42]는 지혜 문학의 양식들을 집중적으로 다룬 적이 있다. 그는 경구와 교훈과 같은 전형적인 지혜 양식들이 전도서를 구성하고 있음에 주목하고 있다. 머피는 경구(sayings)를 내용에 따라 속담(proverbs), 경험적 잠언(experiential sayings), 교훈적 잠언(didactic sayings)으로 구분하고 있다. 먼저 속담 장르를 들 수 있는데, 이것은 경험을 일반화하는데 가장 빈번하게 사용되는 양식으로서 분명하고 간결하게 구성된다. 전도서에서 이 양식은 특히 7, 10장에 집중적으로 나타나지만 전도서 전체에서 골고루 발견되고 있다. 그리고 도덕적인 요소가 결여된 경험적 잠언과 교훈적 잠언이 있다. 또한 교훈 양식은 긍정 명령문의 권고와 부정 명령문의 금지로 구분되고 있다. 그밖에도 현인들이 개발한 모범 이야기(example story, 4:13-16; 9:13-16)와 회상(reflection, 2:12-17, 18-26)과 같은 장르들을 전도서의 양식에 포함시킬 수 있다고 한다. 이처럼 머피는 전도서를 구성하는 다양한 장르들을 구분하고 전도서 전체를 분석하면서 잠언에 해당하는 경구와 교훈적 잠언과 경험적 잠언을 구분하고 있다. 그러나 이러한 장르들의 정의가 애매한 경우가 많아서 실제로 전도서 안에서 엄격한 장르 구분은 쉽지 않다.

옥덴(G. Ogden)은 전도서의 통일성 문제를 전도서의 문체에서 해결하려고 한다. 많은 문학적 특징들 가운데, 그는 수사학적 장치로서 비교 잠언(טוב 잠언)의 양식을 가진 문장들을 선택한다.[43] 옥덴은 비

Ecclesiastes," *NIB* 5(Nashville: Abingdon, 1997), pp.267-287.

42) R. Murphy, *Wisdom Literature*(Michigan: William B. Eerdmans Publishing Company, 1981), pp.4-6; *Ecclesiastes,* WBC 23(Dallas: Word Books, 1992); "Qoheleth the skeptic?," *The Tree of Life*(N.Y.: Doubleday, 1992), pp.7-13.

교 잠언의 양식은 전도자가 자신의 특별한 관심을 표현하기 위한 독 창적인 수사학적 장치로 사용하고 있다고 믿는다. 그는 전도서에서 비교 잠언의 기능을 다음과 같이 두 가지로 요약하고 있다.

첫째로 비교 잠언은 전도자가 기본적으로 연구하려는 주제를 구분 하고 표지를 세우는 것처럼 새 주제를 소개하거나 결론짓 는 역할을 하고 있다.

둘째로 비교 잠언의 내용은 전도자가 충고하는 기본 지침이다. 이 잠 언 안에 포함된 전도자의 주요 관심은 제의 참여(4:17-5:16), 죽음의 문제(7:1-14), 지혜의 위치(4:13-16; 9:13-16), 현재의 중 요성(2:24; 3:12, 22; 8:15), 젊음과 빈곤이 있는 지혜(4:13-16; 9:13-16)와 하나님의 개념(6:1-3; 7:14; 9:1) 등이다.

옥덴이 시도한 것은 비교 잠언을 전도서에서 찾아내고 그의 수사 학적 기능을 연구함으로써 전도서의 의도적인 구조를 찾아내는 것이 다. 옥덴의 공헌은 양식 비평과 수사 비평을 비교 잠언에 적용하여 전도자의 궁극적인 의도와 구조를 찾아내는 시도에 있다. 그러나 전 도자는 비교 잠언만이 아니라 속담 역시 수사학적인 기능을 위한 장 치로 사용하고 있다. 따라서 전도서의 잠언 연구와 구조를 이해하려 면 비교 잠언만이 아니라 특히 속담에 대한 제반적 연구가 필요하다.

위에서 언급한 것처럼 최근의 학자들은 전도서의 주요 문학 양식 משל을 꼽고 이들을 다루고 있다. 물론 몇몇 학자들은 전도서는 마샬

---

43) G. Ogden, *The Tob-Spruch in Qoheleth: Its Function and Significance as a Criterion for Isolating and Identifying Aspects of Qoheleth's thought*, Ph. D dissertation at Princeton, 1975(다음부터는 *The Tob-Spruch in Qoheleth*(1975)로 간략히 표기하기로 한다); "The Better-Proverb(Tob-Spruch), Rhetorical Criticism and Qoheleth," *JBL* 96(1977), pp.489-505; "Qoheleth's Use of the Nothing is Better-Form," *JBL* 98(1979), pp.339-350.

양식으로 엉성하게 구성되어 있기 때문에 주제의 일관성, 논리적 사고, 전도서의 구조를 찾기 어렵다고 단정하기도 한다.44) 그러나 전도서에 나타난 잠언과 그의 사용은, 비록 그 양식과 명칭은 혼란스럽지만 전도자가 과거와의 연결을 지속적으로 유지하면서도 자신의 고유한 생각을 효과적으로 전달하기 위한 문학 장치라는 사실을 분명히 말해주고 있다. 이같은 결과는 지혜 문학에 지대한 관심과 전도서에 적용된 양식 비평의 성과이면서 동시에 아직 해결하지 못한 부분, 이를테면 전도서의 장르에 대한 정의와 명칭에 대한 과제를 남겨주고 있다.

무엇보다 전도서의 마지막 부분(12:9-14)은 전도자45)에 대해 잠언(משלים)의 전문가로서 이에 관심을 두고 연구하고 가르치고 정리하고 편찬하는 등 지혜 연구에 몰두한 사람이라고 소개하고 있다. 또 잠언의 폭넓은 사용과 아울러 전도서 전체에서 '지혜로운 사람'(חכם)에 대한 전도자의 존경 어린 태도를 볼 때 그는 적어도 지혜 전승에 익숙한 사람으로서 잠언을 인용이든 스스로 만들어 내든 잠언 사용의 수사학적인 탁월한 능력을 지닌 사람이었을 것이다. 이는 전도서에서 발견되는 잠언의 양식과 그의 사용에 관한 연구야말로 전도서 연구에 필수적이라는 사실을 말해준다.

2) 구조의 문제

이제 전도서의 장르 문제와 함께 전도서 연구의 주류를 이루고 있는 구조 문제에 관한 연구들을 살펴보려고 한다. 구조 문제는 본

---

44) L. Perdue, *Wisdom & Creation: The Theology of Wisdom Literature* (Nashville: Abingdon Press, 1994), pp.63-69.

45) R. Murphy, "The Sage in Ecclesiastes and Qoheleth the sage," *The Sage in Israel and the Ancient Near East*(ed. by J. G. Gammie & L. G. Perdue; Winona Lake: Eisenbrauns, 1990), p.264.

논문의 주요 과제인 속담과 그 사용에 있어서 중요하다. 왜냐하면 전도서에 나타나는 속담과 그 구조는 서로 밀접하게 연결되어 있기 때문이다.

지금까지 전도서를 이해하는 방법으로 그 구조에 대한 다양한 연구들이 있었으나 양식의 문제와 마찬가지로 아직 통일된 의견에 이르지 못하고 있다. 심지어 전도서의 구조를 발견할 수 없다고 단정하는 학자들도 있다.46) 때로는 전도서가 비록 나름대로의 의도를 갖고 있지만 전체에 흐르는 논리적인 연결점이나 형식적인 연결 고리를 발견하기가 어렵기 때문에 일정한 구조가 존재한다는 사실을 주저하게 만든다. 이런 이유 때문에 이들은 전도서에는 일정한 구조가 없다고 주장한다. 전도서를 구성하는 문학 단위들의 구분점들이 분명하지 않다는 것과 전도서 전체를 꿰뚫는 통일된 주제가 분명하지 않다는 점을 그 이유로 들고 있다.

크렌쇼(J. Crenshaw)47)는 처음부터 전도서의 구조 문제에 거의 관심을 두고 있지 않다. 그는 지금까지 전도서의 구조를 찾는 시도들이 있었지만 어느 누구도 전도서의 구조를 설명하는데 성공하지 못했다고 판단한다. 왜냐하면 전도서는 나름대로의 고유한 문학적 특징들을 갖고 있을 뿐만 아니라 서로 모순된 견해들과 갈등을 드러내고 있기 때문이다. 그는 전도서가 여러 저자들48)의 작품이라는 흔적

---

46) 라이트는 전도서에서 일정한 구조나 계획을 찾을 수 없다고 주장하는 23명의 학자들을 열거하고 있다. 이튼은 고대의 저작들은 양식보다는 내용에 우선 순위를 두었을 뿐 문학 구조에는 염두를 두지 않았기 때문에 현대의 사고 방식으로 고대 문헌 안에서 의식적인 구조를 찾는 일이 무의미하다고 적고 있다. A. Wright, "The Riddle of the Sphinx," *CBQ* 30(1968), pp.313-334; M. Eaton, *Ecclesiastes,* the Tyndale OT commentaries(Leicester, Downers Grove: Inter-Varsity Press, 1983), pp.48-49.

47) *Ecclesiastes,* pp.47-48.

48) *Ibid.* 그는 전도자의 가까운 제자의 것으로 추측되는 제2차 자료를 구별하고 있다(12:9-11, 12-14; 2:26상; 3:17상; 8:12-13; 11:9하; 아마도 1:2;

을 보이고 있지만 '모든 것이 헛되다'는 문구가 삽입됨으로써 통일
성있는 작품이라는 인상을 주고 있을 뿐이라고 한다. 이처럼 전도서
의 의도를 매우 회의적으로 보기 때문인지 크렌쇼는 전도서를 내용
에 따라 간략하게 구분하고 있을 뿐이다.

엘룰(J. Ellul)49)도 마찬가지로 전도서에는 논리적이고 의도적인 구
조가 없을 뿐만 아니라 저자가 각 단원에서 다루려는 특별한 주제도
없다고 주장한다. 그럼에도 불구하고 전도서의 응집력은 논리적인
전개보다는 옷감처럼 서로 잘 짜여진 조직으로 느낄 수 있다고 한
다. 시작도, 끝도, 방향도 찾을 수 없지만 놀라운 방식으로 그 내용
들이 섞여 있다는 것이다. 예를 들면 같은 주제가 여러 곳에서 반복
적으로 발견되고 있다. 일에 관한 주제는 1, 2, 4, 6, 9, 10, 11장에
서, 행복에 관한 주제는 2, 3, 5, 7, 8, 9, 11장에서, 권력이라는 주제
는 1, 3, 4, 5, 8, 10장에서 나타난다. 여기에 재산, 청년과 죽음의
문제와 언어를 다루는 장(章)들을 추가로 덧붙일 수 있을 것이다. 엘
룰에 따르면, 실처럼 엮어져 있는 이 주제들은 전도서의 응집력을
갖게 해 준다.

그러나 구조 문제에 있어서 이러한 부정적인 입장에도 불구하고
전도서의 의도적인 구조를 밝히려는 시도는 계속 이어졌다. 그것의
본격적인 연구는 로우더(J. Loader)로부터 시작되었다고 할 수 있
다.50) 그는 결론 부분(12:9-14)을 제외하고는 어떤 모순도 전도서에
서 발견되지 않는다고 주장한다. 로우더는 '내적 구조'라고 부를 수
있는 것들을 분석했다. 그에 따르면 전도서 안에는 반제와 대조, 교
차와 배열 등 6개의 양극 구조(polar structure)와 38개의 교차 구조

5:18(19); 7:26하; 12:8).

49) J. Ellul, *Reason for Being*(Grand Rapids, Michigan: Eerdmans, 1990), pp.33-38.
50) J. Loader, *Polar Structures in the Book of Qohelet*(Berlin, New York: de Gruyter), 1979.

38

(chiastic structure)를 찾아내고 있다. 그는 이런 구조를 파악하지 못한다면 전도서를 제대로 이해할 수 없다고 한다. 전도서는 전통적인 지혜를 반대하기 위해 '양극 구조'의 틀이 사용되었으며, 이 구조를 통해 궁극적으로 '인생의 허무'라는 결론에 도달하고 있다고 한다. 그러나 전도서의 저자나 편집자가 원래 이렇게 치밀한 구조를 의도했는지에 대해서는 회의적이다.

전도서의 구조에 대한 대표적인 연구는 라이트(A. Wright)의 것이다.[51] 그는 전도서에서 반복적으로 나타나는 동사를 기초로 전도서의 구조를 분석하고 있다. 그 결과 그는 전도서에는 일관성있는 구조가 존재할 뿐만 아니라 그 구조의 열쇠는 1:12-11:6에 나타나는 핵심구(key phrases), 즉 세 개의 동사 유형의 반복과 수(數)에 있음을 발견한다. 그는 전도서의 본문 자체를 출발점으로 삼고 본문의 동사와 구조와 문학적 특성들에 관심을 두고 있다. 그는 '모든 것은 헛되고(הבל) 바람잡는 것과 같다'는 문구가 1장 12-15절에서, 다시 1장 16-18절에서는 '헛되다'는 문구 없이 '바람 잡는 것과 같다'는 문구가 사용되고 있음을 관찰한다. 2장 1-11절 역시 기쁨에 관해 언급한 후 '이 모든 것이 헛되고 바람 잡는 것과 같다'는 어구로 마치고 있다. 2장 12-17절에서도 전도자는 1장 17절의 내용을 다시 언급한 후 역시 '모든 것은 헛되고 바람잡는 것과 같다'는 문구로 끝맺고 있다. 주목할 것은 이러한 문구가 5회 더 반복된다는 것이다(2:26; 4:16; 6:9에 각각 한 번, 4:4-6에 두 번). '모든 것은 헛되며 바람잡는 것과 같다'는 문구로 끝나는 2:18-26; 3:1-4:6, 4:7-16, 4:17-6:9에 인간의 수고에 대한 평가를 첨가할 수 있다. 여기에 '먹고 마시고 자

51) A. Wright, "The Riddle of the Sphinx: The Structure of the Book of Qoheleth," *CBQ* 30(1968), pp.313-334; "The Riddle of the Sphinx Revisited: Numerical Patterns in the Book of Qoheleth," *CBQ* 42(1980), pp.38-51; "Additional Numerical Patterns in Qoheleth," *CBQ* 45(1983), pp.32-43.

신의 노동의 열매를 즐기는 것'보다 더 좋은 것은 없다는 사고(思考)가 이차적으로 첨가되어 있다(2:24; 3:13, 3:22; 5:17). 이것은 전도자가 인간이 누려야 할 하나님의 선물로 묘사한 것이다(2:24-26; 3:13; 5:18). 이처럼 '헛되고 바람잡는 것과 같다'와 인간 수고의 무의미와 '즐기라'는 충고가 6장 9절 이전에서 자주 반복되는 반면, 그 이후부터는 거의 나타나지 않고 대신 다른 종류의 새로운 문구와 아이디어가 등장하고 있다. 이 때문에 라이트는 1장 2절부터 6장 9절까지를 전도서의 전반부로 묶고 있다.

6장 10절 이후부터 새로운 문학 단위들이 시작된다. 여기에서는 ידע 동사를 중심으로 한 '알지 못한다' 혹은 그와 유사한 문구가 나타난다. '알지 못한다'라는 문구가 발견되지 않을 경우 מצא 동사가 사용된 '발견할 수 없다' 혹은 '누가 발견하겠는가?'와 같은 어구(語句)가 대신 나타나고 있다. '알지 못한다'나 '발견할 수 없다'라는 문구들을 분기점으로 할 때 전도서의 후반부는 10개의 단락으로 나누어진다 (7:1-14, 7:15-24, 7:25-29; 8:1-17; 9:1-6, 9:7-10, 9:11-12, 9:13-10:15; 10:16-11:2, 11:3-6).[52] 라이트는 이 문구들이 집중적으로 나타나는 6장 10절 이후를 전도서의 후반부로 구분하고 있다.

이렇게 라이트는 반복되는 문구의 특징에 따라 전도서의 전 후반부를 구분하고, 전반부(1:2-6:9)는 인간 수고의 무의미를, 후반부 (6:10-12:8)는 하나님의 일을 이해할 수 없는 인간의 무능력을 다루고 있다고 하였다. 라이트는 이러한 특징과 구조를 전도서의 기본 골격으로 이해하고 있다. 그의 이러한 전도서 구조 연구는 1968년에 처음으로 시도된 것이지만, 지금도 그의 연구는 많은 학자들이 지지하고 있다.[53] 1980년과 1983년에 걸쳐 라이트는 다시 전도서의 숫자

---

52) לא יִמְצָא (7:14), מִי יִמְצָא (7:24), לא מָצָאתִי (7:28); לא מָצָא (8:17); יֹדֵעַ אֵין (9:1), דַעַת……אֵין (9:10), אֵינָם יוֹדְעִים (9:5), לא־יֵדַע (9:12; 10:14, 15).

53) J. S. M. Mulder, "Qoheleth's Division and its Main Point," *Von Kanaan bis*

패턴을 분석한 후 초기의 핵심구를 중심으로 한 구조 분석과 일치한
다는 사실을 강조하면서 기존에 그가 주장해 왔던 전도서의 기본 구
조를 재확인하고 있다.[54)

케인데이(A. Caneday)는 크게 제목(1:1), 풍자시(1:2-11; 12:1-8), 끝
맺음(12:9-14)의 세 부분으로 나누면서 전도서의 일관된 구조를 주장
하고 있다.[55) 그도 라이트처럼 6장 9절을 정점으로 전도서를 전 후
반부로 나누고, 전반부(1:12-6:9)는 인생의 문제를 제기하는 것으로, 후
반부(6:10-11:6)는 그 결론으로 보고 있다. 그러나 그는 라이트처럼 이
두 부분을 엄격하게 구분짓는 것을 경고한다. 왜냐하면 전도서의 여
러 복합적인 성격이나 서로 모순되어 보이는 견해를 손쉽게 복수 저
자로 해결하려 한다고 믿기 때문이다. 그는 양극적인 표현이나 모순
된 사고는 전도자가 관찰한 현실의 역설적이고 변칙적인 성격을 반
영하는 것으로 간주하고 전도서의 통일성을 그대로 수용하고 있다.
결과적으로 그는 전도서의 통일성과 논리성의 측면에서 전도서의 종
합적인 구조를 주장한다.

라이트나 케인데이와 마찬가지로 전도서의 계획된 구조를 주장하
는 카스텔리노(G. Castellino)도 주로 문법적 관찰과 주제에 따라 전
도서를 4:6을 기점으로 두 부분으로 나누고 있다.[56) 처음 1장부터 4
장까지의 문장들은 1인칭 문체의 특징이 있는 반면 그 다음 장부터
문체는 갑자기 바뀌어 2인칭의 명령형과 권고가 나온다. 이러한 차
이점은 자주 반복되는 핵심어의 변화에서도 확인할 수 있다. 첫 부

Kerala(ed. by W. C. Delsman, etc.; Neukirchener Verlag: Neukirchen-Vluyn, 1982), pp.149-159.

54) A. Wright, "The Riddle of the Sphinx Revisited: Numerical Patterns in the Book of Qoheleth," *CBQ* 42(1980), pp.38-51; "Additional Numerical Patterns in Qoheleth," *CBQ* 45(1983), pp.32-43.

55) A. Caneday, "Qohelth: Enigmatic Pessimist or Godly Sage," *GTJ* 7(1986), pp.21-56.

56) G. Castellino, "Qohelet and His Wisdom," *CBQ* 30(1968), pp.12-28.

분의 지배적인 단어는 헛됨, 노동, 수고이고, 둘째 부분에는 악과 같이 윤리적인 의미가 있는 단어들이 있다. 만일 이 두 부분을 주제라는 측면에서 구분한다면 첫째 부분은 비관주의, 둘째 부분은 낙관주의가 지배적이다. 즉 전자는 인간 존재에 대해 비판적이고 부정적인 평가를 내리는 반면, 후자는 그러한 부정적인 인상을 좀 더 적극적이고 정통적인 언어로 수정하고 있다. 이렇게 전 후반부는 예를 들면, 첫째 부분의 주제는 '모든 것이 헛되다'가, 둘째 부분의 주제는 '하나님 경외'에서 전도서의 완전한 가치를 얻게 되어 이 두 주제는 전도서 전체에서 조화를 이루고 있는 것으로 보아야 한다.

위의 학자들과 마찬가지로 브라운(S. Brown)[57]도 전도서의 문학적 구조를 옹호하고 있다. 전도서는 왕관을 구성하는 보석이나 카페트처럼 잘 짜여진 건축물과 같은 통일성을 지닌 것으로 여긴다. 그는 전도서의 전 후반부는 수사학적 문체와 수(數)와 주제에 따라 각각 111절들로 구성되어 있다는 라이트(Wright)[58]의 주장을 그의 출발점으로 삼고 있다. 브라운 역시 라이트가 구분한 전도서의 두 부분들이 내용과 절수(節數)에서 서로 평행을 이루고 있음을 발견한다. 처음 1-6장은 인간의 지속적인 가치, 이익과 인간의 수고가 쓸데없다는 것을 강조한다(1:3; 2:11, 22; 3:9, 16; 6:8, 11). 다음 7-12장은 하나님이 하시는 일의 신비를 언급하고 있다. 그러나 라이트는 3장과 9장 1-12절을 중심 구절로 여기고 후렴을 강조하는 반면, 브라운은 그 구절을 잇는 단어들과 아이디어에 더 관심을 두고 있다.

최근에도 구조 연구는 계속되고 있지만 아직도 그에 관한 견해는 서로 일치되고 있지 않다. 드 용(de Jong)[59]은 전도서에는 세 개의

---

57) S. Brown, "The Structure of Ecclesiastes," *ERT* 14(1990), pp.195-208.

58) A. Wright, *op. cit., CBQ* 45(1983), pp.32-43.

59) S. de Jong, "A Book on Labour: the Structuring Principles and the Main Theme of the Book of Qohelet," *JSOT* 54(1992), pp.107-116.

직관이 결정적인 요소로 나타난다고 한다. 무엇보다 전도서의 저자는 현대의 서양식 기준을 알지 못했다는 사실을 간과하지 말 것을 지적하고 있다. 따라서 그는 현대학자들의 도식적 구조를 거부하고 대신 고대 이스라엘의 지혜문학에 적용된 원리들을 찾을 것을 요구한다. 그는 그 원리를 관찰군(observation complexes)과 교훈군(instruction complexes)으로 구분하고, 전자에는 1인칭 사용과 확신으로 가득 차 있는 반면 후자에는 충고와 권고가 집중되어 있다고 주장한다. 관찰의 요소들은 교훈군에서 전혀 발견되지 않는 것은 아니지만 교훈을 관찰의 서론으로 삼거나 혹은 논쟁을 위해 도와주고 있을 뿐이다. 후자의 외적인 구조는 명령형과 2인칭 동사 형태가 주로 나타난다. 그 분위기는 적극적이며 메시지는 조심스럽고 특히 하나님과 권위에 관하여 언급하고 있다. 이처럼 드 용은 전도서의 1장 3절-12장 7절을 관찰군과 교훈군으로 구분하고, 이 원리를 기초로 전도서의 계획적인 구조를 주장하고 있다.

1998년에 전도서 주석서를 출간한 롱맨 3세(T. Longman Ⅲ)는 자서전적인 통찰을 기초로 전도자의 연설로 꾸며진 1장 12절-12장 7절을 별도의 독립된 문학 단위로 보고 있다.60) 그는 전도서 안에는 분

1:1		*서 론*	
1:2		*표 어*	
	1:3-4:16	관찰군 (observation complex)	/ 4:17-5:18 교훈군 (instruction complex)
	5:9-6:9	*관찰군*	/ 6:10-7:22 *교훈군*
	7:23-29	*관찰군*	/ 8:1-8 *교훈군*
	8:9-9:12	*관찰군*	/ 9:13-12:7 *교훈군*
12:8		*표 어*	
12:9-14		*결 론*	

60) T. Longman Ⅲ, *The Book of Ecclesiastes*(Grand Rapids, Michigan: William B. Eerdmans, 1998), p.22.

명하고 명백한 구조가 없다고 단정하고 내용을 기초로 다음과 같이
전도서의 구조를 구분하고 있다.

1:12	일인칭 '나'의 보고
1:13-2:26	"해 아래서" 삶의 의미를 추구
3:1-6:9	그 의미를 계속 추구
6:10-12	전환점
6:10-12:7	충고와 교훈

그리고 서론과 결론 부분인 1장 1-11절과 12장 8-14절은 전도서의
이야기 틀(narrative framework)을 제공해 주고 있지만61), 본문보다
늦게 저작되어 나중에 첨가된 것은 아니라고 롱맨은 지적한다. 비록
그는 현재의 전도서가 본문의 저자가 아닌, 별도의 편집자에 의해
완성되었다고 생각하지만 전도서 전체의 통일성을 부인하는 것은 아
니다.

지금까지 전도서의 구조에 대해서 많은 학자들이 내용, 반복 구절
혹은 절수, 주제, 핵심 낱말이나 사상과 같은 특징들을 중심으로 전
도서의 구조를 이해하려고 시도하고 있다. 그러나 그들의 연구에는
전도서에 사용된 특정 양식과 구조의 문제가 서로 연결되고 있지 않
다. 이는 적어도 전도서를 이해하는데 있어서 양식과 구조의 관계가
매우 중요하다는 사실을 간과한 것이다. 따라서 본 논문에서는 전도
서의 주요 문학 양식인 잠언(משל) 가운데 속담 장르의 의미와 내용
과 수사학적 기능과 효과의 문제를 기초로 속담의 중요성을 알아보
고 이것이 전도서 구조를 이해하는데 어떤 의미가 있는지를 알아보
고자 한다.

---

61) 롱맨은 폭스의 관찰을 수용하고 있다. M. Fox, "Frame-Narrative and
Composition in the Book of Qohelet," *HUCA* 48(1977), pp.83-106.

3. 연구 방법

1968년 12월 뮐렌버그(J. Muilenburg)가 SBL 의장으로서 한 취임
연설 이래로 성서학 연구는 성서 본문의 수사학적 특징과 수사비평
(rhetorical criticism)에 관심을 갖게 되었다. 그의 연설 "양식비평학
과 그 극복"[62])에서 그는 양식비평의 공헌을 인정하였으나 양식 비평
의 약점과 한계를 지적하고 이를 극복하기 위한 방법으로 수사비평
을 제시하였다. 그는 양식비평은 본문의 고정된 양식에 관심을 둔
나머지, 본문의 문체적 특성을 간과하는 약점이 있다고 판단하고 있
다. 본문의 양식이나 유형에 집착할 때 결과적으로 본문이 지닌 저
자의 사상과 의도를 놓칠 수 있기 때문이다. 더욱이 지혜 문학에서
양식 비평 연구는 이제 시작 단계에 불과하다. 머피(R. Murphy)가
양식 비평의 역사와 지혜 문학의 역사를 '매우 산발적'(very spotty)
이라고 평가할 만큼 아직 본격적인 연구가 이루어지지 않고 있다.[63])
포러(G. Forher)는 이같은 현실을 양식 비평이 지혜문학, 특히 전도
서의 구조와 내용을 이해하는데 충분하지 않기 때문이라고 설명하고
있다. 무엇보다도 삶의 정황에 관심이 있는 양식 비평이 현인들의
상황을 파악하는데 적절하지 못할 뿐만 아니라 지혜문학이 처한 교
육적인 상황이 아닌 다른 상황을 구체적으로 밝히기가 어렵다고 고
백한다. 왜냐하면 지혜 문학의 내용은 적용할 수 있는 범위가 넓어
서 고유한 상황에 대한 특수 정보를 제공해주지 않기 때문이다. 더
욱이 전도서의 경우 전통적인 문학 양식을 사용하지 않기 때문이 아

---

62) J. Muilenburg, "Form Criticism and Beyond," *JBL* 88(1969), pp.1-18(김
  이곤 역, "양식비평학과 그 극복," 『신학사상』 84(1994), pp.177-205).

63) R. Murphy, "Form Criticism and Wisdom Literature," *CBQ* 31(1969),
  pp.475-483, 477; D. Greenwood, "Rhetorical Criticism and Form-Geschichte:
  Some Methodological Consideration," *JBL* 89(1970), p.419, 각주 3.

니라 반대로 그러한 양식들을 거의 똑같이 사용하고 있기 때문에 양
식 비평의 활용을 구체적으로 다루기 어렵다고 진단하고 있다. 결과
적으로 양식 비평은 전도서 전체나 긴 구절의 구조를 연구하는데 있
어서 도움이 되지 못한다고 포러는 결론짓는다.[64]

위에서 지적한 것처럼 양식 비평의 한계를 극복하는 대안으로 제
안된 것이 뮐렌버그의 수사 비평이다. 수사 비평은 양식 비평의 약점
을 보완하는 것으로써 최종 형태의 본문 자체의 문체적 특징과 언어
적인 유형과 양식에 관심을 두고 저자 사상(思想)의 질감과 짜임새
(texture and fabric)를 비롯해 그 구조를 이해하는 것이다. 뮐렌버그는
히브리어 문학 구성물의 본질을 이해하고 문학적 단락을 형성하는데
이용된 구조적 패턴을 발견하는 것을 수사 비평의 주요 과제로 삼고
있다. 그는 수사 비평적 방법을 다음의 두 단계로 요약하고 있다.[65]

1) 문학 단위(literary unit)의 한계나 범위를 제한하고 정의하는 것
   이다. 즉 하나의 문학 단위의 시작과 끝을 명확하게 인식하는
   것이다. 문학 단위를 결정하기 위해서 본문에서 사용되는 여러
   종류의 수사학적 장치들(rhetorical devices), 이를테면 절정이나
   인클루시오(inclusio) 등을 자세히 관찰해야 한다.
2) 문학 단위의 구조를 인식하고 그 구성 요소들이 갖고 있는 전
   체의 구조를 인지한다. 그리고 그 구성 요소들의 배치 윤곽
   (configuration)을 식별하는 것, 즉 문학적 구성물들이 엮어지는
   그 날줄과 씨줄을 묘사하는 것이며, 한편으로는 그 문학 단위
   의 연속과 움직임을, 다른 한편으로는 저자의 사상이 발전하는
   데 나타나는 전이(轉移) 혹은 전환을 표시해 주는 특징적인 문
   체들(리듬, 격언적인 경향[aphoristic tendency], 반복과 대조)과

64) G. Fohrer, *Introduction to the OT*(London: SPCK, 1970), p.339.
65) J. Muilenburg, *op. cit.*, pp.8-11.

수사학적 장치들(대구법, 교차대구법, 절[節], 연[聯], 불변화사
[particles], 호격, 수사 의문문, 핵심어, 반복 등)에 주목한다.

이처럼 수사 비평이 가진 장점은 최종 형태의 본문을 연구 과제
로 삼는다는 데 있다. 지금까지 역사 비평에 준한 성경 해석은 역사
성 여부를 규명하려다가 성서 본문 자체를 잃는 과오를 범해 왔다.
그러나 수사 비평은 역사적 해석을 무시한다거나 대체하려는 것이
아니라 바로 최종 형태의 성서 본문을 철저히 읽으면서 본문을 파악
하고 그의 메시지를 파악하려는 것이다. 왕대일은 이같은 수사 비평
을 성서 본문의 '마지막 형태에 관한 종합적 총체적 공시적 해석'이
라고 평가하고 있다.66)

트리블(P.Trible)은 뮐렌버그의 이러한 수사학적 비평의 대안적 제
안을 기초로 수사 비평 방법을 발전시켜서 한 개의 문학 단위의 개
별적인 독특성을 찾아내는데 집중하고 있다. 본문 안에 사용된 언어
의 종류와 그것들이 배열된 방법들을 살펴보면서 본문의 각 단위들
이 지닌 문학적 개성을 확인하는 과정을 중요시한다. 이처럼 수사학
적 방법은 성경 본문에 대한 집중적인 연구이다.67) 이는 성경 본문
을 철저히 문학적으로 접근한다는 전제 아래 본문의 양식(form)과
내용(content)에 근거해서 본문을 형성하는 문학 단위들을 구분한 다
음, 이 단위들이 전체 본문 속에서 서로 어떻게 연결되어 있는지를
꼼꼼히 살피는 일이다. 양식과 내용을 결코 서로 분리시키지 않는
것은 본문이 전하려는 내용이 양식 속에 담겨 있기 때문이다. 말하
자면 양식은 본문이 전달하려는 내용을 담은 그릇이다.68) 이동수 역

---

66) 왕대일, 『새로운 구약주석』(서울: 성서연구사, 1996), pp.155-160.

67) P.Trible, *Rhetorical Criticism: Context, Method and the Book of Jonah*
(Minneapolis: Fortress Press, 1994), p.95.

68) *Ibid.,* pp.91-95, 101-16. 수사학적 해석을 위한 트리블의 제안이 왕대일

시 구약성경의 수사비평을 다음과 같이 정리하고 있다.

> 구약성경의 수사비평이란 구약성경 히브리어의 최종 형태의 본문
> 자체의 문학적 구성의 기교에 관심을 가지고 본문의 구조 형태를
> 분석하고, 본문의 통일성을 이루는 수사학적 장치들을 찾는다. 이런
> 과정을 통해서 본문의 문학적 독특성과 중심 사상을 드러낸다. 한편
> 수사비평은 최종 형태의 본문의 설득의 기교에 관심을 가지고 본문
> 이 청중을 설득해서 메시지를 효과적으로 전달하고자 하는 방법을
> 관찰한다.[69]

결국 수사비평이 갖는 장점은 위에서 언급하였듯이 최종 형태의
성경 본문을 철저히 연구하는데 있다. 이는 성서학이 끊임없이 추구
해야 하는 궁극적인 목표이기도 하다. 이런 점에서 수사 비평 방법
은 현대 성서 해석의 마땅한 방법으로서 자리매김을 할 수 있을 것
으로 여겨진다.

최근 구약성경을 해석하는데 있어서 수사 비평은 본문을 철저히
다룬다는 장점 때문에 그에 대한 관심이 점차 증가되고 있다.[70] 그러

의 저서, 『새로운 구약주석』, pp.189-195에 번역, 요약되어 있다.

69) 이동수, 『심판에서 구원으로』(서울: 장로회신학대학교출판부, 1998), pp.36-37; 『구약주석과 설교』(서울: 장로회신학대학교출판부, 2000), pp.260-289.

70) 김이곤, 호세아 2:2-23(4-25)의 수사비평적 연구, 『신학논단』 17(1987), pp.75-98; 이동수, 『심판에서 구원으로』, 1998; D. Berry, *The Psalms & Their Readers*(Sheffield: JSOT, 1993); D. Clines, "Reading Esther from Left to Right," *The Bible in Three Dimensions*(ed. by D. J. A. Clines, S. Fowl & S. Porter; Sheffield: JSOT, 1990), pp.33-52; D. Clines, D. Gunn, & A. Hauser, *Art & Meaning: Rhetoric in Biblical Literature*(Sheffield: JSOT, 1982); D. Clines,. & P.Davies, *Rhetoric & Biblical Interpretation*(Sheffield: Almond press, 1990); S. K. Foss, *Rhetorical Criticism: Exploration & Practice*(Illinois: Waveland Press, 1989); Y. Gitay, "A Study of Amos's Art of Speech: A Rhetorical Analysis of Amos 3:1-5," *CBQ* 42(1980), pp.293-309; Y. Gitay, *Isaiah & His Audience: the Structure and Meaning of*

나 전도서의 본문을 수사학적으로 접근한 논문이나 단행본은 매우
적다. 다만 이 연구 분야에 선구자적인 역할을 한 옥덴(G. Ogden)의
몇 편의 논문들을 꼽을 수 있을 것이다.71) 그는 전도서에서 수사학적
장치로서 비교 잠언을 구별하고 이 장르가 발견되는 문단(pericopae)
에서 그의 기능을 연구했다. 그에 따르면 비교 잠언의 기원이 무엇이
든 이 장르는 단원 안에서 수사학적 장치로서의 역할을 수행하고 있
는데, 이 장르를 전도자는 자신의 독창적인 사상을 전하고 전환하려
는 매개체나 도구로 사용하였다고 한다. 특히 비교 잠언이 나타나는
단원 안에서 전도자는 인간이 지켜야 할 균형잡힌 충고를 하고 있다.
궁극적으로 비교 잠언이 발견되는 문단은 하나님이 주시는 인생의
긍정적인 태도를 가질 것을 알려주고자 할 때 사용된다고 주장하고
있다.

여기에 전도서를 본문으로 한 수사 비평적 연구로서 현재 출판되
지 않은 존슨(R. Johnson)의 학위 논문 한 편을 더 추가할 수 있을
것이다.72) 그는 전도서의 문체적 특징으로 나타나는 수사 의문문
(rhetorical questions)에 관심을 두고 있다. 전도서에 나타나는 수사

Isaiah 1-12(Assen (etc.): Van Gorcum, 1991); D. C. Greenwood, "Rhetorical
Criticism and Formgeschichte: Some Methodological Considerations," *JBL*
89(1970), pp.418-426; D. M. Howard, "Rhetorical Criticism in OT Studies,"
Bulletin for Biblical Research 4(1994), pp.87-104; J. J. Jackson, & M.
Kessler(ed.), *Rhetorical criticism: Essays in honor of James Muilenburg*
(Pittsburgh: the Pickwick press, 1974); J. K. Kuntz, "King Triumphant: A
Rhetorical Study of Psalms 20 and 21," *HAR* 10(1986), pp.157-176; J. R.
Lundbom, *Jeremiah: A Study* (Indiana: Eisenbrauns, 1997).

71) *The "Tob-Spruch" in Qoheleth*(1975); "The 'Better-Proverb'(Tob-Spruch),
Rhetorical Criticism and Qoheleth," *JBL* 96(1977), pp.489-505; "Qoheleth's
use of the 'nothing is better'-form," *JBL* 98(1979), pp.339-350.

72) Raymond E. Johnson, *The Rhetorical Question as a Literary Device in
Ecclesiastes*(Ph. D. Dissertation unpublished; the Southern Baptist Theological
Seminary, 1986).

의문문의 영향을 결정하기 위해 그는 세 가지 방법론적 조건을 제시한다. 첫째, 수사 의문문의 적절한 묘사와 분석을 할 수 있어야 한다. 둘째, 수사 의문문이 들어 있는 단원 안에서 그 의문문의 기능을 이해할 수 있어야 한다. 셋째, 그 의문문이 가진 효과를 비판적으로 평가할 수 있어야 한다. 이를 위한 연구 방법으로 그는 양식 비평과 독자반응 비평(reader-response criticism)과 아울러 수사비평을 채택하고 있다. 특히 그는 밀렌버그가 처음에 제시한 수사 비평의 두 방법이야말로[73] 전도서의 구조에 미친 영향과 문맥상의 의도를 찾아내는 결정적인 방법론으로 여기고 있다. 그의 관심은 주로 전도서에 집중되어 있지만 히브리 성경과 외경과 위경과 고대 근동의 지혜 문학을 포함할 만큼 방대하다. 전도서에 나타나는 수사 의문문을 수사 비평적으로 접근한 결과 죤슨은 다음과 같은 결론을 내리고 있다. 먼저 수사 의문문은 전제를 주장하거나 기대하고 독자들이나 청중들의 참여를 확고히 한다. 둘째로 수사 의문문은 전도서의 구조와 주장의 중요한 부분임을 표시한다. 마지막으로 수사 의문문은 전도서 자료의 제시 방법뿐만 아니라 독자에게 미칠 효과에 통찰력을 부여해 준다.

전도서에 나타나는 수사학적인 장치들을 연구한 옥덴과 죤슨의 연구들, 즉 전도서에 나타나는 비교 잠언과 수사 의문문의 기능과 효과의 연구는 전도서의 구조와 통일성을 이해하는데 상당한 공헌을 했다는 점에서 매우 긍정적으로 평가되어야 할 것이다. 그러나 전도서는 다양한 문학 장르로 구성되어 있다. 무엇보다 결어(12:9-14)에서 밝힌 것처럼 전도자는 משלים에 관심을 갖고 이를 잘 사용한 사람이다. 그럼에도 전도서에 나타나는 속담 연구가 아직 본격적으로 이루어지지 않고 있다. 이는 지금까지 전도서의 양식 연구에서 중요시하고 있는 속담에 대한 집중적인 연구를 필요로 하고 있음을 보여준다.

---

73) 위의 40-42쪽을 참고하라.

50

본 논문의 관심은 전도서에 나타나는 מָשָׁל에 속한 장르들 가운데 수사학적 장치로서의 속담(popular proverbs)에 있다. 전도서에서 속담을 구분하고, 이것이 발견되는 각 단원에서 속담의 문학적 특징과 위치와 배열에 관심을 두고자 한다. 그리고 속담의 의미와 기능과 효과, 이에 더 나아가 전도서의 구조를 알아보려고 한다.

제2장 구약성경에 나타난 속담

52

구약성서의 지혜 문학과 양식 비평의 관계는 얼마 전까지 친숙한 사이가 아니었다. 이런 경향을 가리켜 머피(R. Murphy)는 지혜 문학에 대한 양식 연구가 매우 부진하다고 밝힌 바 있다.[1] 양식 비평을 진지하게 다루는 코흐(K. Koch)와 터커(G. Tucker)와 같은 학자들조차 지혜 문학의 양식에 대해 거의 무관심하거나 지나치고 있다.[2] 그러나 최근 지혜 문학의 관심이 고조되면서 지혜 문학의 양식에 관한 논의가 점차 증가되고 있다.[3] 하지만 양식 비평의 주요 문제인 지혜 문학이 생성된 삶의 정황(Sitz im Leben)은 그것의 유동적 성격 때문에 쉽게 결론에 이르지 못하고 있다.[4] 지혜 문학이 형성된 교육의 장(場)으로 학교를 우선시하는 시도는 있으나 학교는 단지 한 상황에 불과할 뿐 부모나 장로의 충고를 비롯한 여러 환경들을 지혜 문학의 기원으로 이해하고 있다. 지혜 문학의 정황을 특수한 환경으로 결정하기보다는 사회의 지혜 운동의 지적 현상으로 보기도 한다.[5]

최근 지혜 문학의 양식 연구가 조금씩 증가하고 있지만 지혜 문학의

1) R. Murphy, "Form Criticism and Wisdom Literature," *CBQ* 31(1969), pp.475-83; "The Interpretation of OT Wisdom Literature," *INT* 23(1969), pp.289-301.
2) K. Koch, *The Growth of the Biblical Tradition*(London: Adam and Charles Black, 1969); G. Tucker, *Form Criticism of the OT*(Philadelphia: Fortress Press, 1971).
3) J. Hayes(ed.), *OT Form Criticism*(San Antonio: Trinity University Press, 1974), pp.226-264; R. Murphy, *Wisdom Literature,* 1981; C. Westermann, *Roots of Wisdom: the Oldest Proverbs of Israel and Other Peoples* (Kentucky: Westminister John Knox Press, 1995); J. Crenshaw, *Urgent Advice and Probing Questioning* (Georgia: Mercer, 1995).
4) R. Murphy, "Form Criticism and Wisdom Literature," *op. cit.,* p.483.
5) R. Whybray, *The Intellectual Tradition in the OT*(Berlin, N.Y.: Walter de Gruyter, 1974), pp.33-43; J. Crenshaw, "Prolegomenon," *Studies in Ancient Israelite Wisdom* (N.Y.: KTAV Publishing House, Inc., 1976), p.14.

장르에 대한 정의와 용어와 범위와 삶의 정황 문제가 학자들 사이에 일치하고 있지 않다. 지혜 문학의 주요 장르로서 본 논문의 주요 관심인 속담을 다루기 위해서 먼저 구약성서에 나타난 히브리어 마샬(מָשָׁל)을 관찰해야 할 것이다.

1. 마샬(מָשָׁל)의 의미

히브리어 마샬(מָשָׁל)은 문맥에 따라 다양한 의미와 장르를 포함하고 있기 때문에 마샬의 정의와 의미를 충분히 찾지 못하고 있다.[6] 단지 동사 마샬의 어원적 의미가 '유사하다,' '비슷하다'[7]와 '통치하다,' '지배하다'[8]로 설명되고 있을 뿐이다. 맥케인(W. McKane)[9]은

---

[6] 구약성경의 잠언서(book of Proverbs)는 מְשָׁלִים을 번역해서 붙여진 책명이다. 동시에 מָשָׁל 혹은 מְשָׁלִים은 여러 문학 장르를 총칭하는 용어로 매우 포괄적으로 사용되고 있다. 이를 구별하기 위하여 본 논문에서 구약성경의 책인 מְשָׁלִים에 대해서는 잠언서라 칭하고, 문학 장르로서의 총칭은 잠언으로 부르기로 한다. 뒤에 부록으로 수록한 도표 2에서 볼 수 있는 것처럼 מְשָׁלִים에 대한 일반 영역(英譯)은 proverb이지만 이외에도 매우 다양하게 번역되고 있다. 한글 번역 역시 속담, 잠언, 금언, 비유, 예언, 노래 등 매우 다양하게 사용되고 있다. 김중은도 잠언(箴言) 대신 격언(格言)으로 부를 수 있음을 지적한 바 있다(김중은, "성문서의 지혜문학," 『구약의 말씀과 현실』(서울: 한국성서학 연구소, 1996), pp.84-98). 부록에 있는 도표 2에서 볼 수 있듯이 מָשָׁל에 대한 가장 빈번한 한글 번역은 속담이고, 영어 번역은 proverbs이다.

[7] M. Beyse, "מָשָׁל," TDOT 9, pp.64-65; A. Godbey, "The Hebrew Masal," AJSL 39(1922 / 23), pp.89-108; R. B. Y. Scott, The Way of Wisdom (New York: The Macmillan co. 1971), pp.53-54; A. R. Johnson, "מָשָׁל," Wisdom in Israel and in the Ancient Near East(ed. by M. Noth & P. W. Thomas; Leiden: E. J. Brill, 1960), p.162; J. A. Soggin, "מָשָׁל," TLOT 2(ed. by E. Jenni & C. Westermann; tr. by M. Biddle; Peabody: Hendrickson Publishers, 1997), pp.689-91.

[8] Soggin은 מָשָׁל의 어근을 찾는데 있어서 '통치하다' 혹은 '지배하다'의 의

54

구약성경 안에서 동사 마샬(משל)이 사용된 용례들을 관찰하면서 '지배하다'는 뜻은 히브리어에만 국한되는 데 반해, '비슷하다'는 뜻은 셈족 언어에 공통된 뜻이라고 주장한다. 특히 히브리 성경 안에는 지혜의 가르침을 짧은 문장으로 집약하여 실제 생활에 유용한 도움을 줄 수 있는 여러 문학 장르들이 있는데, 이것이 마샬(משל)이다. 비록 여기에 속한 장르들이 다양하더라도 마샬은 탁월한 힘을 지닌 단어이다.[10] 결과적으로 맥케인은 마샬의 의미와 용례를 정의하는데 있어서 어원적 의미는 무시하고 이 용어를 예증적 성격을 지닌 것으로 간주하여 '전형'(paradigm)이나 '모델'(model) 혹은 '본보기'(exemplar)를 가리키는 것으로 이해하고 있다. 마샬의 이러한 의미를 설명해 줄 수 있는 예로서 맥케인은 삼상 10:11, 19:24, 삼상 24:14, 겔 16:44, 왕상 20:11, 렘 31:29, 겔 18:2, 12:22와 잠언서(book of Proverbs)의 지혜 문장(wisdom sentences, 잠 10장 이후)을 꼽고 있다.[11] 마샬이 언급된 이 본문들은 지혜와 연관된 체험들을 명확하게 기억할 수 있는 문장 형태로 표현되어 있으며, 대구 형태로 기술되는 경우가 빈번하다. 그는 비록 넓은 의미에서 잠언서의 모든 자료들을 마샬(משל)로 부를 수 있지만 지혜 문장과는 별개의 역사를 지닌 잠언서의 다른 장르 '교훈'(instruction, 주로 잠언 1-9장에서 발견)에 대해서는 이 용어를 적용할 수 없다고 주장한다.[12] 뿐만 아니라 히브리 세계에서 민중 사이에 널리 통용되던 지혜 문장을 마샬(משל)로 부른 것은 비교적 나중의 일이라고 보고 있다.

미에만 집중하고 있다. 그는 문학적인 장르로서의 משל에 대해서는 전혀 언급하지 않고 있다. J. Soggin, "משל," *TLOT* 2, pp.689-91; P.J. Nel, "משל," *NIDOTTE* 2, pp.1136-37.

9) W. McKane, *Proverbs*, pp.31-32.

10) *Ibid.*, p.24.

11) *Ibid.*, pp.25-33.

12) *Ibid.*, p.414.

맥케인은 잠언이 지닌 해석학적 개방성과 교육적 의도를 강조하면서 잠언서의 상당 부분을 '지혜 문장'(wisdom sentences)으로 칭하고 있다.[13] 그는 내용에 따라 지혜 문장을 A, B, C 세 가지로 구분하고 있다. A 자료는 고대 지혜(old wisdom) 자료로서 인생의 의미를 가르치는 것에 집중되어 있다. B 자료는 공동체의 문제에 초점을 두고 있다. C 자료는 신앙적 경건성에서 나온 것으로 고대 지혜(자료 A)를 재해석한 것이다. 그는 A 자료는 잠언서 10장 이하 내용의 약 50%이상을 차지하는 것으로서 후대에 첨가된 다른 B나 C 자료보다 잠언서 전체의 기본 틀을 제공해 주는 것으로 여기고 있다.[14] 맥케인은 이 세 자료(A, B, C 자료)로 구성된 지혜 문장의 삶의 정황(Sitz im Leben)을 단지 학교나 현인(sages)에게만 국한시키지 않고 부모와 장로와 같은 다양한 출처들을 그 정황의 기원들에 포함시키고 있다.

2. 속담으로서의 마샬(משל)

마샬(משל)의 어원적 의미를 넘어서 지혜 자료들을 처음으로 양식 비평의 측면에서 연구한 선구자는 단연 아이스펠트(O. Eissfeldt)이다. 그는 1913년 히브리어 마샬을 연구하지 않고는 구약성경에 나타나는 지혜 문학의 다양한 양식들을 이해할 수 없다고 발표하였다.[15] 그는 양식 비평을 마샬에 적용하여 구약성경에서 속담(Sprichwörtliche

---

13) *Ibid.*

14) *Ibid.*, pp.11-12. 맥케인이 고대 자료(old wisdom)로 구분한 A 자료는 양식이나 연대기적인 기준이 아닌 성공과 조화로운 삶을 위한 개인의 교육에 관심을 두고 있는 내용을 중심으로 구분한 것이다.

15) O. Eissfeldt, *Der Maschal im Alten Testament*(Gissen: Alfred Töpelmann, 1913), PP.7-28.

56

Redensarten, 삼상 10:12b; 24:14; 겔 12:22, 23; 13:2; 렘 31:29, 혹은 민속 잠언(folk proverbs))과 지혜 잠언(Weisheitsspruch, 잠 1:1이하; 10:1이하; 25:1이하; 26:7, 9; 왕상 5:12; 시 49:5; 78:2)과 모방 노래 (사 14:4; 합 2:6; 신 28:37; 왕상 9:7; 렘 24:9; 겔 14:8; 시 44:15; 69:12; 대하 7:20; 지 5:3; 토빗 3:4)와 교육 연설(Lehrrede, 욥 13:2; 27:1; 29:1)과 비유 혹은 알레고리(Gleichnis, 겔 17:2; 21:5; 24:3)와 신탁 혹은 알레고리(Orakelssprüche Weissagungsrede, 민 23:7, 18; 24:3, 15, 20, 21, 13)를 찾아내고 있다.16) 이처럼 아이스펠트는 히브리어 마샬로 명명되는 다양한 장르들을 분류해 내었다.

아이스펠트가 연구한 마샬에 속한 장르들 가운데 본 연구와 관련 된 장르는 속담((proverbial sayings) 혹은 민속 잠언(folk proverbs)이 나 전통잠언(traditional proverbs))17)과 지혜 잠언(wisdom sayings)이 다. 그는 먼저 속담의 특징을 다음과 같이 명시하고 있다. 첫째, 오 래된 역사를 지닌 것으로 대중 사이에 통용된다. 둘째, 대중들이 쉽 게 이해한다. 셋째 작가 불명이다. 속담의 양식과 내용을 관찰한 아 이스펠트는 속담의 스타일은 간결하고 대체로 한 행의 산문 문장이 며 고정된 리듬도 대구도 거의 발견할 수 없다고 한다. 그리고 속담 의 내용은 직접적이며 독자들이 주변에서 쉽게 관찰하고 이해할 수 있는 구체적인 메시지를 전달하고 있음을 그는 발견한다. 예를 들면 동물과 식물(창 16:12; 삿 14:18; 삼상 24:15; 호 8:7; 렘 8:20; 12:13; 23:28), 가정 생활(사 37:3), 전쟁하는 군사(왕상 20:11) 등이 주요 관 찰 대상이다. 그러므로 속담은 인생의 보편적 진리를 다루는 일상의 주변적 상황을 그림처럼 묘사하게 된다.18) 한편 지혜 잠언(wisdom

16) *Ibid.*, pp.7-28; G. Forher, *Introduction to the OT*(London: SPCK, 1970), pp.311-15.
17) 아이스펠트는 속담에 대해 독일어 Sprichwörtliche Redensarten라는 용어 를 사용하고 있다.

sayings)은 속담과 비교할 때 사고의 깊이를 발견할 수 있으며, 히브
리 운문처럼 대구와 같은 리듬과 예술성을 갖추고 있다. 지혜 잠언
의 저자는 현인 혹은 교사였을 것이라고 한다.

이런 기준에 따라 아이스펠트는 히브리 성경에서 속담들을 다음과
같이 4가지로 구별하고 있다.[19)]

첫째로 마샬(משל)이라고 부르는 속담(삼상 10:12; 19:24; 24:13; 겔
   12:22; 18:2(렘 31:29))이다.
둘째로 "……라는 속담(마샬)이 있다"라는 문구나 혹은 그와 유사
   한 문구로 소개된 속담(창 10:9; 삼하 5:8; 20:18; 사 40:27;
   습 1:12; 겔 9:9; 18:25, 29; 33:10, 17, 20; 37:11)이다.
셋째로 속담처럼 들리는 본문(창 16:12; 삿 8:2, 21; 14:18; 삼상
   16:7; 24:14(삼하 9:8; 16:9); 왕상 18:21; 20:11; 사 22:13;
   37:3(66:9, 호 13:3); 렘 8:20, 22; 12:13; 23:28; 51:58(합 2:13);
   호 8:7(잠 22:8))이다.
넷째로 속담에서 유래된 지혜 잠언(잠 10:6(10:11), 9, 15(18:11); 11:2,
   13(20:19), 16, 21(16:5); 12:14; 13:24; 14:31(17:5); 16:18(18:12),
   31; 17:28; 19:12(20:2); 27:1, 17; 28:2; 집 2:5; 13:1, 17;
   27:16(잠 26:27; 전 10:8))이다.

여기에서 아이스펠트가 선택한 속담과 지혜 잠언의 관계가 먼저 설
명되어야 할 것이다. 그는 속담이 지혜 잠언보다 시기적으로 우선하며,
속담으로부터 정교하게 다듬어진 두 행의 지혜 잠언(two-membered
saying)이 발전되었다고 설명한다. 말하자면 짧은 문장의 속담이 지혜
잠언보다 역사적으로 우선한다는 것이다. 그러나 장르상 속담과 지혜

18) O. Eissfeldt, *op. cit.*, p.12.
19) *Ibid.*, pp.45-46.

잠언의 엄격한 구별과 이들의 직선적인 발전을 반대하는 학자들이
많다. 속담과 지혜 잠언은 양식이나 기원에 있어서 서로 구분하기 어
려운 점들이 많다고 판단하기 때문이다.

스코트(R. B. Y. Scott)는 잠언서(book of Proverbs)에 포함되어 있
는 민속 잠언(folk proverbs)에 상당한 관심을 보이고 있다.[20] 그는
구약학자들이 히브리 성경에서 민속 잠언의 존재를 인정한다는 사실
은 지혜의 전통이 이스라엘 대중 안에 깊숙이 뿌리 박혔음을 증명하
는 것이라고 주장한다. 또한 그는 고대 근동의 민속 잠언과 구약 성
경의 민속 잠언을 비교해 보았을 때 양식적 특징과 내용이 서로 유
사하다는 사실을 발견한다. 이것은 민속 잠언이 일반 대중 사회에서
즉흥적으로 생성된 결과이며, 결국 지혜 잠언에 공헌한 것으로 추정
한다.[21] 스코트는 민속 잠언의 특징을 일곱 가지로 구분하고 있다.
이것들은 A) 동일시함, 동등시함, 관련시킴, B) 비동일시, 대조, 역
설, C) 유사성, 유비, 전형적인 것, D) 바른 질서에 반대되는 것, 무
익한 것, 불합리한 것, E) 분류, 명료화, F) 가치, 상대적인 가치나
우선 순위, 비율이나 정도, G) 인간 행동이나 성격의 결과들이다.[22]
이런 특징들을 지닌 민속 잠언은 점차 잠언서의 지혜 잠언으로 발전
하게 되었다고 지적한다. 그는 민속 잠언과 지혜 잠언의 차이점들을
다음과 같이 묘사하고 있다.[23]

---

20) 스코트가 관심을 두고 있는 민속 잠언(folk proverbs)은 속담의 또 다른
용어이다. R. B. Y. Scott, "Wise and Foolish, Righteous and Wicked,"
VTS 23(1972), pp.146-65; "Folk Proverbs of the Ancient Near East,"
Studies in Ancient Israelite Wisdom(ed. by J. Crenshaw; N.Y.: KTAV
publishing House, Inc., 1976), pp.417-26; *The Way of Wisdom in the
OT*(N.Y.: Macmillan Publishing Co., 1979), pp.12-18, 63-70.

21) R. B. Y. Scott, *Ibid.,* pp.12-18; R. B. Y. Scott, "Folk proverbs of the
Ancient Near East," *op. cit.,* p.417.

22) "Folk Proverbs of the Ancient Near East," *Ibid.,* p.419.

23) 스코트는 지혜 잠언의 기원이 되는 민속 잠언의 발전 흔적을 잠언서에

a) 내용에 있어서 지혜 잠언은 만족할만한 도덕을 다루는 반면 민속 잠언은 일상생활에서 비롯되는 관찰과 경험과 회화적인 내용에 관심을 두고 있다.[24]

b) 양식의 측면에서 지혜 잠언은 대구와 같은 규칙성을 지니고 있는 반면 민속 잠언의 문장은 짧고 간결하며 유음과 두운과 같은 문체적 장치를 사용한다.[25]

c) 지혜 잠언은 학식있는 교사의 개인적 권위를 중요하게 여기는 반면 민속 잠언은 그 자체의 권위와 아울러 사회적 동의나 공리를 지닌다.[26]

포러(G. Fohrer) 역시 스코트와 마찬가지로 민속 잠언과 지혜 잠언과 그 둘의 관계에 관심을 두고 있다.[27] 그는 민속 잠언의 필수 조건을 산문적 문체와 내용의 보편성과 역사적 정황으로 보고 있다. 그는 민속 잠언과 지혜 잠언을 구별하고 아이스펠트와 스코트와 같이 이 둘의 관계를 전자로부터 후자가 발전했다고 주장한다. 양식적인 측면에서 민속 잠언은 단지 1행으로 된 것과는 달리 지혜 잠언은 두 행으로 구성되어 있다는 것이다. 그러나 그는 두 종류의 잠언 모두 그 안에 들어 있는 일반 진리는 현인이든 백성이든 관찰과 경험

서 다음과 같이 찾아내고 있다: 1) 11:16, 22; 16:26상; 18:23; 19:4상, 7상; 22:13; 19:13하; 15:30하; 아마도 10:15상; 13:8, 23; 14:4상, 20; 15:15; 18:22상; 19:6하; 20:25; 21:9; 25:20; 27:10하; 18:22상; 29:5, 24상; 2) 11:2상; 13:24상; 17:1, 13, 14상; 20:29; 27:5; 아마도 16:18; 17:6; 18:3상, 9, 19, 24; 29:11상, 17, 19상, 25, 27상, 29. R. B. Y. Scott, *The Way of Wisdom in the OT*, pp.63-67; R. B. Y. Scott, "Wise and Foolish, Righteous and Wicked," *VTS* 23(1972), pp.146-65.

24) R. B. Y. Scott, "Folk Proverbs of the Ancient Near East," *op. cit.*, p.418.

25) *Ibid.*

26) *Ibid.*

27) G. Fohrer, *Introduction to the OT*, p.311.

을 통해 얻어진 지식과 새로운 현실을 창조할 수 있는 진술에서 비롯된다고 보았다. 포러는 대중적인 자료에 의존하고 있는 한 행의 민속 잠언과는 달리 격언(aphorisms) 혹은 지혜 잠언의 두 행은 동의 대구, 반의 대구 혹은 종합 대구를 이루고 있으며 때때로 동기절이나 비슷한 진술에 의해 확대될 수 있다는 차이를 설명하고 이 둘을 진화적으로 이해하려고 한다.[28] 포러는 지혜 문헌밖에 존재하지만 지혜인의 잠언으로서 이사야 3장 10-11절, 32장 6-8절, 40장18-20절, 41장 7절, 44장 9-20절, 46장 5-8절을 그 예로 들고 지혜에서 빌어온 수사학적 양식을 지닌 것으로 이사야 28장 23-29절과 아모스 3장 3-6절을 제시하고 있다.[29] 그러나 포러가 설명하는 이들의 문법적 구조와 장르의 문제에는 애매한 부분이 있다. 그는 민속 잠언의 기준을 대체로 내용상 즉 세계의 규칙과 질서와 인간 행위에 관한 경험과 통찰력에 두는 반면에 격언의 정의는 예술적 때로는 의도적인 구조와 미터법의 존재와 같은 외형적이고 구조적인 특성을 강조하고 있다. 즉 장르를 구분하는데 있어서 민속 잠언은 내용을, 격언에 대해서는 문체적 특성과 같은 별도의 기준을 적용하고 있다는 점이다.

폰 라드(G. von Rad) 역시 지혜 잠언은 그의 지적이고 예술적인 과정과 내용에 집중하고, 민속 잠언은 단지 부차적으로 양식에 관련지어서만 논의하고 있다.[30] 그는 지혜 잠언의 발전을 다루는 문제에 있어서 아이스펠트(O. Eissfeldt)의 견해와 다르다. 그는 한 행으로 된 지혜 잠언을 세심히 연구한 후 작은 데서 큰 단위로 진화한다는 발전적 사고를 잘못된 것으로 판단하고 있다. 왜냐하면 한 행만으로도 충분한 주장을 할 수 있고, 한 행의 민속 잠언이 교훈적인 두 행

---

28) 그러나 포러는 전도서의 자료에 대해 민속 잠언과 지혜 잠언을 구분하지 않고 있다. *Ibid.*, pp.312-13.

29) *Ibid.*, p.315.

30) G. von Rad, *Wisdom In Israel*, p.24.

의 시(詩)보다 더 높은 차원의 지적인 참여를 요구할 수도 있기 때문이다. 뿐만 아니라 한 행의 속담은 밀도가 더 높고 의미와 적용에 있어서 적응력이 강하다.[31] 또한 인간 경험을 한 행으로 캡슐화하여 압축한다는 것은 그 탄력성을 증가시키기 때문에 다양한 해석과 적용이 용이하고 그 현상은 민속 잠언 곧 속담에서도 발견되고 있다고 주장한다.[32] 양식과 내용이 서로 자연스럽게 결합된 민속 잠언은 일상 생활에서 행동 수정의 더 큰 역할을 하는 것으로 간주되고 있다.[33]

민속 잠언과 지혜 잠언과의 관계를 결론짓는데 있어서 펀틴(C. Fontaine)의 논문은 대단히 유용하다.[34] 그는 지혜 문학을 제외한 역사서와 예언서의 전통 잠언(traditional saying)[35]을 연구한 그의 논문에서 지혜 문학의 기원을 현인 집단에 국한시키는 것에 반대하고 학교나 궁정이 아닌 폭넓은 상황, 예를 들면 주변적인 일상 생활도 포함시킬 것을 주장하고 있다. 그는 농경 사회의 이미지나 주제를 사용하는 전통 잠언일지라도 반드시 일반 백성에게서 유래될 필요는 없다고 한다. 현인들 역시 대중과 마찬가지로 주변의 자연 환경을

---

31) 넬(Nel) 역시 두 행으로 된 지혜 잠언도 한 행의 속담만큼 오래된 것일 수 있다고 한다. G. von Rad, *Ibid.*, p.27; P. J. Nel, *The Structure and Ethos of the Wisdom Admonitions in Proverbs*(Berlin, N.Y.: de Gruyter, 1982), p.15.

32) G. von Rad, *Ibid.*, p.30.

33) *Ibid.*, p.26.

34) C. Fontaine, *The Use of the Traditional Saying in the OT*, Duke University Ph. D. dissertation unpublished, 1979.

35) *Ibid.* 펀틴은 히브리어 מָשָׁל에 속하는 기본 장르로서 민속 잠언을 들고 있지만 그는 이 용어를 전통 잠언으로 대신하고 있다. 왜냐하면 민속 잠언이라 할 때 양식보다는 그의 기원을 의미하는 것으로 오해할 수 있기 때문이다. 그러나 펀틴이 사용하는 전통 잠언이라든가 민속 잠언은 서로 다른 것이 아니다. 이렇게 학자들마다 서로 다른 용어들과 정의들을 사용하는 것은 지혜 문학에 대한 양식 비평이 아직 초기 단계에 있기 때문일 것이다.

관찰할 수 있고 그러한 지식을 반영하는 전통 잠언을 창작할 수 있다고 주장한다.36) 역으로 일반 백성 역시 일상 생활과는 관련이 없는 다른 세계에 흥미를 두는 일도 충분히 가능하므로 지혜 문학의 기원을 국왕이나 궁정의 배경으로만 제한할 수 없다.37) 따라서 펀틴은 전통 잠언에서 지혜 잠언으로의 발전적 역사를 주장하는 일은 너무 편협하고 단편적인 판단이라고 결론짓는다. 이 점에 있어서 머피 (R. Murphy) 역시 잠언(sayings)의 유효성은 서로 다른 문화를 넘나들 수 있는 유동성이 있기 때문에 잠언의 세밀하고 독점적인 삶의 정황이나 그 이전의 역사를 결정짓는 일은 단지 추측에 불과하다고 지적하고 있다.38)

펀틴은 지혜 문학 외에 역사서와 예언서에서 발견되는 전통 잠언 혹은 민속 잠언의 예로서 삿 8:2, 8:21, 삼상 16:7, 24:14, 왕상 20:11, 겔 9:9, 12:22, 16:44, 18:2, 18:25, 33:10, 37:11, 렘 8:20, 8:22, 12:13, 13:12, 13:23, 23:28, 51:58, 사 10:15, 22:13, 37:3, 40:27, 49:14, 8:7, 습 1:12을 제시하고 있다. 그의 관심은 역사서(삿 8:2, 21; 삼상 16:7; 24:14; 왕상 20:11)에 집중되어 있다. 그는 전통 잠언의 양식과 내용을 각각 그의 논문에서 다음과 같이 정의하고 있다.

전통 잠언이란 유음, 각운 등과 같은 문체적 특징을 살린 산문으로서 주변의 산문과 구별된다. 그 내용은 주로 일상 생활, 직업과 자연 환경에서 비롯된다. 전통 잠언이 교훈적인 의도로 만들어진 것은 아니지만 그 메시지는 질서, 규범과 관찰의 영역에서 "이것이 그 길이다"는 것을 보여주려고 한다. 그 내용은 대체로 모든 사람들에게 이해할만하고, 간단한 비유가 자주 사용되고 있다. 그러므로 전

---

36) 잠 25:14, 23; 26:11, 20; 27:17 등.

37) C. Fontaine, *op. cit.,* pp.31-32.

38) R. Murphy, "Form Criticism and Wisdom Literature," *CBQ* 31(1969), pp.482-83.

통 잠언은 인생의 보편적 진리를 보여주되 개인에게 그 판단을 맡
기고 여러 상황에 적용될 수 있는 유동성을 지니게 된다.[39]

펀틴은 전통 잠언의 실질적인 삶의 정황은 백성들의 일상적 삶이
라는 사실을 전기 예언서의 5개의 본문[40]을 통하여 적극적으로 주장
하고 있다. 그는 5개의 본문에서 발견되는 전통 잠언들은 이것들과
함께 묘사된 역사적 상황에 적절하고 그 문맥에서 특별한 기능을 갖
는다. 어느 특정한 역사적인 상황 속에서 사용된 전통 잠언은 각각
그 분쟁을 해결하기 위한 최종적인 결정과 미래의 적절한 해결책을
제공해 주고 있다.[41] 말하자면 펀틴은 전통 잠언은 공동체의 문화를
유지하기 위한 의무를 촉구하면서 문화적 연대(solidarity)의 매개체
로 기능하고 있다고 주장하고 있다.[42]

그러나 펀틴은 전통 잠언을 정의하는 일이 결코 쉬운 일이 아니
라고 한다. 테일러(A. Taylor)는 속담의 정의의 고충을 이렇게 표현
한 바 있다.

속담을 정의하는 일은 매우 어렵다. 속담의 정의에 모든 본질적인
요소를 넣으려면 어떤 시금석도 없다. 말할 수 없는 자질들이 이 문장
은 속담이고 저 문장은 아니라고 말해준다. 그러므로 어떤 정의로도
한 문장을 속담으로 단정지을 수 없다. 단지 속담은 백성들 사이에 잘
알려진 잠언이라는 것을 인정하는 것으로 만족해야 할 것이다.[43]

39) C. Fontaine, *op. cit.,* p.48.
40) 삿 8:2, 8:21; 삼상 16:7; 24:14; 왕상 20:11.
41) C. Fontaine, *op. cit.,* pp.305-06.
42) *Ibid.,* pp.334-35.
43) *Ibid.,* p.62; A. Taylor, *The Proverb and an Index to the Proverb*(2nd
    ed.; Copenhagen & Hartoro, PA.: Rosenkilde & Baggers, 1962), p.3.

64

펀틴은 또한 전통 잠언과 지혜 잠언의 명백한 구분을 매우 어려워하고 있다. 전통 잠언이 고대 이스라엘의 지혜 전승에 공헌을 했으리라는 가정이 충분히 가능하기 때문이다. 분명한 것은 잠언서의 많은 자료들이 전통 잠언에서 기원했을 것이라는 가정이다. 단지 전통 잠언에서 사용되는 은유의 용도가 더 광범위할 뿐이다. 그러므로 전통 잠언이 전통 잠언이 될 수 있는 것은 개인 혹은 공동체의 문제를 다루는 것으로써 백성들에게 통용되느냐 아니냐에 달려 있다.44) 따라서 전통 잠언의 내용은 가정적인 진실을 표현하되 간단 명료해야 한다. 펀틴은 전통 잠언을 양식, 기능과 구조적인 측면에서 총체적으로 다음과 같이 정리하고 있다.

　전통 잠언이란 백성들 사이에 통용되는 것으로서 한 주제(topic)와 설명(comment)을 구조로 하는 짧고 간결한 진술이다. 전통 잠언은 비교 잠언과 같은 양식을 갖거나 기억하기 좋은 언어, 리듬, 두운(alliteration), 모음 압운(assonance)과 같은 문체적 특징을 자주 사용한다. 전통 잠언의 이미지는 주변에서 쉽게 발견할 수 있는 일상 생활의 경험으로부터 유추될 수 있으나 그 의미는 상황과 문맥에 따라 바뀔 수 있다. 그러므로 전통 잠언의 메시지는 절대적이라기보다는 상대적이다.45)

머피(R. Murphy)46) 역시 지혜 문학의 양식 비평적 연구에서 민속 잠언으로부터 지혜 잠언의 발전 이론을 매우 비평적으로 다루고 있다. 그는 적어도 서로 대구를 이루는 두 행의 지혜 잠언 역시 민속 잠언만큼 원시적일 수 있을 뿐만 아니라 한 행으로 된 전통 잠언 역

44) C. Fontaine, *Ibid.*, p.63.
45) *Ibid.*, pp.121-22.
46) R. Murphy, "The Interpretation of OT Wisdom Literature," *INT* 23(1969), pp.289-301.

시 후대에 속할 수 있다는 것이다. 그러므로 그는 전통 잠언과 지혜 잠언을 시기적으로 구분하는 일은 불가능하다고 주장한다.[47] 머피는 잠언서의 지혜 잠언들은 현인들의 문학적 훈련을 반영하고 있고 거기에서 전통 잠언도 실제로 발견할 수 있지만 그의 원역사를 재건하는 데에는 충분하지 않다고 한다.[48] 이런 측면에서 그는 잠언서에 수록된 모든 잠언의 삶의 정황을 굳이 학교에만 제한할 필요가 없다고 덧붙이고 있다. 전통 잠언 역시 여러 경우에 지혜 잠언 못지 않게 문학적일 수 있고, 부모나 장로의 충고를 비롯하여 학교와 유사한 배경에서도 유래될 수 있기 때문에 지혜 잠언에서 종종 보이는 제한되고 불확실한 요소들은 재해석할 필요가 있다.[49] 같은 맥락에서 화이브레이(R. Whybray)가 이스라엘의 고대 역사에서 지혜 학교의 존재를 아예 처음부터 부인하고 있는 것[50]은 전통 잠언과 지혜 잠언의 엄격한 구분을 더 어렵게 하고 있다.

이런 이유 때문에 머피는 민속 잠언과 지혜 잠언의 차이를 강조하지 않고 단지 경구(sayings)라는 일반적 용어를 사용하고 이를 포괄적으로 정의하고 있는데 경구란 관찰과 경험을 기초로 한 문장이다. 경구의 구조는 한 행일 수 있으나 대체로 대구를 이루는 두 행으로 구성되고 주로 지혜 문학에서 발견된다. 고대 이스라엘의 것으로 보존된 민속 잠언 혹은 전통 잠언은 소수에 불과하다(왕상 20:11). 머피는 경구의 기원이나 양식보다는 내용적으로 경험적 잠언과 교훈

---

47) 로우더는 이 둘에 대해 각각 Wahrspruch와 maxim이라고 달리 명명하고 있지만 실제로 이 둘을 명확히 구별하는 일은 불가능하다고 한다. J. Loader, *Polar Structures in the Book of Qohelet*(Berlin, N. Y.: Walter de Gruyter, 1979), pp.20-21.

48) R. Murphy, "The Interpretation of OT Wisdom Literature," *INT* 23(1969), pp.300-301.

49) *Ibid.,* pp.295-296.

50) R. Whybray, *The Intellectual Tradition in the OT*(Berlin, N.Y.: Walter de Gruyter, 1974), pp.33-43.

66

적 잠언으로 구분하고 있다. 전자의 경우 어떻게 행동할 것인가를 가르치지 않고 독자들에게 '이것이 그것이다'라고 말하는데 개방적이고 변형이 가능하다(예, 잠 13:12). 반면 후자는 주어진 이상이나 가치 혹은 행동을 향상시키려는 의도를 지니고 있으며 주로 하나님과의 관계에 관심을 두고 있다(예, 잠 14:3).[51]

크렌쇼(R. Crenshaw)는 지혜 문학의 양식 비평 연구에서 전통 잠언과 지혜 잠언 사이의 관계를 적절하게 제시하고 있다.[52] 그 역시 전통 잠언의 존재를 인정하고 부족(tribes) 지혜를 지혜 운동의 주요 사회적 배경으로 이해한다. 그는 인간의 행동과 자연 그리고 사건에 대한 철저한 관찰을 통해 축적된 지식이 짧은 문장으로 표현될 때 문자적 단계 이전의 구전의 단계가 존재한다고 생각하고 있다.[53] 그는 전통 잠언을 기초 양식으로 간주하고 있으며 그 잠언의 문체와 양식에 관한 일반적 정의를 대체로 수용하고 있다.[54] 크렌쇼는 전통 잠언이 그 성격상 세속적이고 비교훈적인 것이 사실이지만 때로는 도덕과 종교적 성격도 띠고 있음을 발견한다.[55] 그는 전통 잠언이나 지혜 잠언에 대한 삶의 구체적 정황을 정확히 지적하는 것이 매우 어려운 만큼 이런 잠언에 대한 재해석의 가능성은 개방되어야 한다고 주장한다. 크렌쇼는 전통 잠언 또는 지혜 잠언(proverb)을 질서, 비교와 대조와 같은 기본적인 문제로 이해하고 있다.[56] 크렌쇼의 이러한 잠언 이해와 구분은 많은 학자들에 의해 폭넓게 수용되고 있

51) R. Murphy, *Wisdom Literature,* pp.4-6.
52) J. Crenshaw, "Wisdom," *OT Form Criticism*(ed. by J. Hayes; San Antonio: Trinity University Press, 1974), pp.226-264; J. Crenshaw, "Prolegomenon," *Urgent Advice & Probing Questioning*(Georgia: Mercer, 1995), pp.1-60.
53) J. Crenshaw, "Prolegomenon," pp.103-105.
54) J. Crenshaw, "Wisdom," *OT Form Criticism,* p.231.
55) *Ibid.*
56) *Ibid.,* p.233.

다. 그는 잠언에서 종종 발견되는 교훈적 측면은 오히려 이차적인
특징이라고 규정하고 잠언을 다음과 같이 요약 정의하고 있다.

> 잠언이란 두 행으로 구성되며 경험을 근거로 결론에 이르고 있
> 다. 잠언은 그 자체로 확신에 차있고 경험에 따라 확신과 무효를 요
> 구한다. 잠언은 인간의 집합적인 경험의 결과로써 반성적인 성격이
> 있다. 성격상 관찰을 중요시한다. 오히려 교훈적 의도는 잠언의 이
> 차적 성격이다. 잠언의 스타일은 간결하고 풍자적이고 은유적이다.
> 지혜 잠언은 전통 잠언과 마찬가지로 교훈적 배경 안에 있다. 지혜
> 잠언의 교육적 기능은 잠언의 양식을 분해하는 동기절과 문체를 통
> 해 찾을 수 있다.[57]

그러나 실제로 크렌쇼는 잠언을 이렇게 정의하면서도 전통 잠언과
대구를 비롯한 여러 문학 장치들을 사용하고 있는 지혜 잠언을 거의
구별하지 않고 있다.[58] 그 이유는 이 둘의 관계를 엄격히 구분할 수
없기 때문일 것이다. 크렌쇼가 정의하는 잠언은 이처럼 전통 잠언을
포함한 지혜 잠언 혹은 지혜 문장 모두를 포함하고 있다.[59]

위에서 언급한 것처럼 마샬(משל)은 히브리어 성경, 특히 잠언서와
전도서에서 문학 장르들을 포함한 일반 용어로 사용되고 있지만 그

---

57) *Ibid.*, p.231.
58) 펀틴 역시 대구를 이루는 두 행의 지혜 잠언과 전통 잠언을 구별하고 있
지만 이 둘의 엄격한 구분은 꺼려하고 있다. C. Fontaine, *op. cit.*, p.123.
59) 크렌쇼는 잠언을 정의할 때 주로 전통 잠언과 지혜 잠언을 염두에 두
고 있지만 실제로 이보다 더 많은 장르들로 구분될 수 있음을 말하고
있다. 곧 유사성 비교, 대중적 격언 혹은 전통 잠언, 문학적 금언 혹은
지혜 잠언), 조롱의 노래, 속담, 알레고리, 강론이 그런 장르이다. 그는
전통 잠언과 지혜 잠언의 경계선을 명확하게 구분짓지 않는다. 예외적
으로 갓베이는 마술조차 잠언 장르에 포함시키고 있다. J. Crenshaw,
"Wisdom," *OT Form Criticism*, p.231; C. T. Fritsch, "The Book of Pro-
verbs, Introduction and Exegesis," *IB* 4, pp.771-72; A. Godbey, "The
Hebrew Maschal," *AJOSLL* XXXIX(1922 / 23), pp.105-107.

어원이나 거기에 포함되는 장르들에 대한 견해는 아직 통일되어 있지 않다. 그런 까닭에 본 논문의 주요 관심인 속담은 민속 잠언, 전통 잠언 혹은 잠언과 같은 용어로 대신 명명되기도 하고 때로는 구별되어 사용되기도 한다. 따라서 본 논문에서 다루고자 하는 속담의 정의가 우선적으로 필요하다.

3. 속담의 의미: 양식, 내용, 대중성, 기능

마샬의 한 장르인 속담은 지혜 문학을 비롯해 구약 성경에서 중요한 역할과 기능을 수행하고 있다. 그러나 그 정의와 분류는 학자들마다 조금씩 달리 하고 있는데, 이는 그 양식이 고정적이지 않고 다양한 문체를 중심으로 유동적으로 형성되었기 때문이다. 비록 학자들 사이에 속담에 관한 견해가 일치하고 있지 않지만 앞에서 언급한 학자들의 연구를 기초로 속담의 양식, 내용과 대중성과 기능을 중심으로 본 논문을 위한 속담을 규정하고자 한다. 여기에서 진술하는 속담에 관한 묘사는 전도서에 나타난 속담을 분류하는데 적용될 것이다.

양 식: 학자에 따라 민속 잠언 혹은 전통 잠언으로 일컬어지는 속담은 짧고 간결한 문장으로 한 행이나 두 행으로 구성되어 있으며 유음(alliteration), 유음중첩법(paronomasia) 또는 모음 압운(assonance), 각운(end rhyme), 규칙적 리듬, 반복과 같은 문체적 특징을 지니고 있으며 무엇보다 주변의 문맥과 구별된다. 속담은 문학적 세련미를 갖추고 대구법과 미터법을 갖춘 지혜 잠언과 구별되기도 하지만 실제로 이 둘을 구분하는 일은 양식적으로 그리 명백하지 않다. 무엇보다 속담은 사람들 사이에 익숙하게 통용되어야 하므로 간결하고

압축적이어야 한다.

내 용: 속담은 일상생활과 직업과 자연 환경의 관찰과 경험으로부터 그 소재를 찾는다. 속담은 질서, 규범을 인식하고 '이것이 그 길이다'라는 인생의 보편적 진리를 지니지만 때로는 교훈적 의미를 갖기도 한다. 일반 대중의 이해를 돕기 위해서 주변에서 쉽게 찾을 수 있는 사물이나 자연 혹은 관계에서 얻은 통찰력을 바탕으로 한 비교나 대조나 은유를 자주 사용하고 있다.

대중성: 속담은 어떤 고정된 양식으로 규정할 수 있는 기준이 분명하지 않다. 하지만 속담은 백성들 사이에 잘 알려지고 기억될 수 있는 특징을 지니고 있다. 즉 속담이 속담이 될 수 있는 것은 사람들에게 통용될 수 있느냐는 문제에 달려 있다.[60) 때문에 본 논문에서 사용하는 용어인 속담에 대한 영역(英譯)은 사람들에 의해 쉽게 통용된다는 의미로 proverb[61)에다 형용사 popular를 첨가한 것이다. 그러나 형용사 popular를 별도로 번역하지 않은 것은 속담이라는 용어 안에는 이미 사람들에 의해 자주 사용되고 있음을 전제하고 있기 때문이다.[62) 속담은 적응력이 뛰어나므로 여러 상황에 적용되고, 속담이 사용된 전후 문맥에 따라 다른 의미를 지니기도 한다.

기 능: 테일러(A. Tayler)는 속담의 중요 기능으로서 교육적 특징 내지는 사회적 조절의 역할을 강조한 바 있다. 그는 속담의 기능을 다음과 같이 요약하고 있다.

---

60) C. Fontaine, *op. cit.*, p.63.

61) 뒤에 부록에 수록한 도표 2에서 볼 수 있는 것처럼 מָשָׁל 가운데 속담 장르에 해당하는 용어로 proverb가 가장 많이 사용되고 있다.

62) 속담이 "어느 때, 어디서 누가 말했는지는 모르나 그것이 그 주위 사람들의 마음속에 깊은 동감을 얻고 널리 퍼져서 온 민족에게 공통된 비언"이라고 정의된 것과 같이 속담은 이미 사람들에게 알려지고 익숙해져야 한다. 때문에 popular라는 형용사는 속담이라는 말속에 포함시켜도 좋으므로 굳이 따로 번역하지 않아도 무방해 보인다. 신기철, 신용철 편저, 『새 우리말 큰 사전』상권(서울: 삼성, 1981, 1987), p.187.

  인생의 문제를 안내하는 속담은 한 상황을 요약하고 판단하고 행동 지침을 내리고 어려운 상황에서 위안이 된다. 이것은 보통 사람에게 적절한 도덕성을 제시하기도 한다.[63]

  나아가 속담은 논쟁을 위한 본문으로서 특별한 역할을 지닌다. 속담은 논쟁의 해결책을 제공해 주는 기능이 있기 때문에 논쟁 기법으로 자주 사용되고 있다. 특히 전기 예언서(삿 8:2, 8:21; 삼상 16:7)에서 발견할 수 있는 속담은 어느 특정한 역사적인 상황 속에서 분쟁을 해결하기 위한 최종적인 결정을 내리도록 도와주고 나아가 그 문제의 해결책을 제공해 주는 기능을 지니고 있다. 이처럼 속담은 사용자나 저자의 의도와 주장을 지지하거나 부인하거나 보충하는 수사학적인 의사소통의 수단을 지니고 있기 때문에 독자들이나 청중들에게 호소하고 설득하는 교육적 효과를 수반한다.

  요약하면 속담은 인간과 자연의 관찰에서 얻은 보편적 질서나 진리를 그 내용으로 한다. 속담은 고정된 양식을 지니지 않지만 긍정문이나 의문문의 간결한 문장으로 압축되어서 사람들 사이에 대중적으로 사용될 수 있는 통용성을 지니고 있다. 한 문장이 속담이 되려면 무엇보다 여러 상황에서 쉽게 적용될 수 있는 적응력이 높아야 한다. 따라서 속담은 그것을 사용하는 사람들에게 효과적인 논증을 위한 수사학적인 의사 소통의 수단이 된다.

---

63) A. Taylor, "The Study of Proverbs," *Proverbium* 1(1965), p.7; C. Fontaine, *The Use of the Traditional Saying in the OT,* p.89에서 재인용.

제3장 전도서에 나타난 속담

72

1. 전도서에 나타난 속담 분류

앞에서 논의한 것처럼 히브리어 마샬(משל)에는 지혜 문학, 주로 잠언서에서 자주 발견되는 속담과 지혜 잠언이 있다. 지혜 잠언이 내용뿐만 아니라 예술적 세련미와 운율과 같은 도구를 사용한다는 점에서 속담과 다르지만 사실, 많은 경우 이 둘은 서로 중복된 특징을 갖고 있다.[1] 더욱이 전도서에서 속담과 지혜 잠언을 엄격하게 구분하기는 매우 어렵다. 그 이유는 다음 두 가지이다. 첫째로 지혜 잠언이 초기의 속담으로부터 발전했다는 진화적 사고를 전적으로 받아들일 수 없다. 둘째로 두 행의 지혜 잠언과 마찬가지로 한 행으로 된 속담 역시 그것의 예술성과 의미와 적용에 있어서 유동적이다. 이같은 원리는 전도서에서도 마찬가지로 적용되어야 할 것이다.

로우더(J. Loader)[2]는 전도서에 나타나는 속담과 지혜 잠언의 공존과 혼합을 다음과 같이 설명하고 있다. 즉 전도서 1:15, 4:12, 5:2, 8:4, 9:4, 11:3, 11:4은 전형적인 지혜 잠언(혹은 경구, maxims)이지만 이 안에는 속담에서 자주 발견되는 인간 경험의 교훈적 요소가 있음을 지적하고 있다. 또한 7:4, 8:8, 10:8, 10:9, 10:11, 10:18의 속담은 역으로 지혜 학교와 연관되어 있다. 몇 개의 속담은 실제로 긍정적이든 부정적이든 지혜를 칭찬하고 있기 때문에(2:14상; 4:5; 7:19; 10:1, 2, 3, 12) 속담과 지혜 잠언의 구분이 가능하지 않다. 보노라(A. Bonora)[3]도 소수이긴 하지만 전도서에 속담이 있음을 발견한다(10:11). 반면 대부분의 지혜 잠언은 우아하고 세련된 문학적 표현으로 이루어져 있다고 한다. 예리한 현자 또는 저자는 자연 현상과 인

---

1) A. Bentzen, *Introduction to the OT* vol.1(Copenhagen: G.E.C. Gad Publisher, 1961), p.167.
2) J. Loader, *Polar Structures in the Book of Qohelet*, p.21.
3) A. 보노라, 『코헬렛』(이선영 역; 서울: 성서와 함께, 1999), p.23.

간 행위를 관찰한 후에, 자신이 깨달은 바를 압축된 언어로 간결하고도 명쾌한 속담으로 만들어 내었을 것으로 추론한다. 보노라 역시 이 둘의 존재를 알고 있지만 명확하게 구분하지 못하고 있다. 속담과 지혜 잠언의 경계가 분명하지 않는 경우가 많다는 사실을 간과하기 때문일 것이다.

속담이나 지혜 잠언 모두 관찰과 체험으로부터 나온 결론이다. 그 결론은 간결한 문장으로 표현된다. 그러나 이것들이 여러 상황에 적용될 수 있기 위해서는 사람들 사이에 널리 통용되어야 한다. 사람들 사이에 통용됨으로써 더욱 잘 다듬어지고 또 쉽게 기억될 수 있는 간결한 문장이 되는 것이다.4) 따라서 본 논문에서는 속담과 지혜 잠언의 기원적인 배경과 차이점보다는 그 의미와 대중성과 기능에 역점을 두려고 한다. 때문에 여기에서는 내용에 있어서 자연과 인간의 관찰과 경험을 주로 하지만 양식에 있어서는 지혜 잠언의 경우처럼 대구법과 규칙적 리듬을 가질 수 있는 한 두 행의 문장으로 표현된 것을 속담으로 규정하기로 한다. 이것은 양식에 있어서 속담이 유동적일 수 있음을 의미한다.

이를테면 속담은 가장 초보적인 수준의 문학을 나타낸다. 그것의 문학 단위는 최소한의 단어들을 사용하면서 한 행 혹은 두 행으로 작성된다. 그 배경은 특수한 상황보다는 일상 생활 어디에서나 볼 수 있는 보편적 원리로서 잘 알려져 있고 모든 사람들에게 이해되도록 진술되어 있다. 속담은 관찰과 경험을 기초로 한 것이므로 자연이나 인생과 관련이 있어 어느 특정 시대에만 제한되지 않는다. 이것은 궁극적으로 인간의 삶을 이해하는데 도움이 된다. 속담은 행동을 유발시킬 수 있는 문학 양식과 내용을 갖지만 특정한 양식에 매이지 않는다. 라이켄(L. Ryken)은 이러한 속담을 가리켜 '다른 것과

---

4) 박요한 영식, 『생명의 샘과 인생길』(서울: 성바오로, 1999), pp.72-74.

74

전혀 관련이 없이 그 자체의 영역을 스스로 한정하는 독립 단위'라고 특징지우기도 한다.5)

   속담 양식을 규정하는데 있어서 단순하고 선언적인 진술문 혹은 의문문이 속담의 공통된 문법 구조이지만 이를 양식으로 규정하기에는 너무 일반적이고 평범하다. 사람들에게 인상적으로 남을 수 있는 고정된 양식은 거의 없다. 비록 속담의 양식적 특성은 부족하지만 내용에 있어서 대중의 동의를 얻을 수 있는 충분한 호소력이 속담의 중요한 요소이다. 내용의 적용성(applicability)이 속담의 생존의 조건이 된다. 그러므로 속담은 기억하기 좋고 구전으로 전승되도록 짧아야 한다는 사실은 매우 필수적이다. 예를 들면 '일을 시작하기 전에 심사숙고하라'는 말보다는 "돌다리도 두들겨 건너라"가 더 효과적이며 "한 사람 더 벌지 말고 한 사람 줄여라"가 '절약하라!'는 말보다 인상적이어서 기억하기가 쉽다. 그러므로 비문자적인 전승 곧 구전이 중요하다.6) 여기에 덧붙여 운율, 리듬, 반복, 두운, 모음 압운(assonance), 직유(simile) 혹은 비유(metaphor)와 같은 문체적 특징이 속담에서 자주 나타나는데, 이들이 없으면 속담은 거의 살아남지 못했을 것이다. 반복적인 리듬과 미터는 어떤 특별한 양식과는 무관하지만 이것들이 운문의 전형적인 양식이라는 점은 매우 중요하다. 이런 점에서 속담의 양식과 히브리시(詩)의 양식은 일반적으로 같다고 할 수 있다.7) 때문에 톰슨(J. M. Thompson)은 코헨(A. Cohen)을 인용하면서 속담이 태어나는 과정을 다음과 같이 적고 있다.

---

5) L. Ryken, 『문학에서 본 성경』(유성덕 역; 서울: 크리스챤다이제스트, 1993), p.264.
6) 톰슨은 속담이 충분히 이해되기 위해서는 적어도 말해지고(spoken) 들려져야(hcard) 한다고 강조한다. J. M. Thompson, *The Form and Function of Proverbs in Ancient Israel*(The Hague, Paris: Mouton, 1974), pp.25-27.
7) *Ibid.*, pp.23-24.

평범한 것에 새로운 감각을 덧붙이기 위해서, 몇 개의 단어로 행동 원리를 표현하기 위해서, 분명한 사고를 명쾌하게 표현하기 위해서, 희미한 표현들을 분명히 하고 강조하기 위해서, 덧붙여 의식 깊은 곳에 있는 새로운 광석을 파내기 위해서, 숨어있어서 명시하기 어려운 경험들을 밝혀내기 위해서, 마지막으로 핵심적인 인생의 진리를 짧고 기억하기 좋은 문구로 표현하기 위해서-이 모든 요소들은 속담 작성자들이 찾아야 할 기회들이다. 이 기회들을 포착하기 위해서 그들은 사상가(thinker), 예민한 관찰자, 사려 깊은 도덕가, 심리학자와 예술가가 되어야 한다.[8]

본 논문의 주요 관심인 속담의 명칭과 범위에 대해서는 학자들 사이에 일치된 견해가 없다(부록에 있는 도표 1 참조). 이것은 속담의 양식이 명확하지 않을 뿐만 아니라 속담의 분류도 상당 부분 전도서를 읽는 독자들이나 청중들의 주관적인 판단에 의존하기 때문이다. 그러므로 본 논문에서 속담을 선별할 때 그 기준과 범위를 먼저 정해야 한다. 본 논문에서는 앞에서 명시한 특징에 따라 속담을 다음과 같이 이해하려고 한다.

a) 속담은 내용적으로 인간의 행위와 주변 세계, 이를테면 가정과 자연을 관찰한 결과를 진술한다. 가장 기본적인 특징은 일반 진리를 묘사하거나 진술하는데 있다. 속담의 기초는 '일반 원리'를 진술하거나 묘사한다는 것이다. '원리'란 용어는 여기에서 근본적인 진리를 의미하는 것이며, 여기에서 다른 것들이 유래될 수 있는 종합적인 견해 혹은 교리이다.[9] 속담은 자연 질서의 경험을 일반화하거나 특별한 행동에 대한 결론을 보편

---

8) *Ibid.*, p.24, 톰슨의 코헨(A. Cohen, *Proverbs,* Hindhead, Survery: Soncino Press, 1954) 인용을 재인용함.

9) Webster's *Third New International Dictionary of the English Language,* vol.2(Chicago: Encyclopaedia Britannica, Inc., 1986), p.1803.

화한 것이다. 그러나 독자들이나 청중들에게 직접적인 요구를
하지 않으며 가치를 말하지도 않는다. 물론 가치가 암시되어
있지만 직접적으로 표현되지 않는다.[10]

b) 속담의 문장은 직설법이나 의문문으로 되어 있으며 그 구조는
매우 간결하고 사실적이며 함축적이다. 규칙적인 운율이나 두
운, 모음 압운과 동의어 및 반의어, 언어 유희 그리고 대구와
같은 특징들이 자주 발견되고 있다. 또한 은유, 직유, 대조, 반
복 등과 같은 문체적 특징이 발견되고 있다.

c) 주변 문맥으로부터 벗어나 있거나 두드러지고 있다.[11]

위의 정의에 따라 선택된 전도서의 속담들은 1:15, 1:18, 2:14상,
4:5, 4:6, 4:9상, 4:12하, 5:9, 10상, 11, 6:7, 6:9상, 7:1상, 7:6상, 7:8
상, 9:4하, 9:16상, 9:18상, 10:1상, 10:8, 10:9, 10:11, 10:18, 10:20하,
11:4이다.[12] 전도서에 나타나는 속담은 마샬(משׁל)의 한 장르로서 그
것이 사용된 위치에 따라 그 의미와 기능을 달리하고 있다. 본 논문
은 전도서에 나타난 속담에 관심을 두고 그것의 문체와 의미와 수사
학적 기능과 효과를 중점적으로 다루고자 한다. 이를 통해서 전도서

---

10) R. Johnson, *A Form Critical Analysis of the Sayings in the Book of
Ecclesiastes*, pp.58-59.

11) 고디스는 그 이유를 다른 문헌으로부터 인용되었기 때문이라고 하는데,
인용의 특징으로 대구법과 사실성 그리고 다른 문맥과 벗어난 양상을
꼽고 있다. 그러나 그 기준이 애매한 경우가 빈번하다. R. Gordis,
"Quotations as a Literary Usage in Biblical, Oriental and Rabbinic
Literature," *HUCA* 22(1949), pp.157-219.

12) 이 속담들은 외형적인 유형에 따라 비유 잠언(metaphorical proverbs, 1:15,
1:18; 2:14상; 4:5, 4:9상, 4:12하; 5:9; 6:7; 7:6상; 10:1상, 10:8, 10:9,
10:11, 10:18, 10:20하; 11:4)과 비교 잠언(4:6; 6:9상; 7:1상, 7:8상; 9:4하,
9:16상ㄴ, 9:18상)으로 구분할 수 있다. 그러나 이 두 잠언들은 비록 유
형적으로는 서로 다르지만 수사학적 기능과 효과라는 측면에서는 크게
다르지 않다. 그러므로 본 연구에서는 이를 구별하지 않기로 한다.

에 나타나는 속담을 통해 전도서의 의도와 통일성과 나아가 구조를
밝히려고 한다.

2. 전도서의 속담 연구의 중요성

최근 로젠달(B. Rosendal)이 속담에 관심을 두고 짤막한 연구를
발표한 적이 있다.[13] 그가 선택한 속담은 전도서 전체에 나타나는
속담 가운데 일부분에 지나지 않는다. 그럼에도 불구하고 그는 전도
서의 속담이 설득력 있는 의사 전달을 의식하고 사용되었음을 발견
한다. 로젠달은 전도서에 나타난 몇몇의 속담들은 교훈을 위한 서론
에 위치해 있으면서 저자와 독자 사이의 강화(discourse)에서 대화를
위한 공동의 출발점이 되고 있음을 주장한다. 또 다른 몇 개의 속담
들은 강화의 마무리를 짓는 일종의 결론적 성격을 띠는 만큼 마지막
도장을 찍는 것(final stamp)과 같은 마무리 효과를 지니고 있다. 그
밖에도 소수의 속담(전 4:5; 11:4)은 강화 중간에 나타나서 단원의
중간 결론이요 동시에 다음 논의의 시작으로 기능하고 있다. 로젠달
의 이 소고(小考)는 전도서의 속담을 진지하게 다루고 있음을 보여
준다. 그러나 그는 소위 전도서의 속담의 기준을 미리 정의하지 않
아서 속담의 선택 기준이 애매 모호할 뿐만 아니라 전도서의 속담
전체를 다루고 있지 않기 때문에 전도서에 나타나는 속담의 의미와
기능을 일반화하기가 어렵다. 이것은 본 논문이 전도서에 나타나는
속담을 연구 과제로 삼아야 하는 이유이기도 하다.

---

13) 로젠달은 속담에 대해 popular wisdom이라는 용어를 사용하지만 속담을 그
렇게 부르고 있을 뿐이다. B. Rosendal, "Popular Wisdom in Qohelet," *In
the Last Days*(ed. by K. Jeppesen, K. Kielsen & B. Rosendal; Esbjerg:
Aarhus University, 1994), pp.121-27.

"전도자가 …… 지식을 가르쳤고 또 묵상하고 궁구하여 잠언(מְשָׁלִים)을 많이 지었으며 전도자가 힘써 아름다운 말을 구하였나니 ……"(12:9-10)라는 전도서의 본문처럼 전도자는 잠언의 전문가로서 뛰어난 문장력의 소유자였을 것이다.14) 그러므로 전도자 혹은 편집자는 자신이 알고 있던 여러 종류의 잠언들, 그 가운데 특히 속담을 자신의 의도와 계획에 따라 효과적으로 전달하기 위해 수사학적인 의도를 갖고 독자들이나 청중들에게 사용하였을 것이다. 하지만 전도서 전체에 나타나는 속담의 개별적인 연구나 그의 의도적인 배열에 관한 문제에 대해 아직 충분한 논의가 이루어지고 있지 않다. 잠언의 여러 유형 가운데 단지 비교 잠언('……보다 낫다'는 유형)만이 침멀리와 옥덴과 같은 학자들의 관심을 끌고 있다.

그러므로 본 논문은 전도서의 마샬 자료 가운데 속담과 이것의 언어와 배열 방법, 나아가 전도서에서 속담의 수사학적 기능과 효과를 속담이 위치한 단원 안에서 관찰하고자 한다. 무엇보다 이 속담15)은 인용이든 저자의 창작이든 전도자의 의도와 목적을 밝혀주는

---

14) 12:9-14이 전도자 자신을 설명하는 본인의 것이든 아니면 후대 편집자의 첨가든 이 구절은 전도서에서 마샬이라는 장르가 독특하게 사용되었음을 분명하게 보여준다. 포겔에 따르면 12:9-14이 갑자기 1인칭에서 3인칭으로 변한 것은 후대의 편집자의 삽입이기 때문이 아니라 본문을 쓴 전도자가 문체의 변화를 주기 위해서라고 한다. 롱만은 1:1-11과 12:8-12을 무명의 지혜교사나 '틀 설명자'(frame narrator)의 것이라고 말하고 있다. 반면 폭스는 그를 실제의 인물이 아닌 상상의 인물이라고까지 말한다. 어쨌든 이 본문은 전도서의 주요 인물인 전도자 '나'를 묘사하는 것으로 보여진다. D. Vogel, "Koheleth and the Modern Temper," *Tradition* 2 (1959-60), pp.82-92; G. Wilson, "The Words of the Wise: the Intent and Significance of Qohelet 12:9-14," *JBL* 103(1984), pp.175-192; T. Longman Ⅲ, *The Book of Ecclesiastes,* p.8; M. Fox, "Qohelet's Epistemology," *HUCA* 58(1987), pp.137-55; M. Fox, "Frame-Narrative and Composition in the Book of Qohelet," *HUCA* 48 (1977), pp.83-106; L. Ryken, "Ecclesiastes," *A Complete Literary Guide to the Bible* (ed. by L. Ryken & T. Longman Ⅲ; Michigan: Zondervan, 1993), pp.268-80.

데 도움을 줄 것이다. 이것은 최종 형태의 전도서 본문은 비계획적으로 구성된 것이 아니라 전도자의 의도에 따라 속담들을 비롯한 다른 자료들을 조심스럽게 엮은 작품임을 시사하는 것이다. 전도자 자신이 מְשָׁלִים을 연구하고 구성하고 모았다는 그의 증언 역시 이 사실을 지지해 주는 중요한 단서가 되고 있다.

전도자는 확실히 의식있는 문장가다. 그렇기 때문에 그는 자신의 사상을 적어도 그의 독자들이 기억하기 좋도록 짧고 간결한 문장, 이를테면 속담, 비교 잠언 등으로 표현하고 싶었을 것이다. 이 사실은 전도자를 여러 종류의 잠언 양식에 익숙한 현인으로 가정할 수 있는 근거가 되기도 한다.[16] 전도자가 사용한 속담은 특히 전문적인 교사이든 일반 대중이든 히브리인들이 즐겨 사용하는 문학 장르였을 것이다.[17] 그는 속담을 저작하기도 하고 때로는 인용하면서 자신의 의도와 계획에 따라 이들을 능숙하게 사용하였을 것이다(12:9-10). 이런 가정이 옳다면 전도자는 전도서의 자료를 아주 논리적이고 기술적으로 배열한 사람이 분명하다. 그러므로 전도서의 속담은 궁극적으로 전도서의 통일성과 계획적인 구조를 지지해 주고 전도자의 의도와 그의 메시지를 찾는데 중요한 자료가 될 수 있을 것이다.

---

15) 바튼은 12:9의 מְשָׁלִים 언급이 정경의 잠언서를 언급하는 것이라고 주장하기도 하지만 이것을 받아들이기는 어려워 보인다. 이를 전적으로 반대한 이는 쉐파드이다. G. Barton, *The book of Ecclesiastes,* p.197; G. Sheppard, "The Epilogue to Qoheleth as Theological Commentary," *CBQ* 39(1977), pp.182-89.

16) R. Murphy, "The Sage in Ecclesiastes and Qoheleth the Sage," *The Sage in Israel and the Ancient Near East*(ed. by J. G. Gammie, L.G. Perdue; Winona Lake: Eisenbrauns, 1990), p.264.

17) R. Murphy, *Ibid.,* p.266.

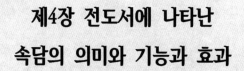

제4장 전도서에 나타난
속담의 의미와 기능과 효과

82

이 장(章)에서는 앞장에서 속담의 정의에 따라 분류한 전도서의 모든 속담을 개별적으로 다루게 될 것이다.[1] 각 속담의 문체적 특징과 의미를 찾고 그 속담이 위치해 있는 단락 안에서 그 기능을 분석하게 될 것이다. 본 논문에서는 앞에서 선별한 속담의 양식과 속담의 의미와 속담의 수사학적 기능을 살펴보기로 한다.[2] 여기에서 선택된 속담은 이들이 위치한 단락 안에서의 기능에 따라 아래와 같이 구분될 수 있다.

1. 단락(pericope)의 서론인 속담: 5:9상, 10상, 11.
2. 단락의 결론인 속담: 1:15, 18; 4:5, 4:6, 4:9상, 4:12하; 6:7, 9상; 9:16상.
3. 단락의 보충 자료인 속담: 2:14상; 9:4하; 11:4.

---

1) 대부분의 학자들(예외적으로 시아우는 그의 주석서에서 전도서의 양식 문제를 전혀 다루지 않는다)은 전도서에서 발견되는 속담의 정의, 용어나 범위가 서로 일치하지 않지만(부록에 있는 도표 1 참조) 속담의 존재를 잘 알고 있다. 용어나 범위가 학자들마다 서로 상이한 것은 지혜문학에 있어서 양식에 관한 전문적인 연구가 아직 충분히 이루어지고 있지 않기 때문이다. 학자들이 사용하는 속담의 명칭들은 proverbial citation(Gordis), maxim(Fox), 잠언 / 경구(박요한영식), proverb(Johnson, Gordis, Longman III, Fox), aphorism(Whybray), popular wisdom(Rosendal), saying (Murphy), folk wisdom(Scott), traditional wisdom 혹은 ancient aphorism(Crenshaw)이다. 박요한영식, 『코헬렛의 지혜와 즐거운 인생』, p.55; 박요한영식, 『생명의 샘과 인생길』, pp.72-74; R. Gordis, *Koheleth,* pp.95-108; T. Longman III, *Ecclesiastes,* p.20; J. Crenshaw, *Ecclesiastes,* pp.29, 73; R. Murphy, *Wisdom Literature,* pp.4-6; R. Whybray, *Ecclesiastes,* p.20; M. Fox, *A Time to Tear down & a Time to Build up,* p.153; B. Rosendal, "Popular Wisdom in Qohelet," *In the Last Days,* pp.121-27; C-L. Seow, Ecclesiastes, 1997.

2) 속담을 개별적으로 다루지 않고 주로 단락 안에서 다루는 것은 속담과 그 단락의 주제가 매우 긴밀하게 연결되어 있기 때문이다. 또한 한 단락 안에 한 개 혹은 그 이상의 속담이 발견되는 경우도 있고 혹은 속담이 전혀 발견되지 않기도 한다(3, 8, 12장). 이때 같은 단락 안에서 발견되는 여러 개의 속담은 위치에 따라 그 기능을 서로 달리 하기도 한다.

4. 그 외의 다른 속담: 7:1상, 6상, 8상;(9:18상; 10:1상)³⁾, 10:8-9, 11, 18, 20하.

1. 단락의 서론인 속담

전도서에서 새 주제가 논의되는 단락의 첫 부분에 위치하면서 서론의 기능을 하는 속담이 있다. 이미 알고 있는 익숙한 속담을 단락 첫 부분에서 독자들이 소개받거나 청중들이 들었을 때 주제에 보다 효과적으로 집중할 수 있다. 단락 첫머리에서 새 주제의 출발점을 제공해 주는 속담은 전도서에서 결론 기능의 속담보다 상대적으로 그 수(數)가 적다. 이 범위에 속하는 5장 9절 상반절, 10절 상반절과 11절의 속담의 의미와 서론적 기능을 살펴보기로 한다.

1) 5장 9-11절⁴⁾

אֹהֵב כֶּסֶף לֹא־יִשְׂבַּע כֶּסֶף וּמִי־אֹהֵב בֶּהָמוֹן לֹא תְבוּאָה

(גַּם־זֶה הָבֶל) :

בִּרְבוֹת הַטּוֹבָה רַבּוּ אוֹכְלֶיהָ

(וּמַה־כִּשְׁרוֹן לִבְעָלֶיהָ כִּי אִם־רְאִית עֵינָיו) :

---

3) 9:18상반절과 10:1상반절은 단락 안에서 새 주제를 소개한다는 측면에서 단락의 서론 기능을 갖고 있지만 실제로 그 단락 안에 있는 다른 속담의 기능과 크게 다르지 않다. 이것은 이 속담을 서론의 기능으로만 볼 수 없는 이유이다. 때문에 이 두 속담처럼 같은 주제와 같은 기능을 가진 속담은 별도로 다루는 것이 적절해 보인다.

4) 일러두기에 언급한 것처럼 여기에 표시된 장절 구분은 MT의 것이다. 한글 개역 성경과 표준 새번역 성경은 70인역을 따르고 있기 때문에 한글 성경은 5:10-12이다.

מְתוּקָה שְׁנַת הָעֹבֵד אִם־מְעַט וְאִם־הַרְבֵּה יֹאכֵל
וְהַשָּׂבָע לֶעָשִׁיר אֵינֶנּוּ מַנִּיחַ לוֹ לִישׁוֹן׃

> 9상 은을 사랑하는 자는 은에 만족하지 않고
> 　　 풍부를 사랑하는 자는 풍부로 만족하지 않는다
> 9하 (이것조차도 헛되도다)
> 10상 재산이 더하면 그것을 먹는 자들도 더하도다
> 10하 (그것의 임자들이 눈으로 보는 것 외에 무엇이 유익하랴?)
> 11상 일꾼은 먹는 것이 많든 적든 잠을 잘 자지만
> 11하 부자는 배부름으로 잘 자지 못한다

5장 9-11절은 부(富)의 축적의 무의미를 주제로 다루는 단락 5장 9절-6장9절5)의 처음 부분에 위치한 일련의 속담(9상, 10상, 11절)으로 구성되어 있다(9하, 10하 제외). 프레드릭스(D. Fredericks)6)는 구조 분석을 통해 이 단락(5:9-6:9)을 통일성을 갖춘 독립 단락으로 간주하고 있다. 그는 이 단락을 구성하는 5장 9-18절과 6장 1-9절이 교차 구조(chiastic structure)의 틀을 갖추고 있음을 발견한다.

A (5:9-11)	만족의 한계
B (5:12-16)	어둠 속에서의 왕래
C (5:17-19)	하나님의 축복과 저주
C' (6:1-2)	하나님의 축복과 저주
B' (6:3-6)	어둠 속에서의 왕래
A' (6:7-9)	만족의 한계

---

5) 단락 구분은 학자들마다 조금씩 다르지만 많은 학자들(특히 프레드릭스)이 5:9-6:9을 통일성을 지닌 한 단락으로 여기고 있다. D. Fredericks, "Chiasm and Parallel Structure in Qoheleth 5:9-6:9," *JBL* 108(1989), pp.17-35; T. Longman Ⅲ, *Ecclesiastes*, pp.159-175; R. Murphy, *Wisdom Literature*, pp.138-39.

6) D. Fredericks, *Ibid.*

서로 교차 구조를 이루는 AA'(만족의 한계)와 BB'(어둠 속에서의 왕래)와 CC'(하나님의 축복과 저주)는 공통된 주제로 되어 있다.[7] 특히 처음 A(5:9-11)와 마지막 A'(6:7-9)는 모두 속담과 그 주석으로 구성되어 있으며, 이 단락 전체의 주요 관심을 표현하면서 이 단락 의 서론과 결론의 기능을 제공해 주고 있다. 이 단락에서 다루는 주 요 내용은 첫째, 부 혹은 가난(5:9, 10, 11, 12, 13, 14, 18; 6:2), 둘 째, 만족이나 휴식 혹은 즐거움(5:9, 10, 11, 12, 16, 17, 18; 6:2, 3, 5, 6, 7, 9), 셋째, 덧없음(5:9, 13; 6:2, 3, 4, 6, 9), 넷째, "무슨 이익 이 있는가?"(5:10, 15; 6:8)이다.[8] 이러한 문학 구조와 내용들은 5장 9절-6장 9절을 전도자의 의도적인 계획을 지닌 통일성있는 단락으로 보게 한다.

부(富)의 속성을 다루는 일련의 속담(5:9상, 10상, 11)이, 이 단락 의 앞부분에 위치해 있다. 5장 9절 상반절(9하 제외)을 속담의 범주 에서 제외시키기도 하지만[9] 이 구절의 문법적 특징과 비유의 사용 은 속담의 조건을 충족시키고 있다. 먼저 9절의 리듬은 마지막 후렴 과 같은 전도자의 평가(לָכֶל הָיָה־מָה, 9하)를 제외하면 4·4조로 되어 있고, 접속사 와우(וְ)로 연결된 두 행은 동의 대구를 이루고 있다. 모음 압운(assonance, '아'와 '오'의 반복)도 발견할 수 있다. 9절 상 반절의 첫 단어 אֶרֶב에 정관사가 붙게 될 경우, 이와 대구를 이루는 אֹהֵב כִּי의 문법적 구조와 가까운 것으로 이해할 수 있다고 옥덴 (Ogden)[10]이 지적하고 있다. 문법적으로 약간의 오류가 발견되는데, 즉 הָמוֹן에 붙은 전치사 בְּ는 의미상 불필요하기 때문에 בְּ를 제거하 는 편이 낫다고 판단하기 때문이다.[11] 또한 9절 상반절의 두 행이

---

7) *Ibid.*, pp.20-28.

8) *Ibid.*, p.20.

9) 바튼은 9절을 속담으로 간주하지 않는다. G. Barton, *op. cit.*, p.126.

10) G. Ogden, *Qoheleth*, p.82.

86

완전한 대구를 이루기 위해서 9절 상반절의 동사((רְשָׁבַ))가 그 다음 행에서도 한번 더 반복되어야 하지만 문맥상 이 동사(רְשָׁבַ)가 생략 된 것으로도 볼 수 있을 것이다.[12] 이런 문법적 조절이 필요함에도 불구하고 9절 상반절의 두 행은 현재의 문법 구조로도 서로 동의 대 구를 이루는데 충분하다. 9절 상반절은 '부'는 결코 만족될 수 없고 오히려 욕심을 증가시키는 속성이 있다는 의미를 전해주고 있다. 여 기에서 히브리어 הָמוֹן은 주로 풍요, 부 혹은 군대를 의미하지만 불 안, 소란 혹은 소음과 같은 부정적 이미지[13]도 포함하고 있는 것으 로 보아 단어 선택에서조차 전도자는 부에 대한 그의 부정적 견해를 내포하고 있음을 짐작할 수 있다. 전도자는 인간은 결코 눈으로 보 는 것과 소유하는 것으로 만족하지 못한다는 사실을 이미 여러 곳에 서 언급한 바 있다(1:8; 4:8). 이처럼 9절 상반절의 두 행은 동의 대 구를 이루고 있으며 단어의 반복(כֶּסֶף와 אהב)과 유음('에')의 발견과 4 · 4조의 리듬과 부를 상징하는 '은'의 사용을 볼 때 5장 9절 상반 절은 만족될 수 없는 '부'[14]의 부정적 특성을 비유하는 속담으로 분 류할 수 있을 것이다.[15] 이 속담은 인간의 부가 아무리 많이 축적되 더라도 언제나 더 많은 것을 원하고, 더구나 돈을 사랑하는 사람 가 운데 충분하다고 말하는 사람은 없다는 부(富)의 속성을 독자들이나 청중들에게 분명하게 전해주고 있다.

---

11) R. Gordis, *Koheleth*, p.251.

12) 롱맨은 9절 하반절에서 동사의 생략으로 문장이 간결해지므로 속담의 조건을 오히려 강화시킨다고 말한다. 그렇다면 전도자는 대구의 사용보 다는 속담의 성격에 더 중점을 두고 있다고 할 수 있다. T. Longman Ⅲ, *op. cit.*, p.165 각주 111.

13) C. Weber, "הָמוֹן," *TWOT* 1, pp.219-20.

14) 9절에서 사용된 כֶּסֶף와 הָמוֹן은 각각 교환 수단의 '은'과 소유 개념의 부 를 상징하는 용어들이다. M. Eaten, *Ecclesiastes*, p.102.

15) T. Longman Ⅲ, *op. cit.*, p.111; J. Crenshaw, *Ecclesiastes*, p.121.

전도자는 부의 부정적 속성을 전해주는 9절 상반절의 속담의 선
포에 이어서 그의 독특한 문구 הבל16)을 덧붙이고 있다. 전도자가 이
문구를 첨가한 것17)은 독자들이나 청중들로부터 부(富)의 부정적 속
성에 관한 그의 관찰에 동의를 구하려는데 목적이 있을 것이다. 이
처럼 전도자는 자신이 관찰한 상황이나 기존의 가치를 부정적으로
평가하거나 의문시할 때 הבל의 또 다른 표현 문구인 גַם־זֶה הֶבֶל18)를
덧붙이고 있다. 이는 부의 불만족과 한계의 의미를 전하는 속담을
한층 부각시키는 효과를 지닌다. 특히 전도서에서 이 문구는 속담이
사용되는 전후 문맥에서 자주 발견되고 있어 속담의 의미와 밀접하
게 연결되어 있음을 알 수 있다. 이 경우 הבל과 그와 유사한 문구는
속담의 의미를 재차 강조하거나 역으로 부정하는 효과를 더해주고
있다.19) 따라서 이 문구는 채워지지 않는 부에 대한 인간의 끝없는
욕심에 대한 전도자의 관찰을 다시 확인하는 효력을 지닌다. 그러나
실제로 전도자가 부의 속성에다 הבל의 부정적 성격을 첨부한 것은
부에 관한 전통적인 가치와 모순되는 것이다. 왜냐하면 '부'는 전통

---

16) 이 단어의 기본적 의미는 '바람,' '숨'이지만 그런 의미는 대부분의 문맥
에서 사라지고 대신 인간의 경험과 특성을 부인(否認)하는 용어로 주로
사용되고 있다. 때문에 הבל은 '무'(無)나 '헛됨'의 의미를 지닌 낱말로
번역되고 있다. 특히 이 단어는 전도서에서 집중적으로 나타나고 있는데
(38번), 판단 내지는 평가할 때 덧붙여진다. 전도서에서 인간의 노력이나
노동, 지혜의 능력, 인간의 한계에 관한 그의 관찰과 경험을 말할 때 הבל
로 평가되고 있다. R. Albertz, "הבל," *TLOT* 1, pp.351-53.

17) T. Longman Ⅲ, *op. cit.,* p.165.

18) 전체적으로 הבל은 38번 나타나는데, 특히 גם־זה הבל는 전도자의 고유한
표현 양식이다(14번 사용, 2:1, 15, 19, 21, 23, 26; 4:4, 8, 16; 5:9; 6:9;
7:6; 8:10, 14). 이 문구는 특히 רְעוּת רוּחַ(2:26; 4:4; 6:9)이나 רַעְיוֹן רוּחַ
(4:16)와 함께 자주 사용되고 있다. 때로는 רְעוּת רוּחַ이나 רַעְיוֹן רוּחַ이
הבל없이 단독으로 나타나는 경우도 4:6과 1:17에서 발견되고 있다.

19) הבל과 그 외 다른 유사 문구와 속담과의 밀접한 관계를 위해 뒤에 부
록에 수록한 도표 3을 참조.

88

적으로 지혜로운 행동에 뒤따라오는 하나님의 선물이요 지혜의 보상
으로 간주되었기 때문이다.[20]

전도자는 같은 맥락에서 부(富)에 관한 부정적 속성을 알려주는
속담을 10절 상반절과 11절에서도 연속적으로 사용하고 있다. 이는
부의 부정적 성격을 강조하려는 전도자의 관찰과 의도가 매우 다각
적으로 관찰되고 있음을 보여준다. הבל의 선포로 부의 부정적 성격
이 이미 확인되었음에도 불구하고 부의 부정적 속성에 대한 두 번째
이유가 10절 상반절에서 확인되고 있다. 10절은 간결하게 진술된 상
반절의 속담과 하반절의 수사 의문문으로 구성되어 있다. 모두 네
단어로 이루어진 상반절의 간결한 문장과 '오'를 자주 쓰는 모음 압
운과 동사의 반복[21], 문장론적인 완성도(aba'b')와 사고의 완전성과
독립성은 속담의 조건이 되고 있다.[22] 상반절에서 첫 단어인 부정사
(רבות) 앞에 쓰인 전치사 ב는 때를 의미하는 부사절을 이끈다.[23] 9
절 속담에서 사용된 부를 가리키는 다른 용어들인 ההמון과 כסף을 상
기시키는 הטובה는 소유의 대상으로서 재산과 거기에서 얻을 수 있
는 이익을 의미한다(4:8; 5:17; 6:3, 6; 7:14). '먹다'(אכל)라는 표현은
소비한다는 의미를 비유적으로 표현한 것이다. 부가 축적되면 그것
을 소비하려는 주변 인물들이 함께 증가한다. 그들의 숫자가 부의
증가와 비례하기 때문에 결국 부의 축적이 헛수고가 된다는 것이다.
전도자가 마음 속에 누구를 의식하고 있는지 명시하고 있지 않지만
부를 소비하는 사람은 주변의 친척 혹은 친구가 될 수 있다.[24] 물론

---

20) 잠 3:9-10, 16; 8:18; 13:21; 14:24; 15:6; 19:4; 21:21; 24:3-4.

21) 어근 rb(רב)은 5장에서 자주 나타나고 있다(MT 2절, 6절, 10절). 10절
   상반절의 첫 번째 형태는 부정사 연계형(רבות)으로, 두 번째는 칼 완료
   형(ורבו)으로 사용되고 있다.

22) 몇몇 학자들(Whybray, Gordis)은 10절 상반절을 속담으로 분류하지 않는
   다(부록에 있는 도표 1 참조). T. Longman III, *op. cit.*, p.165 각주 112.

23) Robert F. Johnson, *op. cit.*, p.144.

이것은 부자의 사업 관계나 개인 관계를 염두에 둔 것으로 볼 수 있
다. 어쨌든 부의 축적이 많으면 많을수록 그 유지비용도 많다. 문제
는 부가 그의 소유자와는 무관하게 소비된다는데 있다(5:9, 10, 11, 16,
17). 정작 부의 주인(主人)은 그 열매를 즐길 기회가 없음을 한탄하
고 있다. 단지 이익이 있다면 그의 눈으로 자신의 재산을 볼 수 있
다는 것뿐이다. 부의 무가치에 대한 전도자의 두 번째 이유가 이렇
게 10절 상반절의 속담으로 표현되고 있다.

이런 이유 때문에 전도자는 10절 하반절에서 "무엇이 유익하랴?"
(מַה־כִּשְׁרוֹן)는 수사 의문문을 통해 부의 가치 문제를 되묻고 있다.
전도서에서 '이익'에 대한 용어는 יִתְרוֹן[25]이 일반적으로 사용되고 있
지만 여기에서는 כִּשְׁרוֹן[26]이 대신 발견되고 있다. 전도자가 다른 곳
에서(5:15) 부자가 자신의 부를 소유할 수 없기에 '이익'이 없다고

---

24) R. Whybray, *Ecclesiastes*, p.99; J. Loader, *Ecclesiastes*, p.62.

25) 전도서에서 자주 발견되는 이 용어(1:3; 2:3, 11, 13; 5:8; 7:11, 12, 등)는
의문사 מַה와 함께 종종 수사 의문문 מַה־יִתְרוֹן로 쓰인다(1:3; 3:9; 5:15). 6
장 11절에서는 이것이 조금 변형되어 מַה־יֹתֵר로 사용되었으나 그 의미 차
이는 없다. 6:8-9에서도 지혜와 어리석음의 '이익'(יֹתֵר) 문제가 다시 논의
되고 있다. יֹתֵר는 יִתְרוֹן와 여러 곳에서 동의어로 사용되고 있다(6:8, 11;
7:11). 또한 טוֹב가 יִתְרוֹן와 같은 의미로 사용되는 경우도 발견되지만(2:3;
4:6, 13; 7:11), 이는 전도자만의 특유한 용례는 아니다. W. Staples,
"Profit in Ecclesiastes," *JNES* 4(1945), pp.89-91.

26) כִּשְׁרוֹן은 구약성경 가운데 전도서 2:21, 4:4, 5:10에서만 발견된다: 문맥
에 따라 그 의미가 조금씩 다른데, 처음 두 본문에서 이 단어는 기술
혹은 성공으로, 마지막 경우에 יִתְרוֹן처럼 성공 혹은 이익의 뜻으로 מַה־
와 함께 수사 의문문으로 사용되고 있다. יִתְרוֹן은 전도자가 선호하는 용
어로서 전도서에서만 14회 발견되고 있다. 대체로 '이익'이라는 의미로
번역되고 있다. 폭스는 전도서에 사용된 이 용어의 의미를 첫째는 비교
되었을 경우 유리한 점(2:13(2회); 3:19; 5:8; 6:8, 11; 7:11, 12; 10:10,
11)으로, 둘째는 경제적인 이익(1:3; 2:11; 3:9; 5:15)으로 구분하고 있다.
R. Murphy, *Ecclesiastes*, p.5; M. Fox, *A Time to Tear down & a Time
to Build up*, pp.112-13; G. Ogden, "Qoheleth's Use of the 'Nothing is
Better'-Form," *JBL* 98(1979), p.347 각주 26.

언급했을 때에도 역시 그 '이익'에 대한 용어로 כִשְׁרוֹן이 사용되고 있다. 이를 볼 때 כִשְׁרוֹן은 יִתְרוֹן과 동의어로 사용되고 있으며 거의 차이점이 없는 것으로 간주할 수 있다.27) 여기에서 "무엇이 유익하랴?"고 묻는 수사 의문문은 전도자가 제기하는 부의 무의미를 강조하기 위해 거듭 묻는 것이다. 수사 의문문의 가장 큰 효과는 독자들이나 청중들에게 생각의 멋을 제공해 줌으로써 화자(話者)가 말하고자 하는 주제나 의미의 깊이를 이해하고 반응하고 참여하도록 하는 데 있다.28) 수사 의문문은 특히 대답될 수 없는 질문을 통해서 독자들이나 청중들로 하여금 화자의 주장을 받아들이지 않으면 안되도록 강력하게 요구할 뿐만 아니라 주로 교육적 상황에서 큰 효과를 얻고자 하는 목적으로 자주 사용된다.29) מַה-יִּתְרוֹן을 포함하여 전도서 전체에서 자주 발견되는 수사 의문문30)에 대하여 최창모는 다음과 같이 정리하고 있다.

특히 전도서에서는 수사적 질문이 "모든 것이 헛되다"는 책의 주제와 밀접하게 연관되어 있어서 화자가 말하고자 하는 (인식론적) 주제를 강화할 뿐만 아니라, 그것을 독자나 청중들에게 설득하려는 장치나 수단으로서 사용되는 특징이 있다. 그 질문은 주로 부정적인 대답을 유도하는 것들로써 결국 제시되는 언술이나 내용들을 통해서 인생의 절대적 유익이란 존재하지 않음을 분명히 설득하고 있다.31)

---

27) 존슨은 이 두 용어들이 서로 밀접하게 연결되어 있지만 동일한 것은 아니라고 한다. 그럼에도 불구하고 그는 적어도 전도서 안에서 이 두 용어들은 서로 상호 교환적으로 사용되고 있다고 주장한다. R. E. Johnson, Jr. *The Retorical Question as a Literary Device in Ecclesiastes,* pp.167-68; C-L. Seow, *Ecclesiastes,* p.205.

28) 최창모, "전도서의 수사적 질문과 헤벨(הבל)의 상징적 기능에 관한 연구,"『신학사상』 104(1999), pp.118-19.

29) *Ibid.*

30) 1:3; 2:2, 12, 15, 19, 22, 25; 3:9, 21, 22; 4:8, 4:11; 5:5, 10, 15; 6:6, 8, 11, 12; 7:13, 16, 17, 24; 8:1, 4, 7; 10:14.

10절 상반절의 속담이 전해주는 의미처럼 부자 자신이 아닌 주변 인물들이 그 부를 소비한다는 사실은 전도자로 하여금 부의 가치를 긍정적으로 수용하기 어렵게 만든다. 그런 의미에서 부의 축적이란 무의미한 것이다. 이를 강조하기 위해 역설적으로 던진 10절 하반절의 수사 의문문은 부(富)의 유익의 문제에 대한 부정적 응답을 이미 예상한 것으로써 9절 하반절의 '헤벨'(הֶבֶל)과 함께 그 효과가 증가되고 있다. 더욱이 전도자는 이 수사 의문문을 속담의 주석처럼 덧붙임으로써 부의 무의미에 대한 속담의 의미를 다시 한번 강조하고 있다.

이 단락의 첫 부분에서 부의 무가치를 선언하는 전도자는 9절 상반절과 10절 상반절의 속담의 소개에서 멈추지 않는다. 그는 11절에서 다시 한번 같은 주제를 속담으로 표현하고 있다. 이 속담은 부가 결코 축복일 수 없다는 셋째 이유를 설명해 주고 있다. 11절은 속담에서 주로 발견되는 신랄함, 간결성, 반복과 모음 압운(모음 '아'와 '에'의 빈번한 사용)으로 통용성을 높이고 있다.[32] 11절에서 규칙적 리듬은 찾기 어렵지만 11절 상반절과 11절 하반절은 서로 대조 대구가 이루고 있다. 또한 이 속담에서 부자와 노동자,[33] 많음과 적음, 숙면과 불면과 같은 대조를 찾을 수 있다.[34]

11절의 속담에서 부의 의미를 부정하는 또 다른 요인은 부자의 불면인데, 본문은 아마도 과식으로 인한 소화 불량(שָׂבָע)[35]을 암시하는

---

31) 최창모, op. cit., p.119.
32) J. Loader, Polar Structures in the Book of Qohelet, p.21.
33) הָעֹבֵד가 עֶבֶד הָאֲדָמָה의 준말이라면 여기에서 언급하는 것은 농작을 위한 노동(창 4:2; 잠 12:11)을 의미할 것이다. 70인역은 이를 종(δουλος)으로 번역하고 있는데, 어쨌든 육체 노동을 염두에 두고 있다. R. Gordis, Qoheleth-The Man and His World, p.236.
34) D. Fredericks, "Chiasm and Parallel Structure in Qoheleth 5:6-6:9," JBL 108(1989), p.24.
35) G. Ogden, Qohelet, p.83; J. Loader, Ecclesiastes, p.63.

92

것 같다. 물론 재산 증식에 몰두하거나[36] 재산 손실에 대한 불안[37]에서 비롯된 상황을 배제할 수 없을 것이다. 잠언서 13장 8절에서도 부자는 그의 재산 때문에 생명의 위협을 받을 수 있음을 언급하고 있는 점으로 보아 부자가 가난한 자보다 불안한 요소가 더 많다는 사실은 이미 주지된 사실이다. 이처럼 부자라 하더라도 어떤 이유에서든지 불면으로 고생을 한다면 그는 기본적인 행복도 누리지 못하는 것이다. 그것은 편안한 잠을 잘 수 있는 노동자보다 못한 것이다. 그러므로 부(富)와 만족의 관계는 결코 비례하지 않을 뿐만 아니라 오히려 부가 행복한 인생에 방해가 되기 때문에 반드시 가치가 있다고 말할 수 없다. 그러므로 부(富)와 그의 축적은 무의미한 것이다.

부의 무가치[38]라는 주제를 다루는 단락(5:9-6:9)은 일련의 속담(5:9-11; 6:7-9)을 단락의 처음과 끝을 채우는 틀(framework)로 하고, 그 가운데에 이야기(narratives, 5:12-17; 6:1-6)로 채우고 있다. 부의 소유를 인생의 궁극적인 목표로 삼는 일은 무가치하고 어리석다는 것을 설득하기 위해 속담 외에 '이야기'라는 다른 장르가 동원된 것이다.[39] 이처럼 이 단락의 서론(5:9-11)과 결론(6:7-9)은 일련의 속담으로 채워져 있다. 이 속담은 그 당시 알려진 속담의 인용[40]이거나 전도자 자

---

36) T. Longman Ⅲ, *Ecclesiastes*, p.165.

37) J. Crenshaw, *Ecclesiastes*, p.120; C. L. Seow, *Ecclesiastes*, p, 206.

38) 화이브레이는 전도자가 이해한 부의 부정적 측면을 채워지지 않는 부의 욕심(10절), 본인이 아닌 다른 사람들이 축적된 부를 소비(11절), 불면(12절), 손실의 위험(13-14절)과 죽을 때 부를 가져가지 못함(15-17절)의 다섯 가지로 정리한다. R. Whybray, *Ecclesiastes*, pp.98-99.

39) R. Murphy, *Wisdom Literature*, pp.138-39.

40) 5:11은 아래의 수메르 속담을 생각나게 한다. 그러나 전도자가 이로부터 직접 인용했다고 단정할 수는 없다. 왜냐하면 이것은 이미 독자들이나 청중들에게 익숙한 속담일 수 있기 때문이다.
"재물을 가진 자는 행복하다.
곡식을 얻은 자는 편안할 것이다.
그러나 축적된 재산이 있으면 잠을 잘 잘 수 없다"(Sumerian proverb

신이 창작한 것41)이다. 9절 하반절의 הבל과 10절 하반절의 수사 의문문은 속담의 의미를 강조하고 전도자 자신의 가치 판단을 위해서 덧붙여진 것이다.

이렇게 5장 9-11절에서처럼 같은 주제를 가진 속담을 연속적으로 사용하는 방식은 잠언서(book of Proverbs)에 대한 구성 원리중의 대표적인 경우이다.42) 전도자 역시 전도서에서 특히 7, 10장에서 이러한 원리를 좇고 있다는 사실은 그 역시 현인 집단의 한 일원이었을 가능성을 높이고 있다. 그러나 전도서 5장 9-11절에 들어있는 속담은 단순히 같은 주제에 따라 연속적으로 수집된 속담이라는 사실 이상을 내포하고 있다. 왜냐하면 전도자가 자신만의 독특한 문구를 통해 그의 주석(הבל과 수사 의문문의 첨가, 5:9하, 10하)43)을 속담에 덧붙이고 있기 때문이다. 이것은 전도서가 전도자 자신의 관찰과 가치 판단이나 의도 없이 무조건 주제에 따라 수집한 속담의 단순 모음집이 아니라는 사실을 분명하게 말해준다. 그 뿐만 아니라 전도자는 자신의 계획과 의도를 가지고 특히 일련의 속담을 서론의 기능을 위해 매우 조심스럽게 단락의 앞부분에 배열하고 있다. 5장 9-11절의 속담을 단락 첫 부분에 배치한 다음, 전도자 '나'는 자신의 관찰과 경험의 이야기를 자서전 문체의 회상(reflection) 장르로 전해주고 있다.44) 또한 전도자는 속담이 위치한 주변에다 자신이 주로 부정적

---

collection 3. 23). R. Gordis, *Qoheleth-The Man and His World,* pp.103-104; B. Alster, *The Context of Scripture* vol.1(ed. by W. Hallo; Leiden, N. Y., Köln: Brill, 1997), p.564; S. Kramer, 『역사는 수메르에서 시작되었다』(박성식 역; 서울: 가람기획, 2000), p.173.

41) R. Whybray, *Ecclesiastes,* pp.20, 99-100; B. Rosendal, "Popular Wisdom in Qohelet," *In the Last Days,* p.125.

42) R. Whybray, *The Composition of the Book of Proverbs*(Sheffield: JSOT Press, 1994), p.72.

43) גַּם־זֶה הָבֶל(5:9하); מַה־כִּשְׁרוֹן(5:10하).

44) 1:15, 18, 2:14, 4:5-6, 12하반절 등과 견주어 보라. 전도서에서 특징적으로

으로 평가한다는 뜻으로 הבל 및 그와 유사한 문구(예, רעות רוח) 혹
은 수사 의문문이나 일인칭 회상 장르(ראיתי, 5:12)를 함께 사용하고
있다. 전도자가 일인칭 '나'가 되어 자신의 이야기를 자서전에서처럼
독자들이나 청중들에게 들려줄 때 그의 주제를 보다 효과적으로 설
득할 수 있기 때문일 것이다.

이처럼 5장 9-11절에 들어있는 일련의 속담은 논리적으로 한 단락
(5:9-6:9)의 첫 부분에서 서론의 논리적 기능을 수행하고 있다. 부의
부정적 속성을 묘사하는 주제가 속담의 양식을 지닐 때 그 속담은
그 메시지를 보다 인상적으로 전할 수 있다. 또 일인칭 '나'의 관찰
과 경험이 함께 보태질 때 신뢰도는 한층 증가된다. 거기에 첨가된
הבל과 수사 의문문은 전도자가 단순히 그의 지식이나 자료를 나열
하는 것이 아니라 독자들이나 청중들로 하여금 속담이 제시하는 '부
의 무가치'에 대한 자신의 견해에 동의하도록 도와주고 있다.

2) 요 약

전도서에서 한 단락의 서론 기능을 하는 속담은 5장 9절 상반절
과 10절 상반절과 11절뿐이다. 일련의 이 속담은 전도서에서 유일하
게 한 단락(5:9-6:9)의 앞부분에 위치하면서 서론으로 기능하고 있다.
9절과 11절은 각각 동의 대구와 대조 대구를 이루는 2행으로 되어
있는데 반해 10절 상반절은 한 행의 문장으로 구성되어 있을 뿐 양

발견되는 회상(reflection) 장르는 저자가 개인적인 차원에서 생각하고 평
가하는 논제나 목표를 진술한다. 이는 사고의 과정을 포착하지만 그 구조
는 개인적인 문체에 의존한다. 이 장르의 특징은 지혜 장르의 인용, 수사
의문문의 사용 및 예화들을 사용하는데 있다. 전도서에서 특히 일인칭 '나'
를 주어로 한 회상 장르를 쉽게 발견할 수 있다(2:1-11, 12-17, 18-26 등).
R. Murphy, *Wisdom Literature*, pp.130, 181; R. Murphy, "A Form-Critical
Consideration of Ecclesiastes 7," SBL Seminar Paper 74, p.78.

식상 독특한 특징이 나타나지 않는다. 이 속담들의 문장은 모두 간결하고 규칙적인 리듬과 모음 압운('아', '에', '오')이 발견되고 있다. 또한 비유를 사용하여 부(富)를 은(כסף)으로, 재산의 소비를 먹다(אכל)로 표현하고 있다. 이 속담들의 내용은 부와 인간의 관계를 관찰한 것으로써 독자들이나 청중들로 하여금 부에 관한 그의 부정적 태도에 동의하게 하고, 궁극적으로는 그들이 부의 지나친 축적을 자제하도록 설득하려는데 있을 것이다. 그러나 이 속담은 부에 관한 도덕적 가치를 암시하고 있지만 이를 직접적으로 요구하지 않는다. 이같은 사실은 속담은 어느 특정한 고정 양식보다 내용과 사용에 의하여 속담 여부(與否)가 결정되고 있음을 말해준다.

부(富)의 무가치라는 주제를 중심으로 한 속담이 단락 첫 부분에서 연속적으로 나타나는 것은 이 단락의 주제를 소개하고 이를 각별히 강조하려는 전도자의 의도 때문일 것이다. 그리고 이 속담 전후 문맥에서 그가 자주 사용하는 문구(גם־זה הבל, 10:9하)와 수사 의문문(10:10하)과 1인칭으로 된 회상 장르가 함께 발견되고 있다. 이것은 전도자의 독특한 사상이 담긴 문구들이 속담들을 중심으로 긴밀하게 연결되어 있음을 보여주는 것으로써 전도자의 의도와 계획을 엿볼 수 있게 한다. 결과적으로 이들 사이의 밀접한 관계는 전도자의 수사학적인 의사 소통의 강화를 위한 것이다. 즉 이 단락의 앞부분에 위치한 속담들은 5장 9절-6장 9절에서 전도자가 의도한 단락의 주제를 소개하는 서론의 역할을 하고 있다.

2. 단락의 결론인 속담

상대적으로 더 많은 속담이 단락의 서론보다는 전도자 자신의 단락을 결론짓거나 그의 주장을 종료하기 위한 장치로서 사용되고 있다. 한 단락의 결론으로 사용되는 속담은 전도자가 제시하는 주제나 논쟁을 보다 설득력이 있도록 이미 독자들이나 청중들 사이에 익숙하게 사용되고 있는 속담이나 혹은 그 양식을 빌어 창작된 것으로써 쉽게 기억하도록 돕고 궁극적으로는 효과적인 의사 전달이나 논쟁을 마무리하기 위해 의도된 것이다. 그러므로 한 단락의 결론으로 제시된 속담은 최종적인 검인(stamp)을 찍는 것과 같은 종결 기능을 갖는다. 전도서에서 단락의 결론으로 사용된 속담은 1장 15절, 18절, 4장 5-6절, 9절 상반절, 12절 하반절, 6장 7절, 9절 상반절과 9장 16절 상반절에서 찾아볼 수 있다.

1) 1장 15절

מְעֻוָּת לֹא־יוּכַל לִתְקֹן וְחֶסְרוֹן לֹא־יוּכַל לְהִמָּנוֹת׃

15 굽은 것은 펼 수 없고 없는 것은 셀 수 없다.

다수의 학자들이 1장 15절을 속담으로 간주하고 있다.[45] 이 문장은 매우 간결하고, 3 · 3조의 규칙적인 운율을 갖춘 두 행이 서로 동의 대구를 이루고 있다. 두 행은 모두 문법적으로 동일하게 각각 주어와 부정어(לֹא)와 동사의 결합 그리고 전치사(לְ)를 접두어로 하는 부정사 연계형으로 끝나고 있다. 문체적인 특징으로는 모음압운

---

45) 부록에 있는 도표 1 참조.

(assonance, מ와 ן의 쉐와(ְ)와 '오'), 두운(alliteration, ל와 ל)과 각 행에서 동일한 문구의 반복(לא יוכל) 등이다. 내용적으로는 관찰과 경험을 기초로 사실을 보고할 뿐 행동에 대한 어떤 구체적 제안도 도덕적 판단도 하지 않는다. 때문에 이 속담은 여러 상황에 적용될 수 있는 유동성을 지닌다. 이런 특징들은 이 구절을 균형 잡힌 속담으로 분류할 수 있게 한다.

그러나 이 속담의 의미를 파악하기 위해 분석할 때 문법적인 오류가 지적되곤 한다. 곧 첫 행의 끝 단어 לתקן는 상반절의 의미상 수동적 의미가 적절함에도 불구하고, 칼 형태의 부정사 연계형으로 표기되었다는 것이다.46) 때문에 몇몇 학자들47)은 이 단어의 형태 (לתקן)를 70인역과 불가타48)처럼 능동이 아닌 수동의 의미를 지닌 니팔 형태 곧 לתקן 혹은 להתקן으로 수정해서 읽을 것을 권하고 있다. 이러한 수정 제안은 이 동사와 대구를 이루는 하반절의 להמנות가 니팔 동사이기 때문에 더 설득력이 있어 보인다. 그러나 칼 부정사가 수동의 의미로도 사용되기 때문에(3:2) 마소라 본문을 수정하지 않고 그대로 유지하면서도 수동의 의미로 해석하는 것도 가능하다.49) 그렇다면 그러한 문법적 수정은 불필요해 보인다.

본 논문의 주요 관심은 이 속담의 의미와 기능에 있는데, 이는 이 속담이 위치한 단락 안에서 찾아야 할 것이다. 이 속담이 속한 단락은 1장 12절에서 시작된다. 여기에서 전도자는 지혜를 얻기 위한 방법으로 자신의 관찰과 경험을 중요시하는 만큼 그의 생동감을 위해

---

46) 이 동사(תקן)는 7:13과 12:9에서 각각 피엘 형태(לתקן, תקן)로 나타나고 있다.

47) J. Crenshaw, *Ecclesiastes,* p.74; G. Driver, "Problems and Solutions," *VT* 4(1954), p.225.

48) 70인역은 이 단어를 להתקן로 읽어 ἐπικοσμηθῆναι(수동형)로 번역하고 있다. A. Rahlfs, *Septuaginta,* p.239.

49) R. Gordis, *Koheleth,* p.211; R. Murphy, *Ecclesiastes,* p.12.

서 자서전 문체의 회상(reflection) 장르를 자주 사용하고 있다. 일인
칭 '나'는 자서전적인 진술로 자신이 추구하는 주제와 그 의미를 설
명한다. 그 '나'는 마치 역사적 인물인 솔로몬 왕을 연상시키고 있으
나 그는 솔로몬 왕이라기보다는 솔로몬 왕을 모델로 삼은 전도자
'나'라고 보아야 할 것이다.[50] 이는 솔로몬 왕이 지닌 상징적 의미와
그의 영향력을 염두에 두었기 때문일 것이다.[51] 전도자가 일인칭
'나'로 호소하는 시도는 전도서에서 자주 발견되는 기법으로써 그의
경험과 논쟁에 권위를 실어주는 효과를 지니게 된다.

　1장 12절에서 시작한 '나'의 관찰은 엄격한 의미에서 18절까지 이
어진다. 그러나 1장 12절에서 시작한 '수고'(עמל)에 관한 전도자의
관찰은 먼저 15절에서 속담으로 마무리되고 있다. 12-15절은 '나' 소
개(12절), 수고에 관한 전도자의 관찰과 경험(13-14절)과 결론(15절)
으로 이루어져 있다. 그리고 16절부터는 새로운 주제에 대한 '나'의
또 다른 관찰이 시작된다. 이 때문에 내용상 12-15절을 하나의 단락
으로 보고, 16-18절 역시 다른 주제를 다루는 별도의 단락으로 간주
하는 편이 낫다. 16-18절에서도 전도자는 한 주제를 중심으로 그의
관찰을 기록한 후 그의 결론을 역시 속담으로 끝내고 있다.[52] 그러
므로 12-18절은 12-15절과 16-18절로 구분하여 두 주제를 담은 두
개의 단락으로 보아야 할 것이다. 그리고 이처럼 각각 다른 주제를
다루는 단락의 결론을 속담으로 끝맺음하고 있다는 사실은 전도자의
의도적인 계획과 구조가 있음을 분명히 보여준다. 이것은 아래에서
살펴볼 것이지만 이러한 구조 외에도 속담이 הבל이나 ידע 혹은 מצא

---

50) M. Fox, *A Time to Tear Down and a Time to Build up: A Rereading of Ecclesiastes*, p.171.

51) J. Loader, *Ecclesiastes*, p.24.

52) 1:16-18도 역시 1:12-15와 마찬가지로 '나' 소개(16상반절), 지혜 추구에 관한 전도자의 경험(16하-17절)과 결론(18절)으로 이루어져 있다.

의 부정적인 표현이 함께 자주 발견되고 있다는 사실에서도 전도서의 치밀한 구성을 찾을 수 있다.

속담은 그의 위치와 사용 용도에 따라 그 의미와 기능이 달라지므로 15절의 속담의 구체적인 기능은 이 속담이 위치한 단락의 전후 문맥 가운데서 찾아야 할 것이다. 12절에서 자신을 소개한 전도자 '나'(אָנִי)는 그의 고민을 13-14절에서 이야기한다. 여기에 사용된 두 동사 곧 13절의 נָתַתִּי לִבִּי[53)와 14절의 רָאִיתִי[54)은 모두 일인칭 단수 완료형으로서 전도자 자신의 직접적인 관찰과 경험을 바탕으로 심혈을 기울여 터득한 사실임을 말해주고 있다. 그는 하늘 아래에서 일어나는 모든 일의 의미를 알기를 원했고, 이것을 위해 노력했다. 그가 연구 수단으로 삼은 것은 지혜(חכמה)이다.[55) 그러나 여기에서 주목해야 할 것은 그의 고민 내용이 구체적으로 밝혀지지 않는다는 사

---

53) 그가 1:12-2:26에서 לבי을 모두 12회나 반복적으로 사용한 것은 그의 마음이 이러한 연구와 탐구 과정에 몰입해 있음을 말해준다. 그는 스스로 연구할 뿐만 아니라 자신이 연구의 대상이 되기도 한다. 즉 그 자신이 지혜 연구의 고유 영역이기도 하다. 폭스는 1:12-2:26에 나타난 '마음'의 역할들을 다음의 4가지로 분류하고 있다. 첫째, 마음은 전도자로 하여금 지식을 갈망하게 한다. 둘째, 지식을 얻으려는 마음으로 인도한다(1:13; 2:1상; 8:9), 셋째, 마음은 보게 하고 관찰하게 한다(2:1상, 10하), 넷째, 마음은 지혜 / 이성의 중심에 위치하고 있으므로 자신이 보고 관찰한 것을 이해하고 평가하게 한다(1:13, 16, 17; 2:3). 나아가 지식을 얻고 이를 보고하게 한다. M. Fox, "Qohelet's Epistemology", *HUCA* 58(1987), p.143.

54) 전도서에서 동사 ראה는 '보다'(1:8; 5:11; 12:3), '결론짓다' 혹은 '깨닫다'(2:3; 3:18 등), '관찰하다', '고려하다', '되돌아보다'(1:14; 2:12 등), '즐기다', '경험하다'(1:16; 2:1 등) 등 여러 가지 의미로 쓰인다. M. Eaton, *Ecclesiastes,* p.64.

55) 전도자는 여기에서 지혜를 그의 경험을 이해하고 해석하는 도구 즉 이성(reason)의 의미로 사용하고 있다(1:13). 전도자는 자신의 지혜, 곧 이성을 사용하여 그의 관찰과 연구를 진행하는 방법을 택하고 있을 뿐 결코 기존의 습득된 지식을 그대로 수용하지 않는다. M. Fox, "Qohelet's Epistemology," *HUCA* 58(1987), p.142; M. Fox, "Wisdom in Qoheleth," *In Search of Wisdom,* p.120.

실이다. 단지 전도자가 여기에서 반복적으로 사용하고 있는 낱말인 עשׂה(3번), ענה(2번)에서 그 내용을 추측할 뿐이다.56) 이 단어들을 통해 미루어 짐작해 볼 때 그의 고민은 하늘 아래에서 인간이 수고하는 모든 일에 관한 문제이다. 전도자의 관찰 결과는 이 땅의 일과 수고는 모두 불행한 일이고, 이것은 하나님에 의해 인간에게 지워졌다는 것이다. 그는 이 13절에서 '괴로운 일'(ענין רע)이라고 표현한 것처럼 인간의 수고나 노동을 매우 부정적으로 판단하고 있다. 인간의 수고는 적극적인 가치가 전혀 없기 때문에 결과적으로 인간의 일은 고통스럽다. 전도자의 관심 대상은 "해 아래서" 곧 세상에 존재하는 모든 것이다. 그러나 그의 관심 범위는 자연 현상이라기보다는 인간에게 일어나는 일들을 주로 언급하고 있다는 인상을 주고 있다.57) 우리의 인생은 인간이 이해할 수 없는 영역, 즉 신비로운 (enigmatic)데까지 이르고 있다.58) 전도자는 인간이 수고하고 고통받는 이유를 하나님께 돌리고 있다. 그래서 13-14절은 인간에게 주어진 짐은 하나님으로부터 왔기 때문에 인간의 힘으로 이 짐을 제거하거나 가볍게 할 수 없다고 주장한다. 이것은 하나님과 인간의 일에 관한 전도자의 이해이다. 지혜는 전도자가 인생을 연구하는 수단이지만 이를 이해하기 위해서는 전통적으로 학습하고 전수받은 지혜만으로 충분하지 않다. 왜냐하면 전도자는 인간의 수고스런 노력으로 인간의 조건을 향상시키는 일이 불가능하다고 믿기 때문이다.59) 이

---

56) 이 두 낱말은 전도서 전체에서 자주 발견되는 것들로 각각 62번과 10 번씩 쓰이고 있다. 머피에 따르면 עשׂה는 전도서에서 가장 많이 발견되는 단어이다. 이 단락에서 עשׂה는 니팔 동사로 2회, 명사로 1회 나타나고(13, 14절), ענה는 동사와 명사로 각각 1회씩 나타나고 있다(13, 14절). R. Murphy, *Ecclesiastes*, p.xxix.

57) G. Ogden, *Qohelet*, p.34.

58) *Ibid.*, p.35.

59) J. Crenshaw, *Ecclesiastes*, p.74 각주 24.

제 전도자는 결론을 내린다. 삐뚤어진 것은 그렇게 남아있을 것이고 부족하거나 없는 것은 셀 수 없다고 표현하면서 인간의 산술적 계산이나 관찰과 경험을 통한 인간의 지혜를 거부하고 있다.

주목해야 할 것은 전도자가 15절에서 이전에 결론짓기에 앞서서 14절에서 그의 독특한 표현이면서 그의 부정적인 의미를 전달하는 문구인 "헛되다"(הֶבֶל)와 "바람 잡는 일"(רְעוּת רוּחַ)을 사용하고 있다는 점이다.[60] 전도자 특유의 이 문구들이 그의 결론으로 사용된 속담과 근접되어 있다. 실제로 전도서에서 속담과 הֶבֶל[61]과 רְעוּת רוּחַ 와 같은 문구와의 밀접한 관계는 전도서의 전반부(1:3-6:9)에서 발견할 수 있는 거의 모든 속담 전후 문맥에서 확인할 수 있다.[62] 즉 전도자는 14절 하반절에서 이미 הֶבֶל과 רְעוּת רוּחַ[63]를 통해 인간의 수고에 관한 그의 부정적 결론을 상징적으로 암시한 바 있다. 그리고 전도자는 이어서 자신의 이러한 의도를 강조하고, 이를 보편적 진리

---

60) 이 두 표현들은 전도서 곳곳에서 특히 속담 주변에서 발견되고 있다: הֶבֶל과 רְעוּת רוּחַ이 때로는 함께 때로는 단독으로 나타나고 있다(2:11, 17, 26; 4:4, 16; 6:9 등).

61) 때로는 הֶבֶל을 확대한 문구 גַם־זֶה הֶבֶל를 사용하기도 한다(4:4, 8; 5:9 등).

62) 속담으로 분류된 1:15, 1:18; 2:14상, 4:5, 4:6, 4:9상, 4:12하, 5:9상, 5:11, 6:9 근처에서 הֶבֶל이나 רְעוּת רוּחַ나 그와 유사한 문구가 발견되고 있다. 예외적으로 5:10상반절과 6:7의 속담에서만 이 표현들의 어느 것도 발견되지 않는다. 그럴 경우 이 속담들과 가까운 곳(5:10하; 6:6)에서 수사 의문문을 대신 발견할 수 있다. 특히 전제(premise)를 부인하는 수사 의문문을 보면(예, 5:5; 6:6; 7:16, 17), 전도서의 수사 의문문은 הֶבֶל 혹은 רְעוּת רוּחַ과 거의 같은 효과를 지니고 있는 것으로 볼 수 있다. 최창모, *op. cit.,* p.119; R. E. Johnson, "Rhetorical Question As a Devise," p.265.

63) 지혜 문학에서 바람(רוּחַ, wind)은 비본질적이거나 가치가 없는 것에 대한 비유로 자주 사용되고 있다. 이 단어는 부정적으로 유산으로 받는 것(잠 11:29), 제한된 바람(잠 27:16), 바람을 모으거나(잠 30:4), 바람과 같은 지식(욥 15:2), 바람있는 말(욥 6:26; 8:2; 16:3)에 적용되고 있다. 위의 사용에서 어느 경우이든 '바람'은 보잘 것 없는 것이나 의미 없음을 지시하고 있다(사 41:29). C-L. Seow, *Ecclesiastes,* p.122

로 전달하기 위해서 기억하기 쉬운 속담의 양식으로 결론짓는다.

요약하면 15절에 위치한 속담은 12-14절의 결론이면서 동시에 14절 하반절의 전도자의 독특한 표현 양식을 통해 전달하려는 의도를 구체적으로 진술하고 있다. 인간의 상황은 하나님이 세운 '세계의 불가침의 구조'[64]를 기초로 한다는 의미를 지닌 이 속담은 이 단락(1:12-15)에서 전도자가 체험하며 관찰한 바를 마무리짓고 있다. 또한 이 속담은 일반적인 관찰을 주축으로 하고 있기에, 그것이 전도자의 인용이든 창작이든, 인간이 자신의 한계에 부딪힌 여러 상황에 적용될 수 있다. 그러므로 15절의 속담은 인간은 매우 제한적이며 더할 수도 뺄 수도 없는 한계를 지녔다는 사실을 진리로 표현하고 있기 때문에(3:1) 하나님이 세우신 질서와 일에 순응해야 하는 여러 상황에서 통용될 수 있다.

전도자의 논쟁의 결론 부분에 위치한 15절은 12-14절과 조화를 이루고 있다. 15절의 주제는 단순하고 분명하다. 인간의 능력은 하나님께서 창조하시고 고정시킨 세계 구조에서 제한적일 수밖에 없다. 인간은 하나님이 주관하시는 세상의 일을 완전히 이해할 수 없다는 전제 아래 15절의 속담은 2장 14절의 것과 같은 주제를 표현하며, 1장 4-11절과도 어느 정도 일치한다. 이 속담은 독자들이나 청중들에 의해 쉽게 기억되도록 압축된 캡슐처럼 인간 수고의 제한적인 무기력과 불안한 공허함의 의미를 총체적으로 전달해주고 있다. 이는 전도자가 1장 14절 하반절에서 '헛되다'(הבל)라는 판단을 일으켰던 바로 그 상황일 것이다. 15절 상반절은 변할 수 없는 사실이 있음을 체념적으로 주장한 반면 하반절은 존재하지 않은 것을 셀 수 없는 인간의 한계를 말한다. 3장 14절과 견주어 볼 때 1장 15절 하반절의 의미는 약간 불분명하지만 만일 어떤 것이 존재하지 않는다면 그것이

---

64) G. von Rad, *Wisdom in Israel*, pp.97-100.

존재하는 것으로 주장할 수 없음을 말하는 것으로 보인다. 그러므로
15절은 12-14절에서 전도자가 관찰한 주장을 요약한 것으로써 다른
상황에도 쉽게 적용할 수 있는 속담이다. 속담은 성격상 여러 상황
에서 적절하게 사용될 수 있는 통용성을 지닌다. 그 한 예로 이 속
담이 7장 13절에서 부분적이나마 반복되고 있는 것으로 보아 그의
적용이 폭넓게 이루어졌음을 짐작하게 해준다.[65] 14절에서 전도자는
그런 과제가 하나님에 의해 인간에게 주어진 것으로 논의하였기 때
문에 15절은 비록 하나님에 대한 구체적 언급이 없어도 하나님께 대
한 순종이 전제된 것으로 보아야 할 것이다.[66]

인간은 자신의 삶에서 무엇인가를 확실히 경험한다. 만일 그것이
굽은 것이면 그것은 굽은 그대로 있기에 인간이 보태거나 뺄 수 없
다. 만일 거기에 아무 것도 없다면 그것은 셀 수도 없고 기록될 수
도 없다. 그러므로 전도자는 인간이 자신의 인생을 혼자서 성공적으
로 운영할 수 없다고 한다. 전도자는 12-14절에서 관찰한 그의 결과
를 보다 효과적으로 강조하기 위해 속담의 양식을 빌거나 인용하여
그 결론을 내리고 있다.[67]

전도자는 우리에게 두 가지 사실을 자신의 경험을 통해 알려준다.
현재의 경험 세계는 굽어진 것과 부족하거나 존재하지 않는 것으로 가
득 차 있기 때문에 우리의 입지 조건이나 상황을 물리적으로 바꿀 수
없다. 말하자면 인간의 지혜는 인간의 수고와 노동에서 발생하는 비참
한 요인들을 제거해 주지도 설명해 주지도 못한다. 롱맨(T. Longman)
은 여기에서 표현된 מְעֻוָּת(굽어진)을 도덕적인 의미로, 악하고 삐뚤어
졌다는 뜻으로 읽고 이를 인간의 도덕적 타락이나 사악함은 결코 원

---

65) 전도서에서만 발견되는 동사 עוּת와 חָסֵר가 7:13에서는 각각 피엘 완료
    형(עִוְּתוֹ)과 피엘 부정사(לְחַקֵּן)를 사용하고 있다.
66) R. Murphy, *Ecclesiastes*, p.13.
67) B. Rosendal, "Popular Wisdom in Qohelet," *In the Last Days*, p.122.

래의 상태로 회복될 수 없는 것으로 이해하려고 한다.[68] 그러나 롱맨의 이러한 이해는 너무 편협하고 제한적이다. 왜냐하면 전도자는 단순히 도덕적인 측면만이 아니라 이를 비롯해서 인간사에서 일어나는 모든 일을 염두에 두고 있기 때문이다.

15절의 속담은 인간의 일의 관점에서 세상에서 일어나는 모든 문제들에 적용될 수 있다. 그럼에도 불구하고 전도자는 인간의 일은 하나님의 영역에 속한 것으로 전도자는 결론짓고 있다. 전도자는 자신이 관찰하고 터득한 이 주장[69]을 간결한 속담 양식을 빌어서 매듭짓고 있다.[70] 전도자는 이 속담의 사용 이전에 הבל과 רעות רוח을 덧붙임으로써 그의 결론을 강화하고 그의 논쟁을 마무리하고 있다. 이제 이 속담과 함께 이 단락(1:12-15)을 읽는 독자들이나 청중들은 전도자의 관찰과 주장에 한층 집중하고 동의하게 될 것이다.[71]

---

68) C. Bridges, *Ecclesiastes*, pp.21-22; T. Longman III, *The Book of Ecclesiastes*, p.82.

69) 고디스는 15절이 본문과의 연결이 너무 느슨하기 때문에 전도자의 작성이 아닌 이미 있는 자료를 인용한 것으로 보고 있다. 그러나 화이브레이 는 전도서에서만 발견할 수 있는 독특한 단어들(להקן) 때문에 인용한 잠언이 아닌 전도자의 창작으로 주장한다. 반면에 파머는 15절의 속담은 그 어느 증거도 충분하게 제공해주지 않기 때문에 인용이든 창작이든 어느 한쪽으로 단정지을 수 없다고 말한다. R. Gordis, *Koheleth*, p.211; J. Loader, *Ecclesiastes*, p.25; R. Whybray, *Ecclesiastes*, p.50; K. Farmer, *Proverbs & Ecclesiastes*, p.155.

70) J. Loader, *Ecclesiastes*, p.25.

71) D. Kidner, "The Search for Satisfaction: Ecc. 1:12-2:26," *Reflecting with Solomon: Selected Studies on the Book of Ecclesiastes*, pp.250-51.

2) 1장 18절

כִּי בְּרֹב חָכְמָה רָב־כָּעַס וְיוֹסִיף דַּעַת יוֹסִיף מַכְאוֹב:

d' c' b' a' d c b a

이는 지혜가 많으면 고통이 많고
지식이 늘면 근심도 늘기 때문이다

이 속담 역시 하나의 주제를 담은 단락 1장 16-18절의 결론으로 사용되고 있다.72) 두 행으로 된 이 속담은 간결하고 4·4조의 리듬을 지니고 있으며 접속사 כִּי를 제외하면 구조적으로 서로 동의 대구를 이루고 있다(abcd//a'b'c'd'). 두 행의 모든 단어들(כִּי 제외)은 반복(בְּרֹב/רָב, יוֹסִיף/יוֹסִיף)되거나 동의어(דַּעַת/חָכְמָה, כָּעַס/מַכְאוֹב)이다. 여기에 수사적인 요소로 모음 압운(assonance, 모음 '아'와 '오')의 사용을 첨가할 수 있다. 이런 특징들은 18절을 속담으로 분류할 수 있게 한다.73)

이 단락에서 전도자 '나'는 지혜에 관한 또 다른 이야기를 들려주고 있다.74) 전도자는 역시 지혜 추구에 관한 자신의 경험(16-17상)과 그의 결과(17하–18)를 적고 있다. 그는 아마도 전통적인 지혜라는 측면에서 상당한 지혜(חכמה)와 지식(דעת)을 얻었다고 고백하는데, 이것은 전도서에서 낯선 것이다(2:12; 9:13). 그러나 어느 날 전도자는 지혜와 지식을 획득했음에도 불구하고 그 결과가 절망 혹은 무가치

---

72) 머피는 12-18절을 한 단락으로 간주하고 있다. 그러나 위에서 언급한 것처럼 이 부분은 12-15절과 16-18절로 나눌 수 있다. R. Murphy, *Ecclesiastes*, pp.11-15.

73) R. Johnson, *A Form Critical Analysis of the Sayings*, pp.111-12.

74) 전도자는 자신의 관찰이나 경험을 말할 때 1인칭 대명사 אֲנִי와 함께 אָמַרְתִּי(2:1; 3:17, 18 등)를 자주 사용하고 있으나 여기에서는 대신 피엘 형태의 דִּבַּרְתִּי를 사용하고 있다. 그러나 의미상 차이는 없다.

106

라는 뜻밖의 깨달음을 얻는다.75) 그는 여기에서 멈추지 않고 나아가 17절에서 '미친 짓'(הוֹלֵלוֹת)76)과 '어리석음'(שִׂכְלוּת)77)에 이르기까지 그의 연구 범위를 확대한다. 이 단어들이 본문에서 무엇을 의미하는지 분명하지는 않지만 이는 적어도 지혜나 지식과 대조를 이루는 새로운 시도인 듯 하다.78) 만일 이 단락을 같은 단어들이 발견되는 2장 1절 이하에서 '미친 짓'(הוֹלֵל)과 '어리석은 짓'(סִכְלוּת)이란 주로 '물질적 쾌락과 성취'79)라는 의미를 지닌다. 그러나 전도자가 1장 17

---

75) 주로 이야기 본문(narrative texts)에서 와우 연속법(וָאתָּנָה)을 사용한 것은 전도자의 경험과 결과를 매우 사실적으로 기록하고 있음을 말해준다. B. Isaksson, *Studies in the Languages of Qoheleth,* pp.60-61.

76) 전도서에서만 5번(1:17; 2:12; 7:25; 9:3; 10:13) 발견되는 이 단어는 어리석음과 동의어로서 문자적인 의미로는 행동에 영향을 미치는 비이성적인 사고를 의미한다. L. J. Coppes, "הָלַל," *TWOT* 1, p.219.

77) L. 골드버그(Goldberg)는 이 단어는 잘못 표기된 것으로 여기고 이를 지혜와 대조를 이루는 "סִכְלוּת으로 읽을 것을 권하고 있다. 이 단어는 구약성서 가운데 전도서 1:17에서 단지 1번만 사용되고, 또 이 단어를 '비유'라는 뜻의 parabolas로 읽고 있는 LXX의 헬라어 번역 역시 이 용어의 정확한 의미를 파악하는데 도움을 주지 않는다. 오히려 2:3, 12, 13, 7:25, 10:1, 13에서처럼 שִׂכְלוּת의 첫 자음 שׂ을 ס의 오자(誤字)로 간주하고 대신 סִכְלוּת로 읽을 때 지혜의 반의어인 어리석음으로 이해할 수 있을 것이다. 그 근거는 הוֹלֵלוֹת와 סִכְלוּת가 חכמה와 대조를 이루면서 한 쌍을 이루고 있는 2:12에서 찾을 수 있다. 따라서 고디스(Gordis)는 70인역에서 '비유'라는 뜻의 parabolas가 아니라 '오류'를 가리키는 paraphoras로 읽을 것을 권하고 있다. 반면 폭스(Fox)와 크렌쇼(Crenshaw)는 이 단어를 후대의 첨가로 읽고 있다. 이를 참고로 할 때 שִׂכְלוּת의 철자를 약간 수정해서 읽는다면(שׂ → ס) 현재의 본문을 그대로 유지할 수 있다. J. Crenshaw, *Ecclesiastes,* p.75; R. Gordis, *op. cit.,* pp.212-213; L. Goldberg, "סָכַל," *TWOT* 2, pp.624-625; M. Fox, *Qohelet and His Contradictions,* pp.176-177; M. Fox, *A Time to Tear down and a Time to Build up,* p.173.

78) 2:12에서도 전도자는 세 항목(חכמה, הוֹלֵלוֹת, סכלות) 모두에 관심을 두고 있다.

79) 2:1-3, 10에서 전도자는 הוֹלֵל과 סִכְלוּת의 관심 대상으로 שִׂמְחָה('즐거움,' '기쁨'으로 번역)를 꼽고 있다. שִׂמְחָה의 의미는 문맥에 따라 다르다. 2:1-11에서 이 단어는 크게 두 가지로 사용되고 있다. 첫째, 즐거움이나 기쁨 혹은 쾌감을 가져다 줄 것으로 예상되는 사물이나 행위를 가리킨

절에서도 2장 1절 이하와 같은 의미로 사용하고 있는지 본문만으로
는 확실하지 않다. 오히려 1장 16-18절에 나타난 전도자의 관심은
지혜나 어리석음과 같은 철학적, 신학적 물음으로 보여진다. 따라서
이 단락에서 관심을 두고 있는 지혜와 어리석음에 대한 관심은 "해
아래서"(2:11 등) 일어나는 총체적인 영역에 있는 것으로 보는 것이
자연스럽다. 전도자는 그의 모든 연구들에 대해 자신의 지적 추구의
과정 설명을 생략한 채 "바람을 좇는 것"(רעיון רוח[80])이라는 최종 평
가를 내리고 있다. 그리고 곧 이어 18절에서 그러한 평가에 대한 이
유를 속담으로 결론짓고 있다. 이렇게 전도자는 그의 주제를 드러내
기 위하여 결론의 기능을 수행하는 속담 앞에다 הבל 없이 רעיון רוח
를 첨가하고 있다. 16-18절에서 그 관계를 다음과 찾아 볼 수 있다.

  1. 전도자 '나'의 연구보고(16-17절)
    a. 회상(reflection) 장르의 서론 양식(16상ㄱ) – "나는…말하였다"
    b. 그의 주요 연구 대상(16상ㄴ, 16하): 지혜와 지식
    c. 그의 연구 대상 추가(17상): 어리석음과 미친 짓
    d. 연구 결과(17하) – **바람 잡는 일**(רעיון רוח)
  2. 결론: **속담**(18절): "이는 지혜가 많으면 고통이 많고,
                          지식이 늘면 근심도 늘기 때문이다."

다. 여기에서 언급된 것처럼 포도주와 음식, 정원, 음악, 가수, 궁녀 혹은
첩들을 통해 얻는 기쁨 혹은 즐거움이다. 둘째, 좋은 것 혹은 즐거운 것
을 체험함으로써 얻는 내적인 마음의 상태를 가리킨다. 그러나 이 용어
는 결코 행복이나 환희를 뜻하지 않는다고 한다. 왜냐하면 이같은 기쁨
조차 덧없고 무상한 것으로 전도자는 이해하고 있기 때문이다. 박요한영
식, 『코헬렛의 지혜와 즐거운 인생』, pp.104-108; M. Fox, *A Time to
Tear down & a Time to Build up*, pp.113-15.

80) 1:14에서와 마찬가지로 17절 하반절에서도 속담 앞에 רעיון רוח를 첨가
하고 있다.

이 단락에서 전도자가 자신의 지혜 연구를 이야기할 때 그는 17 절에서 목적어 לב과 동사 נתן을 사용한다.[81] 히브리어 렙(לב)은 단순한 감정이 아니라 마음이나 의지 혹은 인격의 중심 부분(시 131:1)을 가리킨다.[82] 17절에서 반복적으로 사용되는 동사 דעי와 같은 어원의 명사 דעת(2번)는 이미 알려진 단순 정보의 축적이 아니라 인생의 관찰과 경험을 통해 얻은 체험적 지식을 의미한다.[83] 이런 단어들을 볼 때 전도자는 예루살렘에서 상당한 지식을 축적했을 뿐만 아니라 어리석음의 영역이라 일컬을 수 있는 다른 종류의 세계를 경험한 사람이라고 추측할 수 있다. 그가 얻은 지혜와 지식은 솔로몬 왕과 비교될 정도로 자신의 관찰을 통해 얻은 다양하고 풍부한 경험과 판단의 능력을 의미할 것이다. 그러나 그의 연구 보고에 따르면 지혜와 어리석음은 우열을 가릴 수 없을 만큼 같은 선상에 놓여 있다는 것이다. 사실 전통적인 지혜 교사들에게 있어서 이 둘의 대조보다 더 엄격한 차이점은 없다. 하지만 전도자의 경우 지혜와 어리석음 사이의 차이는 그리 간단한 문제가 아니므로 그는 지혜와 지식 추구의 의미를 모두 '바람 좇는 일'(רעיון רוח)로 부정하고 있다.

실제로 지혜의 획득과 고통(כעס)과의 관계는 지혜 전승에서 낯선 개념이 아니다(잠 13:24; 22:15). 지혜를 얻기 위한 교육은 고통스러운 과정이지만 그 고통은 선한 목표에 이르기 위해서 필수적이기 때문에 교사는 학생들에게 이 사실을 주지시키면서 격려한다. 지혜는 노동이나 수고 없이 얻어질 수 없으므로 고통은 언제나 수반된다. 그러나 18절의 속담은 그러한 전통적인 지혜 사상에 역행하는 듯하다.[84] 즉 전도자는 지혜의 과정만이 아니라 그의 궁극적인 결과조차

---

81) 1:13, 8:9, 16에서도 같은 표현이 나타나고 있다.

82) G. Ogden, *Qohelet,* p.36.

83) 폭스는 이 때문에 전도자의 연구 방법을 경험론적(empirical)이라고 주장한다. M. Fox, "Qohelet's Epistemology," *HUCA* 58(1987), p.137.

도 고통(כעס, מכאוֹב)을 증가시킬 뿐이라고 결론짓는다. 여기에 사용된 명사 כעס는 걱정(5:6)에서 분노(7:3)에 이르는 폭넓은 감정을[85], מכאוֹב은 슬픔과 고통을 가리키는 단어로서 주로 정신적 고통과 관련이 있다.[86] 전도자가 이런 결론에 이르게 된 것은 그의 경험에 비추어 볼 때 지혜가 결코 인생을 더 좋게도 더 행복하게도 만들지 못함을 깨달았기 때문이다. 그러므로 지혜의 획득은 만족스럽지 못할 뿐만 아니라 무모한 일이기도 하다. 지혜를 알려고 하면 할수록 지혜의 결과는 더 고통스러울 뿐이다. 전도자는 더 많은 지식과 지혜를 얻으려고 연구에 몰두하지만 기대와는 달리 정신적 고통이 증가되었다고 여러 차례 토로하고 있다(12:12). 전도자는 역설적으로 지혜가 자신을 피한다고 표현한 적도 있다(7:23-24).

전도자는 이제 지혜의 추구 과정과 그 결과를 속담으로 총정리하고 있다. 지혜 추구의 과정과 결과는 오히려 비생산적일 뿐만 아니라 고통스러운 일이라는 점에서 파괴적이다.[87] 지혜와 지식이 축적되어도 해결할 수 없는 문제들은 여전히 남아있다. 이 속담의 목적은 18절의 첫 단어, 접속사(כי)에서 분명히 밝혀지고 있다. 이 접속사는 원래 동기절을 이끌지만 여기에서는 앞 절과 연결하여 17절 하

---

84) J. Loader, *Ecclesiastes*, p.26; R. Murphy, *The Tree of Life*, p.14.

85) 명사 כעס는 지혜 문학에서 14번, 시편에서 4번 발견되고 있다. 이 단어는 '흥분,' '혼돈'과 '불편'을 비롯하여 살인에 이를 만큼 위험한 감정을 나타내는 뜻으로 사용되고 있다(욥 5:12). 이런 심리적 상태는 어리석은 자의 특징이다(잠 12:16; 욥 5:2; 전 7:9). G. Ogden, *Qohelet*, p.37; N. Lohfink, "כָּעַס, כַּעַס," *TDOT* 7, pp.283-285; E. Stolz, "כעס.," *TLOT* 2, pp.622-24.

86) J. N. Oswalt, "כָּאַב," *TWOT* 1, p.425.

87) 롱맨(T. Longman Ⅲ, *op. cit.*, p.85)은 다수의 학자들(G. Ogden, 1987, p.37)과는 달리 18절이 앞 절의 결론이 아니라 지혜의 의미를 찾는 과정과 결론을 부정적으로 이해한 것으로서 다음 단락을 위한 출발점으로 보고 있다. 그러나 전도자는 1:18이 아닌 2:1에서 새 주제를 시작하고 있다. 1:16-18과 2:1이하는 서로 다른 주제를 다루는 별개의 단락으로 보아야 할 것이다.

반절에서 내린 결론의 이유를 지원하고 있다. 18절의 속담을 통하여 17절 하반절의 결론이 한층 분명해졌을 뿐만 아니라 인간이 지혜와 지식을 얻는다 하더라도 끊임없이 이어지는 인간의 당혹스러움에 대해 부분적으로 설명해 주고 있다. 접속사 כי는 18절과 17절을 연결해 주고 18절을 최종적인 결론으로 만들고 있다. 특히 이 접속사는 처음이나 마지막에서 강조해야 할 단어나 절을 연결시켜준다.[88] 여기에 사용된 접속사 כי는 말하고자 하는 내용을 확신시켜 주거나 지지해 주는 역할을 보여주는 예이다. כי는 대체로 문장이나 문구를 직접 인용해야 경우에 사용되고 있다는 점을 고려한다면[89] 18절의 속담은 인용되었을 것이라는 개연성이 훨씬 높아진다. 그렇다고 하여도 이 속담이 다른 문헌이나 구전에서 인용된 것인지 아니면 전도자의 것인지 결정하기는 여전히 어렵다.[90]

18절의 속담은 인간 행동에 대한 구체적인 안내를 제시하지 않지만 통찰력을 얻으면 얻을수록 더 힘들어진다는 의미를 전하고 있다. 그러므로 궁극적인 지혜와 지식의 획득은 단지 바람을 좇는 것처럼 허망하고 소득이 없다. 비록 전도자가 왕의 뛰어난 지혜와 위치를 가졌다 하더라도 그는 아직도 세계의 질서를 변경할 수도, 그 자신의 유한성을 향상시킬 수도 없다. 이러한 통찰력은 전도자가 그의 진지

---

88) 뮐렌버그는 구약성서에 나타나는 약 4,500회의 כי 용법을 연구한 결과 כי는 대체로 다양한 종류의 문학 장르에서 사용되고 있으며 특히 강조를 목적으로 하는 경우에 주로 사용되고 있음을 발견한다. J. Muilenburg, "The Linguistic and Rhetorical Usages of the Particle 'כי' in the OT," *HUCA* 32(1961), pp.135-60.

89) 창 21:30; 29:33; 출 3:12; 4:25; 수 2:24; 삿 6:16; 삼상 2:16; 10:19. *Ibid.*, p.144.

90) 고디스와 롱맨 그리고 화이브레이는 18절을 기존의 잠언을 인용한 것으로 간주하는 반면 롱맨은 인용인지 창작인지 결정하는 일이 불가능하다고 주장한다. R. Gordis, *Koheleth*, p.214; R. Whybray, *Ecclesiastes*, p.52; T. Longman III, *Ecclesiastes*, p.85.

한 연구로부터 터득한 지혜의 단면이다. 고대의 전통 지혜에 따르면 지혜는 반드시 행복과 번영을 보상해 주는 것으로 되어 있다(잠 2:10; 3:13-18). 역으로 어리석음에 굴복하는 자는 자멸(잠 5:9-14)이나 고통 (잠 12:16; 17:25; 27:3)을 겪게 되어 있다. 전도자는 이러한 전통적인 가정을 그의 경험에 준하여 논리적 논쟁으로 이끌었고, 결국 지혜의 한계를 솔직하게 고백하고 있다. 그러나 전도서의 다른 본문들을 참고할 때 전도자가 지혜 자체를 결코 포기하려는 것은 아니고, 지혜의 현실적 한계를 강조하려는 데 그의 의도가 있다(전 9:13-18).[91]

이렇게 전도자 '나'는 이 단락(1:16-18)에서 지혜 혹은 지식 추구와 그 결과를 현실에 비추어 논의하고 있다. 그는 지혜 획득의 전통적인 가치와 결과를 회의(懷疑)하고 있다.[92] 전도자는 이 과정을 간결하게 약술한 후 그의 부정적 결론을 그의 독창적인 문구 רעיון רוח ("바람 좇는 일")로 미리 예시하고 곧 이어서 속담으로 마무리하고 있다. 여기에서는 속담 주변에서 자주 발견되는 הבל은 나타나지 않고 רוח רעיון만이 18절의 속담과 함께 지혜와 지식의 획득이 오히려 고통의 증가를 가져오는 현실적 한계를 충분히 전달해 주고 있다. 나아가 이 속담은 지혜를 찾는 모든 인간들의 지적 활동에 적용되어 인생의 지혜 추구라는 고귀한 시도나 노력조차도 무가치할 수 있다는 의미로서 독자들이나 청중들의 동의를 구하거나 설득하고 있다.

3) 4장 5-6절

הַכְּסִיל חֹבֵק אֶת־יָדָיו וְאֹכֵל אֶת־בְּשָׂרוֹ:

טוֹב מְלֹא כַף נָחַת מִמְּלֹא חָפְנַיִם עָמָל (וּרְעוּת רוּחַ) :

---

91) R. Murphy, *The Tree of Life*, pp.14-15.

92) J. Loader, *Ecclesiastes*, p.26.

112

5   어리석은 자는 자기 양손을 동이고 자기 살을 뜯어먹는다

6상 한 손에 가득하고 평화로운 것이

     양손에 가득하고 수고하는 것보다 낫다.

6하(바람을 좇는 것이로다).93)

  5절과 6절 상반절에서 서로 다른 내용의 속담이 연이어 나타나고
있다.94) 이 두 속담은 작게는 단락 4-6절95)에 속해 있다. 서로 종합
대구를 이루는 5절 첫 행의 주어 כְּסִיל는 둘째 행의 주어가 되고,
목적어를 취한 두 개의 분사 חֹבֵק와 אֹכֵל이 각각 서술어로 사용되고
있다.96) 5절에는 모음 압운('아', '에', '오')97)이 발견되고 첫 단어는

---

93) 개역과 공동번역 그리고 새번역 성경은 6절 하반절의 바람 좇는 것(רְעוּת רוּחַ)
    과 6절 중반절의 수고(עָמָל)를 6절 상반절의 평안(נַחַת)과 대비를 이루는 것으
    로 번역하고 있다. 즉 רוּחַ רְעוּת을 속담의 일부로 간주하고 있다. 그러나 6
    절 하반절은 독창적이면서도 독립적인 문구로서 6절 상, 중반절에 대한
    전도자의 주석으로 보는 것이 자연스럽다. 더욱이 6절 하반절을 제외시켜
    야 6절 상, 중반절은 간결하고 규칙적인 리듬이 보강된다. 이 해석은 머피
    가 지지해 주고 있다. R. Murphy, *Ecclesiastes*, p.31.

94) 존슨과 로우더를 비롯한 소수의 학자들만이 6절을 속담에서 제외시키
    고 있다(부록에 있는 도표 1을 참조하라).

95) 옥덴은 양식과 숫자의 사용에 있어서 4:1-12은 매우 독특한 단락이라고
    한다. 4:4-6은 4:1-12 안에 들어있는 세 개의 단락 중의 하나라고 한다
    (1-2절, 4-5절, 7-8절). 여기에서 전도자가 관찰한 것은 공동체에 있는
    억압(3:16과 유사)과 수고와 의미없이 일하는 인생에 관한 것이다. 세
    개의 관찰(1, 4, 7절)은 3, 6, 9절에서 각각 비교 잠언으로 결론지어진
    다. 각 결론은 비교 잠언과 수학적인 주제(1이나 2라는 숫자를 사용)라
    는 두 가지 특징을 지닌다. 따라서 옥덴은 이런 공통점에 따라 4장
    1-12절을 1-3절, 4-6절, 7-9절, 10-12상반절, 12절 하반절로 세분화하고
    있다. G. Ogden, *Kohelet*, p.65; G. Ogden, "The Mathematics of Wisdom:
    Qoheleth IV 1-12," *VT* 34(1984), pp.446-47.

96) 존슨은 5절 상반절과 5절 하반절이 서로 대구의 관계가 아니라고 한다.
    하지만 내용적으로 5절 하반절이 5절 상반절의 행동을 완성하는 종합
    관계에 있으며 문법적으로 일치하면서 3·2조의 운율을 갖추고 있다. R.
    F. Johnson, *op. cit.*, p.114.

97) חֹבֵק / אֹכֵל / שְׂארוֹ('에,' '오'), יָדָיו / שְׂארוֹ('아')

모두 공통적으로 후음(א, ה, ח)을 사용하고 있다. 또한 3·2조의 짧고 간결한 문체[98] 그리고 게으른 자를 자기 살을 뜯어먹는 것에 비유한 풍자적 이미지는 속담의 조건을 충족시키고 있다. 5절은 내용적으로 잠언서와의 유사성(잠 6:9-11; 10:4; 12:24; 19:15; 20:13; 24:30-34) 때문에 대체로 인용으로 간주되고 있다.[99] 이같은 내용과 문학적 특징을 볼 때 5절은 게으름을 비난하는 두 행의 익숙한 속담이다. 1장 15절, 18절에서 그랬듯이 4장 4절에서도 그의 독특한 문구 הבל과 רוח רעות로 그의 부정적인 의도를 표시하고 있다.

6절 역시 전도자가 즐겨 사용하는 문구(רעות רוח)[100]를 생략할 때 운율(4·3조)과 대구법이 개선되어 속담의 간결성을 도와준다. 여기에서 כף(1번)와 חפנים(2번)의 수(數) 비교와 מלא의 반복과 모음 압운('아'와 '오')[101]과 같은 문체적 특징을 발견할 수 있다. 무엇보다 6절은 전도자가 선호하는 상대적 가치를 표현하는 비교 잠언으로서, 전도서에서 자주 발견되는 "……이……보다 더 좋다"(מן……טוב) 형식의 속담이다.[102] 그러나 전도서의 다른 비교 잠언과는 달리 여기에서는 비교 잠언 다음에 나오는 동기절(כי 혹은 אשר)이 발견되지 않는다.[103] 비교 잠언은 전도서에서 전도자 자신의 궁극적인 견해를

---

98) 5절 하반절의 주어 생략을 감안한다면 운율은 훨씬 좋아진다.

99) R. Whybray, "The Identification and Use of Quotations in Ecclesiastes," *Congress Volume Vienna 1980*, pp.439-41.

100) 이 문구나 혹은 이와 유사한 רעיון רוח는 전도서에서 주로 הבל과 함께 자주 사용되고 있으며 예외적으로 여기에서만 단독으로 사용되고 있다. 이들은 속담의 사용과 위치적으로 매우 밀접하게 연결되어 있다. 1장 14절과 17절에서 그러했듯이 특히 속담이 결론의 기능을 사용되었을 경우 주로 그 앞 혹은 뒤에서 속담의 주장을 지원해 주고 있다.

101) טוב / מלא / חפנים / כף('오'), כף / נחת/חפנים / עמל / עמל('아')

102) 비교 잠언은 독일어 Tob-Spruch에서 첫 자음을 따와서 T-S 잠언이라고 불리고 있다. 옥덴은 מן……טוב 형태의 비교 잠언을 모두 15개 찾아내고 있다(4:3, 6, 9, 13; 5:4; 6:3하, 9; 7:1상, 2, 3, 5, 8상; 9:4, 16, 18). G. Ogden, *The "Tob-Spruch" in Qoheleth*(1975), p.54.

114

밝히는데 자주 사용되는 양식104)인데, 6절의 비교 잠언 역시 이 단락을 결론짓는 기능을 하고 있다.

5절과 6절 상반절의 두 속담은 4장 4절에서 전도자 '나'가 인간의 '수고'(עָמָל)와 '성공'(כִּשְׁרוֹן)105)에 대해 제기한 문제의 해결책이라고 할 수 있다. 이 단락(4:4-6)의 핵심어 עָמָל(4, 6절)과 כִּשְׁרוֹן(4절)106)은 설명을 필요로 한다. 먼저 히브리어 עָמָל은 전도서에서 자주 반복되는 단어로서 인간의 수고와 노동과 같은 활동 혹은 그 결과를 의미한다.107) 그러나 이 단어는 결코 하나님을 주어로 사용하지 않는다. 전도자는 수고의 문제에 집중하면서 이를 미워한다고 하지만(2:18-23), 그는 역설적으로 인간은 수고(עָמָל) 안에서 즐거움을 찾아야 한다고

---

103) R. E. Johnson, *op. cit.*, p.115.

104) T. Longman Ⅲ, *op. cit.*, p.138; G. Ogden, "The Better-Proverb(Tob-Spruch), Rhetorical Criticism and Qoheleth," *JBL* 96(1977), pp.504-505.

105) עָמָל과 כִּשְׁרוֹן은 후대 히브리어와 아람어에서 자주 사용되는 용어들인데 히브리 성경에서는 전도서(2:21; 5:10; 10:10; 11:6)와 에스더(8:5)와 시편(68:7)에서만 제한적으로 발견되고 있다. 슈어즈는 이 두 단어가 4장 4절 하반절의 כִּי 이하의 주어가 되며 전도자의 핵심어라고 말한다. R. Gordis, *Koheleth*, p.240; T. Longman Ⅲ., *op. cit.* p.136; C-L. Seow, *Ecclesiastes*, p.137; A. Schoors, "The Verb ראה in the book of Qoheleth," p.235.

106) כִּשְׁרוֹן은 구약성경 가운데 전도서 2:21, 4:4, 5:10에서만 발견된다: 문맥에 따라 그 의미가 조금씩 다른데, 처음 두 본문에서 이 단어는 기술 혹은 성공으로, 마지막 경우에 יתרון처럼 성공 혹은 이익의 뜻으로 מה־와 함께 수사 의문문으로 사용되고 있다. יתרון은 전도자가 선호하는 용어로서 전도서에서만 14회 발견되고 있다. 대체로 '이익'이라는 의미로 번역되고 있다. 폭스는 전도서에 사용된 이 용어의 의미를 첫째는 비교되었을 경우 유리한 점(2:13(2번); 3:19; 5:8; 6:8, 11; 7:11, 12; 10:10, 11)으로, 둘째는 경제적인 이익(1:3; 2:11; 3:9; 5:15)으로 구분하고 있다. R. Murphy, *Ecclesiastes*, p.5; M. Fox, *A Time to Tear down & a Time to Build up*, pp.112-13; G. Ogden, "Qoheleth's Use of the 'Nothing is Better'-Form," *JBL* 98(1979), p.347 각주 26.

107) 이 단어는 전도서에서 모두 33회 언급되고 있다. G. Ogden, *The "Tob-Spruch" in Qoheleth*, 1975, p.194; R. Murphy, *Ecclesiastes*, p.xxix.

도 말한다(2:24). 왜냐하면 그 수고는 인간의 몫이기 때문이다(3:22; 5:18-20; 8:15). 다음으로 כִּשְׁרוֹן은 거의 전도서에서만 사용되고 있으며, 4장 4절에서 볼 수 있듯이 עָמָל과 밀접하게 연결되어 있다. 이 단어는 인간의 노력(עָמָל)을 통해 이룩한 성취나 업적을 가리키며,108) 더 나아가 식욕처럼 인간의 욕구를 충족하는 의미로도 사용되고 있다(5:10). 이 단어의 동사 형태(כָּשֵׁר)가 전도서에서 2회 발견되고 있는데(10:10; 11:6), 모두 성공이나 업적과 관련되어 있다. 전도자에 따르면 인간의 모든 수고의 동기는 열심이나 질투(קִנְאָה)109)에서 비롯되고 있다. 말하자면 인간이 수고하는 것은 바로 이웃과의 경쟁 의식 때문이다.110) 인간은 다른 사람들보다 더 나아지고 싶다는 의지가 없으면 일하려는 의욕이나 성취도 없다는 것이다.111) 전도자의

---

108) כִּשְׁרוֹן에 대해 폭스는 4:6에서는 기술(skill)로, 5:11에서는 '성공'으로 각각 달리 이해하고 있다. 그러나 4:6과 5:11 모두 '기술'보다는 '성공' 혹은 '이익'이라는 의미가 문맥상 더 적절해 보인다. M. Fox, *A Time to Tear down & a Time to Build up,* pp.99, 220.

109) 히브리어 קִנְאָה는 이사야 11:13에서 '경쟁'의 의미를 지닌다. 여기에서 수고와 성공과 경쟁 사이의 관계를 살펴보면, 수고와 성공은 시기와 질투를 일으키는 원인이다. 지혜 전승에서 קִנְאָה는 언제나 자기 파괴적인 행동의 동기로 이해되고 있다(잠 6:34; 14:30; 27:4; 욥 5:2). 인간의 노력과 질투 사이의 관계는 이미 고대 지혜 세계에서도 확인된 것이다(잠 14:30). C-L. Seow, *Ecclesiastes,* p.179.

110) 이 상황은 주전 3세기 프톨레미 왕국의 지배를 받은 유대에 적용될 수 있다고 한다. 프톨레미 왕국의 경제 활동은 심각한 경쟁 구조에 바탕을 두고 있는데, 특히 4장 1절은 낮은 계층들이 겪는 경제적 억압을 반영하는 것으로 보고 있다. 그 경제적 압박이 너무 심했기 때문에 심지어 지혜로운 자들조차도 경쟁으로 인해 방황했을 것이라고 추측한다. R. Whybray, *Ecclesiastes,* pp.115-16; A. Schoors, "Qohelet: A Book in a Changing Society," *OT Essays* 9(1996), p.80.

111) 폭스는 6절의 עָמָל은 다른 본문에서 주로 '노동과 같은 수고'의 의미를 지니는 것과는 달리 재산 또는 수입을 의미한다고 주장한다. 왜냐하면 손에 가득하다는 것은 행동보다는 소유를 의미하기 때문이다. 그러나 전도자의 관심이 4절 이후의 문맥상 인간의 성취와 업적에 있으므로 עָמָל을 유형적인 재산만이 아니라 물질적인 소득을 비롯한 모든 종류의

116

이러한 관찰은 "마음의 화평은 육신의 생명이나 시기는 뼈의 썩음이
니라"(잠 14:30)에서 나타나는 전통적인 지혜 전승과도 일치하고 있
다. 뿐만 아니라 비교 의식은 사람으로 하여금 파괴적인 행동을 유
발시킨다(잠 6:34; 27:4; 욥 5:2). 결국 사람들은 경쟁적으로 일하게
되고, 그렇기 때문에 사람들은 압박을 받고 불안하게 살게 된다. 전
도자는 이러한 경쟁적 현실을 그의 독특한 문구 הבל과 רעות רוח로
비판하고 있다(4하, 6하). 그리고 1장 15절이나 18절과 마찬가지로
그의 이러한 부정적 평가에 이어 5절과 6절의 두 속담을 대안으로
내놓고 있다.

5-6절의 두 속담은 언뜻 볼 때 전도자가 4절에서 제기한 경쟁의
무모함 때문에 인간의 무노동 혹은 최소한의 활동만을 옹호하고 있
는 것으로 오해될 수 있다. 그러나 이것은 그의 의도가 아니다. 5절
의 속담은 어리석은 자(כסיל)[112]의 게으름을 묘사하는 속담으로서 전
통적 교훈을 상기시키고 있다. 5절 상반절의 "어리석은 자는 자신의
양손을 동이고 있다"라는 표현[113]은 종종 '잠을 잔다'거나 게으름을

무형적인 인간의 성취와 업적까지도 포함한다고 이해하는 것이 더 자
연스러워 보인다. K. Farmer, *Proverbs & Ecclesiastes*, pp.164-65; M.
Fox, *A Time to Tear down and a Time to Build up*, p.221.

112) 화이브레이는 잠언서의 것과 거의 구별할 수 없을 만큼 유사한 잠언을
전도서에서 8개 찾아내고 있다(2:14상; 4:5, 6; 7:5, 6상; 9:17; 10:2, 12).
이 본문들이 모두 잠언서의 것과 비슷하지만 전도서와 더 공통되는 부
분이 있는데, 즉 어리석은 자에 대한 용어가 כסיל만 사용된다는 점이다.
잠언서에서 발견되는 '어리석은 자'에 대한 용어들은 כְּסִיל, אֱוִיל, פֶּתִי,
נָבָל처럼 다양하지만 전도서에서는 כסיל만 사용되고 있다. Whybray, "The
Identification and Use of Quotations in Ecclesiastes," *op. cit.*, p.438; T.
Donald, "The Semantic Field of 'Folly' in Proverbs, Job, Psalms, and
Ecclesiastes," *VT* 13(1963), pp.291-92.

113) 긴스부르그, 고디스와 머피는 5절의 속담은 어리석은 자는 아무 것도
하지 않으며 먹기만 한다는 뜻으로 보고 있다. 따라서 5절은 4절을 지
지하는 말로써, 노력이란 단지 질투만 일으킬 뿐, 게으르고 어리석은
자는 가난뱅이도 되지 않고 여전히 잘 먹을 수 있음(בְּשָׂרוֹ)을 의미한다

언급할 때 사용되는 문구이다(잠 6:10; 24:33). 분사형 חֹבֵק와 כִּסָל은 어리석은 자의 전형적인 게으른 모습을 묘사한다.114) 어리석은 자는 나태함과 게으름을 선호하며, 그 때문에 가난하게 된다(잠 6:9-11; 10:4; 12:24; 19:15; 20:13; 24:30-34). 그들은 먹을 식량이 없을 만큼 가난하기 때문에 자신의 살을 뜯어먹을 수밖에 없을 것이라고 한다. 어리석은 자에게 자기 살을 뜯어먹는 것으로 비유한 것은 게으른 자의 파멸을 생생하게 묘사하기 위해서일 것이다(시 27:2; 사 49:26). 4절에서 전도자는 경쟁과 질투에 기인한 인간의 노력과 성공은 가치가 없다고 선언한 바 있다. 그러나 그는 곧이어 5절에서 그런 이유 때문에 인간의 노력이 부족하면 자멸하게 된다는 사실을 독자들이나 청중들에게 간결한 문장으로 된 속담으로 상기시킨다. 이를 보면 전도자는 수고와 성공하기 위해 기울이는 노력을 무조건 부정적으로 평가하거나 거부하는 것은 아니다.115) 전도자가 비판하는 것은 그 당시 많은 사람들이 지나친 경쟁심 때문에 성공만을 위해 살아가는 비뚤어진 모습이다.116) 이러한 사회적 환경은 어느 특정 시대나 사

고 한다. 그러나 בְּשָׂרוֹ를 "그의 음식"라고 번역할 수 있는지 의문스럽다. 명사 בָּשָׂר는 전도서에서 4번 더 나타나는데, 언제나 인간의 몸을 나타내지 결코 음식에게 적용되지 않고 있다(2:3; 5:6; 11:10; 12:12). 히브리 성경에서 이 용어는 소유격과 함께 97회 사용되고 있는데 언제나 인간의 몸 혹은 몸의 일부를 가리킨다. 그렇다면 5절에서 전도자는 게으른 자의 파멸을 자기 살을 뜯어먹는 이미지로 그리고 있다. 게으르고 어리석은 자는 모든 면에서 스스로를 소진시키면서 자멸한다(시 27:2; 잠 30:14; 사 49:26)는 뜻으로 보아야 할 것이다. C. Ginsburg, *Coheleth*, pp.324-25; R. Gordis, *Koheleth*, p.240; R. Murphy, *Ecclesiastes*, p.31.; C-L. Seow, *Ecclesiastes*, p.179.

114) G. Ogden, *Qohelet*, p.68.

115) 이와 유사한 사고가 잠언서에 자주 나타나고 있다(잠 6:10, 6-11; 10:4; 12:29; 18:9; 19:15; 20:13; 24:33-34).

116) 드 용은 전도자의 저작 배경으로서 프톨레미 왕국의 지배아래 헬라 문화의 영향권에 있는 유대인들을 염두에 두고 있다. 그 당시 프톨레미 왕국은 헬라 문화의 우월감과 낙관주의가 팽배해 있었고, 귀족들은 최

118

회에만 해당되는 것이 아니라 정도는 다르지만 어느 시대에든 어렵
지 않게 발견할 수 있는 현상으로 보아야 무방할 것이다.

전도자의 최종 대안은 본 단락의 마지막 절(4:6)인 비교 잠언으로
된 속담에 있다. 그의 메시지는 소유는 적지만 휴식이 있는 평화로
움(נחת)이 있는 적절한 노동이 가장 바람직하고 유익하다는 것이다.
6절 상반절의 속담은 많은 수고와 노력을 통해 얻어진 두 손 가득한
소유보다 한 손에 만족하는 여유와 평온을 유지할 수 있는 정도의
노동과 적당한 소유를 지향하는 것이다. 여기에서 נחת[117)]이란 단어
는 성공 혹은 성취의 목표를 향해 쉬지 않고 일만 하는 것에 대한
대안적 제시이지 5절의 어리석은 자처럼 무노동이나 게으름을 선호
하기 위한 것이 아니다(11:1-6). '한 손 가득'(מלא כף)[118)] 곧 적은
양을 소유했음에도 불구하고 경쟁과 비교로부터 자유로운 상태에서,
걱정과 근심(잠 15:16; 16:8; 17:1) 대신 평화와 쉼(전 6:5; 9:17; 잠
29:9; 사 30:15)에 비중을 두는 것을 말한다. 인간은 모든 것을 가질

고의 것들을 경쟁적으로 소유하려는 정신으로 특징지어졌다. 이러한 시
대정신은 유대 땅에도 영향력을 끼쳐서 주전 3세기 유대의 지배 계층
들은 헬라적 사고와 관습을 맹목적으로 받아들였고 부의 축적과 사회
계층의 상승 욕구를 강하게 지니게 되었다. 그들의 경제적 노력과 사회
적 성공에 대한 욕구는 헬라 왕국의 귀족들과 다르지 않았다. 드용은
바로 이런 사회적 분위기를 전도서는 반영하고 있다고 주장한다. 한편
시아우는 드 용과는 달리 전도자의 독자들은 귀족이나 부자들이 아니
라(10:16-20) 가난하지는 않지만 가난을 두려워하고 현재의 소유를 즐
길 수 없을 만큼 사회적 상승 욕구를 강하게 가진 페르시아 시대의 소
작농, 중산층과 같은 평범한 서민들이라고 한다. C-L. Seow, *Ecclesiastes*,
pp.26-28; S. de Jong, "Qohelet and the Ambitious Spirit of the Ptolemaic
Period," *JSOT* 61(1994), pp.90-94.

117) 임승필이 번역한 공동 번역에서 9장 17절에서 נחת가 "조용한 말"로, 6
장 5절에서 "안식"으로 번역되고 있음은 이 단어가 단순히 무활동이
나 무노동 이상의 의미를 지니고 있음을 말해준다. C-L. Seow, *Ibid.*,
p.188; 임승필,『룻기, 아가, 코헬렛(전도서), 애가, 에스델』, pp.94, 106.

118) 히브리어 מלא כף는 매우 작은 양을 말한다(왕상 17:12). C-L. Seow,
Ecclesiastes, p.180.

수도 없고 아무 것도 하지 않을 수도 없다. 그러나 '한 손에 가득
한'(כַף מְלֹא)이라는 표현처럼 적게 가질 수는 있다. 전도자는 높은
성취 욕구 때문에 지나친 노동에 시달리는 사람들의 딜레마를 노동
과 쉼의 절충으로 해결하고, 이를 속담으로 표현하고 있다.[119]

6절에 앞서 사용된 5절의 속담은 전도자가 그의 의도가 왜곡될
것을 염려하여 조심스럽게 내놓은 것이다.[120] 이에 대하여 폭스(Fox)
는 5절의 속담은 4절에서 6절에로 전개되는 주석적 반전을 위해 보
충적으로 첨가된 것으로 보고 있다.[121] 그렇게 될 때 5절은 성공과
수고에 대한 지나친 경쟁과 노동을 피한다는 핑계로 나태하게 살게
될 것을 우려하여 전도자의 결론을 위한 중간 위치를 확보해 준 것
이다. 이렇게 5절의 속담은 저자의 의도가 잘못 전달될 오해를 불식
하기 위한 보충 설명으로서 다음 6절의 속담을 자연스럽게 연결시켜
주고 있다. 이것은 단지 4절에서 지나친 경쟁심으로 성취한 성공의
무의미를 הבל과 רעות רוח로 평가했기 때문에 혹시 전도자가 게으름
을 장려한다는 독자들이나 청중들의 오해를 막으려는 것이다. 전도
자는 속담의 이러한 의미를 강조하고 자신의 결론을 돋보이도록 רוח
רעות를 6절의 속담 다음에 한번 더 반복하고 있다. 여기에서도 역시
רוּת רֵעוּת 는 속담과 긴밀하게 연결되어 있음을 발견할 수 있다.[122]

---

119) J. Loader, *Polar Structures in the Book of Qohelet,* p.91.
120) R. B. Y. Scott, *Proverbs, Ecclesiastes,* p.225.
121) 로젠달은 5절의 기능이 단락의 핵심에 놓여 있다고 하지만 본문의 전
후 문맥을 살펴보면 전도자의 의도가 왜곡되지 않게 하려는 것이지 전
도자의 궁극적인 결론은 아니다. M. Fox, *A Time to Tear down and a
Time to Build up,* p.221; B. Rosendal, "Popular Wisdom in Qohelet," *In
the Last Days,* p.127.
122) 여기에서는 רעות רוח만 사용되고 있지만 1:2-6: 9에서 이 문구는 הבל과
함께 자주 언급되고 있다. R. Murphy, *Ecclesiastes,* p.38; R. Whybray,
"The Identification and Use of Quotations in Ecclesiastes," *Congress
Volume Vienna* 1980, pp.440-41.

이렇게 비교 잠언의 양식을 지닌 6절의 속담은 전도자의 최종 결론이다.[123] 그는 4절에서 지나친 노동을 반박했지만 5절에서 결코 게으름을 옹호하거나 권장하는 것이 아니다. 5절에서 게으름의 우려를 표현한 것은 전도자가 6절에서 선호하는 지나친 휴식(נחת)을 의식한 나머지 나태하게 될 것을 염려했기 때문이다. 6절은 4-5절의 극단적 상황을 현실적으로 절충하고 적당한 노동과 휴식이야말로 가장 필요하고 유익하다는 사실을 말해준다. 과다한 일과 게으름은 어느 것도 유익하지 않다. 그러므로 그의 메시지는 경쟁에 의한 수고와 성공은 무의미한 일이므로 그의 대안으로 평온을 유지할 수 있을 정도의 적절한 수고를 권고하고 있다.

이처럼 속담으로 분류된 5절과 6절은 본 단락(4:4-6)에서 서로 다른 내용을 지니고 있다. 양식에 있어서 5절은 게으른 자를 자기 살을 뜯어먹는 것에 비유한 속담인 반면 6절은 비교 잠언(T-S 잠언)으로서 한 손과 두 손을 각각 쉼과 지나친 수고로 비유한 속담이다. 전자는 6절의 오해를 사전에 방지하고 이 단락의 최종적인 결론인 6절의 속담에로 자연스럽게 이어주고 있다. 전도자는 지나친 경쟁으로 치달은 소유의 극대화나 게으름으로 발생한 가난 모두를 경계하고 있다. 한 쪽은 소유와 성공을 위하여 밤낮 없이 노동하고 다른 한 쪽은 행동

---

123) 헤르츠베르크(H. Hertzberg)는 4:4-6을 "예 그러나 잠언"(Zwar(Z)-Aber(A) Tatsache =)의 원리로 구분한다. 이 원리는 전도서에서 널리 사용되는 방식으로 서로 다른 주제나 견해를 지정함으로써 모순된 제안을 해결하려고 고안된 것이다. 이 구조에서 하나의 진술이 일반적인 견해를 표현하고 두 번째 진술은 첫 번째를 진실로 선포하지만, 단 제한된 관점으로만 선포한다. 그는 전도서에서 그러한 예들을 다음과 같이 찾아내고 있다: 1:16(Z)와 17이하(A); 2:3-10(Z)와 11(A); 2:13-14상(Z)와 14하 이하(A); 3:11상(Z)와 11하(A); 3:17(Z)와 18이하(A); 4:13-16상(Z)와 16하(A); 7:11이하(Z)와 7(A); 8:12하-13(Z)와 14-15(A); 9:4하(Z)와 5(A); 9:16상(Z)와 16하(A); 9:17-18상(Z)와 18하, 10:1(A); 10:2-3(Z)와 5-7(A). M. Fox, *A Time to Tear Down and a time to Build up*, p.16, n.25, 재인용.

이 더디고 게으른 사람이다. 둘 모두 현실 세계에서 쉽게 발견할 수 있는 현상으로서 어리석은 사람들이다. 게으른 자와 지나치게 수고하는 자 모두 서로 다른 이유이지만 자신을 해치기 때문이다.

이 점에서 전도자는 분명히, 분쟁이 있는 훌륭한 식사보다 평화가 있는 검소한 식사를 더 선호한다는 전통 지혜와 동조하고 있다(잠 15:16; 16:8; 17:1). 그 때문에 그는 작은 것에 만족하면서 평화롭게 사는 것이 부를 얻는 것보다 더 나으며 부와 성공을 위한 지나친 야망은 너무 많은 수고와 노력이 수반되기 때문에 진정한 즐거움이 없다고 결론짓는다. 이것은 지나친 지혜의 증가가 고통을 증가시킨다는 1장 18절과 같은 맥락에서 이해할 수 있을 것이다. 이처럼 5절과 6절의 두 속담들은 '지나친 노동과 성공을 경계하라!'에 대한 전도자의 적절한 결론이라 할 수 있다. 이러한 메시지를 지닌 이 단락(4:4-6)의 구조는 다른 속담들의 경우처럼 매우 규칙적이다. 즉 전도자 '나'는 일인칭 보고서의 양식으로 두 개의 속담 전후에 הבל(4:4)과 רעות רוח (4:4, 6)의 문구를 덧붙임으로써 그가 내린 결론을 강조하고 있다.

4) 4장 9절 상반절, 4장 12절 하반절

טובים השנים מן־האחד
והחוט המשלש לא במהרה ינתק:

9상 둘이 하나보다 낫다.
12하 세 겹줄은 쉽게 끊어지지 않는다.

고정된 양식을 지니지 않는 속담의 유동성 때문에 전도서에 나타난 속담의 범위가 학자들 사이에서 일치되고 있지 않다. 따라서 소수의 학자들만이 9절 상반절을 속담에 포함시키고 있는 반면 12절 하반절은 거의 예외 없이 속담으로 분류되고 있다.124) 하지만 9절 상반절과 12절 하반절은 모두 본 논문에서 정의한 속담의 조건을 충족시키고 있다.125) 9절 상반절은 전도서에서 단지 세 단어로 구성된 한 행의 가장 짧은 문장으로서, 모음 '이'가 반복되는 압운법의 특징이 있다. 또한 산술적 의미 이상을 지닌 숫자 2와 1의 비교는 많은 상황에 적용할 수 있는 통용성을 높이고 있다. 12절 하반절 역시 한 행으로 된 단순한 문법 구조인 주어와 동사의 이미 널리 알려진 간결한 속담으로 보여진다.126) 내용적으로 12절 하반절이 9절 상반절보다 숫자의 증가 외에는 거의 차이가 없는 이 두 절은 1, 2, 3과 같은 숫자를 가진 수(數) 잠언에 속한 속담이다.

두 개의 이 속담은 전도자 '나'의 관찰로 시작하는 단락 4:7-12 안에 위치해 있다. 그러나 때로는 이 단락은 두 주제를 다루고 있다는 이유로 두 개의 단락(4:7-8, 4:9-12)으로 분리되기도 한다.127) 그러나 7-8절과 9-12절을 한 단락으로 취급해야 할 공통점들이 있다. 첫째, 핵심어 עמל(8-9절)과 숫자(1, 2128), 3)가 양쪽에 다 있다. 둘째, 주제가 공통된다. 곧 두 부분 모두 혼자의 삶과 공동체적인 삶의 대조를 통해 혼자보다는 둘 이상을 선호하고 있다. 무엇보다 9-12절은 7-8

---

124) 부록에 있는 도표 1 참조.

125) 이들은 비록 위치적으로 떨어져 있지만 한 주제를 담은 단락(4:7-12) 안에서 발견되므로 함께 다루려고 한다.

126) 화이브레이는 이 두 속담을 '짧은 속담'(short popular saying)이라 칭하고 있다. R. Whybray, *Ecclesiastes*, p.32.

127) 화이브레이와 롱맨은 7-8절과 9-12절은 주제의 연속성이 없다고 여기고 이들을 별도의 단락으로 분리하고 있다. 전자는 자수 성가한 사람의 성공을, 후자는 성공을 위한 협동의 필요성을 강조하는 것으로 보고 있다. R. Whybray, *Ecclesiastes*, pp.85-87; T. Longman III, *The book of Ecclesiastes*, pp.136-40.

128) 이 단락에서 2라는 숫자가 모두 5번 나오고 있다(שׁני 8, 10절; שׁנים, 9, 11, 12절).

절의 관찰에 대한 제안을 설득하기 위해 그 주제에 대한 예화들을 나열하고 이를 기초로 결론짓고 있다. 그러므로 9절 상반절과 12절 하반절의 두 속담은 4:7-12 안에서 그 의미와 기능을 찾아야 할 것이다.

새 주제를 다루는 이 단락의 시작인 7절은 일인칭 대명사(אֲנִי)와 함께 동사 שׁוב (שַׁבְתִּי)를 사용하고 있다. 이 표현은 이미 1절에서도 발견되기 때문에 이 동사가 '다시' 혹은 '또'(again)로 번역되기도 한다.129) 그러나 이런 해석은 본문의 내용상 적절해 보이지 않는다. 왜냐하면 전도자는 지금까지 앞에서 고독한 사람을 주제로 언급한 적이 없기 때문이다. 오히려 전도자는 다른 주제에로의 이동을 표시하고 있는 것으로 보고 이 문장을 '내가 곰곰이 생각해보니'와 같은 의미로 해석해야 할 것이다.130) 전도자는 이어서 자신의 관찰을 보고하기 위해 동사 ראה를 사용하고 있다.131) 동사 ראה는 실험, 경험 혹은 실제적인 지식을 표현하는 데 자주 사용된다. 즉 단순히 눈으로 보는 시각적 효과 이상으로 인간 생활의 현실을 경험적으로 실험하는 것을 의미하는 것으로써 전도자 자신이 실제로 고민하고 관찰했던 문제였음을 말해주고 있다.132) 이 단락 안에서 발견되는 두 속담의 관계와 그것의 기능을 파악하기 위해서 이 속담이 속한 단락의 구조를 분석할 필요가 있다. 이 단락을 다음과 같이 분해할 수 있다:

---

129) 개역, 표준새번역과 임승필 번역은 이를 헛된 것에 '또'를 첨가해 또 다른 형태의 헛됨(הבל)을 강조하는 것으로 번역하고 있다. 임승필, 『룻기, 아가, 코헬렛(전도서), 애가, 에스델』, p.88.

130) כָּנִיתִי אֲנִי(2:11, 12), סַבּוֹתִי(2:20), תַּרְתִּי(2:3)도 역시 4:1, 7의 שַׁבְתִּי처럼 새로운 주제로 그의 관심을 이동할 때 주로 사용되고 있다. M. Fox, *Qohelet and Contradictions*, p.201; A. Schoors, "The verb ראה in the Book of Qoheleth," *Jedes Ding hat seine Zeit ……*, p.235.

131) 3:10, 16; 4:1; 5:12(13), 17(18); 6:1; 7:15; 8:10; 9:11, 13; 10:5.

132) A. Schoors, "The Verb ראה in the Book of Qoheleth," *op. cit.*, p.241.

Ⅰ. 전도자 '나'(אֲנִי)의 관찰(7-8)

  A. 주제: 고독한 사람(7)

  B. 그의 현재 모습(8상)

  C. 평가 - הבל(8하)

Ⅱ. 전도자의 결론(9-12)

  A. 첫째 속담(9상): "둘이 하나보다 낫다"

  B. 예화(9하 - 12상): 좋은 성과, 사고 발생, 정서 안정, 공격시

  C. 둘째 속담(12하): "세 겹줄은 쉽게 끊어지지 않는다"

    전도자 '나'(אֲנִי)는 이 단락에서 끊임없이 수고(עמל)하지만 외롭게 사는 한 사람을 주의 깊게 관찰하고 이를 보고하고 있다.[133] 여기에서도 전도자는 수고의 문제에 관심을 두고 있다. 그러나 전도자의 관심은 수고 자체보다는 그 수고의 동기와 의미에 있다. 전도자가 관심을 둔 사람은 아들도 없고, 딸도 없고, 친구도 없는 고독한 사람이다. 그가 이 사람을 묘사할 때 8절에서 אֵין을 세 번씩 반복한 것은 고독의 상태와 수고의 동기 부재와 고독의 강도를 높이기 위해서일 것이다. 함께 살 가족도, 함께 나눌 친구[134]도 없으면서도 그 사람은 부(富, עֹשֶׁר)를 축적하기 위해 쉬지 않고 일한다. 그런 덕택에 그는 어느 정도 부를 축적한다. 그럼에도 불구하고 그는 자기 성취와 '부'에 만족하지도 즐거워하지도(טוֹבָה) 않는다. 더구나 그는 일하는 목적조차 생각하지 않는다. 이것이 전도자가 관찰하고 있는 고독한 사람의 모습이다. 전도자 '나'는 그 고독한 사람에 대해 7절 하반절에서 '나는 הבל을 보았다'고 묘사한다. 그는 이어서 8절에서는 고독한 사람이 목적도 만족도 없이 부를 추구하는 그의 인생 과정에

---

133) 크렌쇼는 그 이유를 탐욕 때문이라고 힌다. J. Crenshaw, *Ecclesiastes*, p.110.

134) 우정의 의미를 다룬 성경 본문으로는 신 13:6, 삼상 18:1, 삼하 1:26, 잠 17:17, 18:24, 27:6, 집 6:5-17, 37:1-6을 들 수 있다.

대해 '헤벨'(הבל)에다 도덕적으로 악하다는 의미의 히브리어 '라'(רע)
를 덧붙여 평가하고 있다. 이제 전도자의 결론이자 대안이 9절에서
"둘이 하나보다 낫다"는 속담으로 제시되고 있다.

이 속담은 전도자가 7-8절에서 제기한 한 남자가 겪고 있는 문제
에 대한 해결책으로 제시된 것이다. 옥덴(Ogden)은 불쑥 끼워진 9절
상반절의 비교 잠언은 전도서에서 현재 삶에 관한 전도자의 생각을
알아내는데 중요한 기준이 된다고 주장한다.[135] 갑작스런 죽음도 의
식하지 않고 맹목적으로 일하면서 고독하게 홀로 사는 사람은 어리
석은 자임을 전도자는 지적하고 있다. 그러나 적어도 가족이나 친구
가 있으면 그 고독한 상황과 삶의 의미는 달라지게 된다. 이처럼 9
절 상반절의 속담은 7-8절에서 제기한 고독한 사람의 해결책으로써
독자들이나 청중들로 하여금 그의 제안에 동의를 구하고 이를 결단
하도록 하고 있다. 이 속담은 두 사람 이상의 공동체적인 삶의 가치
를 상대적으로 높이 평가하고 이를 격려하기 위해서이다. 이처럼 9
절 상반절은 전도자 '나'가 관찰한 세계에서 희망을 위한 대안이자
그의 결론이다. 그 결론은 공동체적인 삶의 양식이 혼자보다 낫다는
상대적 가치를 비교 양식의 속담으로 표현하고 있다.[136]

전도자는 유형이든 무형이든 그의 소유 곧 지혜, 지식, 기술과 재산
등[137]을 자신이 아닌 다른 사람에게 남겨주어야 하는 사실을 고민한
적이 여러 번 있다(2:18, 21 등). 이 단락의 8절에서 두 번이나 언급

---

135) G. Ogden, *The "Tob-Spruch" in Qoheleth*(1975), pp.200-201.

136) 이런 일반적 이해와는 달리 고디스는 9절의 속담 인용과 주석은 표면
상으로는 우정의 중요성을 인정하는 것 같으나 실제는 가족 생활의
이익을 단지 몇 개의 사소한 이익에만 제한하고 있는 것으로 보고 있
다. 따라서 이 본문은 전도자가 우정의 상대적 우월성을 표현하려는
것이 아니라는 해석을 내놓고 있다. 그러나 이같은 주장은 근거가 없
을 뿐만 아니라 지나치게 자의적이다. R. Gordis, *Koheleth,* p.242.

137) 전도자는 인간의 성취를 בִּשְׁרוֹן, דַּעַת, חָכְמָה(1:16; 4:4 등)로 표현한
바 있다.

126

된 '수고'(עמל)는 인간의 노력을 포함한 그의 모든 활동을 말한다.[138) 전도자에 따르면 일에서 얻어진 소득을 다른 사람과 나누지 않으면 그 생은 의미와 가치가 없다.[139) 일의 한계를 긋고 또 그 이익을 다른 사람과 나눌 때 그 일은 가치가 있다. 그러므로 전도자는 9절에서 혼자가 아닌 두 사람이 더 낫다고 말하는 것이다. 왜냐하면 두 사람은 피차의 것을 나누고 서로 도울 수 있기 때문이다. 전도자는 그 이유를 구체적인 예화를 통해 설명하고 있다. 9절 하반절의 אשר와 10절 처음에 사용된 접속사 כי는 10-12절을 9절 상반절과 서로 연결시키면서 둘이 하나보다 나은 이유를 상황에 따라 제공해 준다. 나아가 4장 10절-12절 상반절은 한결같이 אם으로 시작하는 세 개의 조건절과 미완료 동사를 사용하면서 둘이 하나보다 낫다는 9절 상반절의 속담을 실증해주는 예화들이다. 모두 고독한 삶과 대조되는 공동체적인 삶의 상대적 우월성을 단적으로 증명해 주는 이야기들이다.

첫 예화는 여행하고 있는 두 사람 가운데 한 사람이 사고로 구덩이에 빠지게 되는 상황을 묘사하고 있다. 만일 그 사람이 사고를 당하게 될 때 그는 동료의 도움을 받을 수 있기 때문에 그 위험이나 손상을 최소화할 수 있다. 여기서 여행과 같은 특수한 정황을 예로 들고 있지만, 이는 주변에서 언제든지 만날 수 있는 여러 상황에 적용될 수 있다.[140) 둘째 실례 역시 여행에서 예상치 않은 추위를 만나는 상황인데, 만일 두 사람이 있다면 각자의 체온으로 서로의 몸을 따뜻하게 할 수 있다. 셋째 이야기는 두 사람이 공격을 받게 될

---

138) M. Fox, *Qohelet and His Contradictions*, p.203; M. Fox, *A Time to Tear down and a Time to Build up*, p, 223.

139) 2:18-23에서 전도자는 자신의 수고로 얻어진 소득을 다른 사람과 나눌 수밖에 없는 현실을 한탄하고 있다. 이 본문과 4장 9절 상반절이 서로 상이한 것은 전도자가 현실에서 일어날 수 있는 다양한 상황들을 관찰한 데서 비롯된 것이지 그의 사고가 결코 모순되거나 충돌되기 때문은 아니다.

140) T. Longman III, *op. cit.* p.142.

경우 두 사람은 혼자보다 심리적으로나 물리적으로 우세하기 때문에
대처 능력도 그만큼 증가된다는 것을 말하고 있다. 위의 세 예화에
서 상상할 수 있듯이 가족이나 친지들이 함께 공동의 삶을 살게 되
면 위기의 상황에서 즉 사고를 당할 때, 추울 때, 공격을 받을 때
생기는 위험은 줄이고 도움의 기회는 넓힐 뿐만 아니라 함께 사는
기쁨도 증가된다. 이제 전도자는 최종적으로 다시 한번 9절 상반절
과 같은 내용의 "세 겹줄은 쉽게 끊어지지 않는다"는 속담을 12절
하반절에 덧붙임으로써 그 메시지를 확고히 다지고 있다.

　12절 하반절의 속담은 양식적으로나 내용적으로 9절 상반절의 속
담과 다르지 않다. 단지 셋(3)이라는 숫자가 첨가되었을 뿐이다. 하나
보다는 둘이 좋다. 그렇다면 셋은 얼마나 더 좋으랴! 여기에서 '세
겹줄'(הַמְשֻׁלָּשׁ וְהַחוּט)이란 표현은 인간관계의 결속력을 강조하기 위하
여 언급되었을 것이다.[141] 그러나 숫자 3, 2, 1이라는 표현은 둘이 하
나보다 많고 셋이 둘보다 많다는 단지 숫자의 많고 적음을 비교하는
것이 아니라,[142] 혼자와 공동체의 대조적인 사실을 상징적으로 표현
하고 있는 것이다.[143] 이 숫자들은 산술적 혹은 절대적인 수적 가치
를 초월하여 지원 혹은 도움이 가능한 공동체적 상황을 대변해 주고
있다.[144] 전도자는 그가 제기한 문제의 결론인 협동 혹은 협조와 같
은 공동체적인 삶의 유익을 강조하기 위하여 쉽게 동의를 구할 수
있는 속담을 한번 더 사용하면서 이 단락을 마무리하고 있다.[145]

---

141) *Ibid.*, p.144.

142) C-L. Seow, *Ecclesiastes*, p.189; G. Ogden, *Qohelet*, p.70; R. Murphy,
　　　Ecclesiastes, p.42.

143) G. Ogden, "The Mathematics of Wisdom: Qoheleth Ⅳ 1-12," *VT* 34(1984),
　　　pp.452-53.

144) G. Ogden, *Ibid.*, p.453.

145) 이 속담은 길가메쉬 이야기에서도 발견된다. 길가메쉬 104의 표현이
　　　전도서의 것과 매우 유사할 뿐만 아니라 전후 내용도 비슷하다. 아마

128

전도자는 고독한 사람의 삶을 관찰한 후 고독의 문제를 협동과 협조가 바탕이 된 공동체적인 삶으로 해결하려고 한다. 그는 독자들이나 청중들에게 이 문제를 효과적으로 설득하기 위하여 같은 내용을 담은 속담(9상, 12하)과 그 중간에 이를 예증하기 위한 예화(8, 9하 - 12상)를 들려주고 있다. 9절 상반절과 12절 하반절의 속담은 모두 전도자 '나'의 관찰 결과에 대한 최종적인 결론이라는 기능을 지닌다.[146] 이처럼 우정과 협조를 권고하는 두 개의 속담은 본 단락 안에서 서로 떨어져 있지만 함께 이 단락의 메시지를 강화하고 있다. 9절 상반절과 12절 하반절의 속담은 의미상 거의 차이가 없고 단지 숫자를 높임으로써 상징적인 강도를 높이고 있을 뿐이다. 한 가지 덧붙일 수 있는 것은 9절 상반절이 8절에서 소개한 고독한 사람의 문제를 해결하기 위한 한 사람을 위한 결론이라면 12절 하반절은 9절 하반절에서 12절 상반절까지의 예화들을 통해 독자들이나 청중들의 전폭적인 동의를 얻어내기 위한 보편적인 원리라고 할 수 있다.

억압과 지나친 경쟁과 물질 추구의 세계에 살고 있는 전도자 '나'는 자서전 문체로 푸념하듯이 그 세계에 대한 불평과 비판을 쏟아낸다. 이 세계에서 혼자 사는 삶은 어렵고 고통스럽다. 그리고 고독하다. 그는 이러한 현실을 8절에서 그의 특징적인 문구인 **הבל גם-זה**로

도 이 속담은 전도자가 길가메쉬에서 직접 인용하였거나 아니면 그의 직접적인 출처는 알 수 없지만 독자 / 청중들이 익히 알고 있는 속담이었을 것이다.
103. 친구는 결코 죽지 않는다, 견인된 배는 결코 가라앉지 않는다.
104. 누구도 세 겹으로 짠 밧줄을 끊을 수 없을 것이다
("The three-ply cloth will not be cut.")
105. 벽이 보호해 주기에 누구도 떠내려가지 않을 것이다. S. Kramer(tr.), "Gilgamesh and the Land of the Living," *Ancient Near Eastern Texts relating to the OT*(ed. by J. B. Pritchard; Princeton, New Jersey: Princeton University Press, 1969), p.49.

146) R. Johnson, *op. cit.,* p.87; T. Hart, "Qoheleth Looks at Friendship," *The Bible Today* 32(1994), p.78.

간략하게 평가한 후 곧 이은 속담 사용을 통해 그의 최종적인 메시지를 표현하고 있다. 만일 그 짐을 혼자가 아닌 두 사람 이상이 서로 나누어질 수 있다면 그 상황은 달라진다. 지나친 노동과 욕심 때문에 일어난 고독의 문제에 대한 대안을 전달하기 위해서 전도자는 사람들이 쉽게 동의할 수 있는 속담을 그 해결책으로 내놓고 있다. 그는 독자들이나 청중들에게 익숙한 속담인 "둘이 혼자보다 낫다"와 "세 겹줄은 쉽게 끊어지지 않는다"를 결론으로 제언한다. "해 아래에서" 삶을 함께 나눌 동료들과 함께 더불어 산다는 것은 이기적이고 고독한 삶을 극복하기 위해 가장 현명하고 합리적인 방안이기 때문이다.

5) 6장 7절, 9절 상반절

כָּל־עֲמַל הָאָדָם לְפִיהוּ וְגַם־הַנֶּפֶשׁ לֹא תִמָּלֵא :

טוֹב מַרְאֵה עֵינַיִם מֵהֲלָךְ־נָפֶשׁ :

(גַּם־זֶה הֶבֶל וּרְעוּת רוּחַ)

7 그 사람의 모든 수고는 자기 입을 위한 것이지만
   그 욕심은 채워지지 않는다.
9상 눈으로 보는 것이 욕심을 좇는 것보다 낫다.
9하 (이 조차 헛된 일이요 바람 잡는 일이다)

7절과 9절 상반절의 두 속담은 '부(富)의 무가치'라는 주제를 다루는 단락인 5장 9절－6장 9절의 결론이다. 5장 12절, 17절과 6장 1절의 רָאִיתִי에 나타나는 전도자 '나'는 이 단락에서 일인칭 보고 양식으로 '부'의 문제를 계속 논의하고 있음을 알려준다. 이제 전도자는 그의 관찰과 경험을 바탕으로 '부'에 관한 논쟁을 6장 7-9절에서 마무리짓고 있다. 이 세 절은 이 단락 전체의 결론으로서 그의 서론인

130

5장 9-11절[147])처럼 속담과 주석을 반복하고 있다. 곧 속담(7절)과 주
석(8절)과 속담(9절 상반절)과 주석(9절 하반절)이 차례로 나온다. 더
욱이 이 단락의 결론 부분은 서론 부분과 내용적으로 대칭 구조[148])
를 이루고 있어 단락 전체의 구조가 매우 논리적으로 구성되어 있음
을 보여주고 있다. 이 단락의 서론과 결론의 차이점은 전도자의 관
심 범위에서 찾아볼 수 있는데, 서론에서는 부자에 집중하는 반면,
결론에서는 그 대상을 모든 사람 곧 수고하는 사람, 지혜로운 자, 어
리석은 자와 부자와 가난한 자에게 확대하고 있다.

　이제 속담으로 분류되는 6장 7절과 6장 9절 상반절의 의미와 기
능을 살펴보자. 먼저 6장 7절은 주변의 산문 문장과는 구별되는 운문
양식의 3·3조의 운율을 갖춘 간결한 속담이다.[149]) 그 문장의 의미가
사실적이고 함축적이다. 이어서 8절에서 전도자가 던진 מה־יותר[150])로
시작하는 두 개의 수사 의문문은 그의 비판적 주석을 담고 있다. 이

147) 속담들로 구성된 5:9-11은 전도서에서 유일하게 한 단락의 서론의 기
　　 능을 지니고 있다. 본 논문의 79-91쪽 참조.
148) 이 단락의 서론과 결론이 되는 5:9-11과 6:7-9에서 다루는 주제들은
　　 같다. 곧 부나 가난(5:9, 10, 11, 12, 13, 14, 18; 6:2, 8), 만족, 휴식 혹
　　 은 즐거움(5:9, 10, 11, 12, 16, 17, 18; 6:2, 3, 5, 6, 7, 9), 덧없음(5:9,
　　 13; 6:2, 3, 6, 9)과 "무슨 이익이 있는가?"(5:10, 15; 6:8)라는 것들이
　　 그 공통된 주제이다. D. Fredericks, "Chiasm and Parallel Structure in
　　 Qoheleth 5:9-6:9," JBL 108(1989), p.20.
149) G. Barton, The Book of Ecclesiastes, p.135.
150) מה־יתרון은 전도서에서 모두 3번 나타난다(1:3; 3:9; 5:15). 여기에 나타난
　　 מה־יותר는 약간 변형된 형태로서 전도서에서 모두 3번 발견되고 있다
　　 (6:8(두번), 6:11). 6장 8절에서 외형적으로는 מה־יותר가 1번 나타나고 있
　　 지만 8절 하반절에서 יותר는 생략된 채 מה־만 나타나고 있다. 폭스는 이
　　 둘의 의미를 서로 구분하고 있다. 즉 폭스는 יתרון과 יותר가 같은 의미로
　　 사용되고 있지만 문맥 안에서 מה־יתרון은 비교적인 측면에서 '낫다'라는
　　 의미를, 반면에 מה־יותר는 '이익'의 의미를 지닌다고 주장한다. 그러나
　　 그 정확한 의미가 무엇이든 전도자는 부정적인 대답을 이미 전제하고
　　 수사학적으로 이익의 부재나 부정적 가치를 강조하고 있다. M. Fox, A
　　 Time to Tear down and a Time to Build up, p.112.

단락의 마지막 9절 상반절 역시 눈으로 보는 것(ראה)과 욕망을 좇는 것(הלך)이라는 두 행동을 대조적으로 묘사한 비교 양식의 속담이다. 이 속담은 4·4조의 규칙적 리듬을 지닌 주변의 산문과 구별되는 운문 양식의 비교 잠언이다. 여기에서 모음 압운(모음 '아'와 '에')의 빈번한 사용을 발견할 수 있다. 그러나 이 속담이 인용된 것인지 혹은 전도자의 창작인지 본문만으로 결정하기는 어렵다.151) 마지막으로 전도자는 다른 곳에서 속담들을 사용할 때와 마찬가지로 그 독특한 문구 גם־זה הבל과 רעות רוח을 덧붙이면서 속담의 의미와 그것을 통한 자신의 견해를 강조하는 것을 잊지 않는다.152) 7절과 9절 상반절의 속담은 5장 9절–6장 9절의 서론(5:9-11)에서 제기한 '부'의 문제에 대한 전도자의 입장을 최종적으로 정리한 것이다.

7절153)의 속담으로 돌아가 보면 여기에 사용된 단어 '입'(פה)은 먹고사는 생존의 문제를 비유한 것으로써 노동(עמל)의 이유를 설명하기 위한 것이다.154) 그러나 그 입은 단순히 식생활만을 말하는 것이 아니라(5:11) 소유에 대한 모든 욕망을 총체적으로 표현하고 있다. 이 단어(לפיהו)의 소유격 어미, 3인칭 남성 대명사는 이 단락에서 계속 관심의 대상인 부자이거나 혹은 6장 6절의 스올(מקום אחד)155)을 지칭

---

151) 화이브레이 역시 9절 하반절의 비교 잠언이 인용되었을 것이라는 가능성을 말하지만 확신하지는 않는다. R. Whybray, "The Identification and Use of Quotations in Ecclesiastes", *op. cit.,* pp.437-38.

152) 이 표현은 9절 이후 다시 나타나지 않고 있다. 라이트는 10절 이후에는 그 대신 "누가 알겠는가?," "알지 못한다" 혹은 "발견하지 못한다"와 같은 문구들이 나온다는 사실에 주목한다. A. Wright, "The Riddle of the Sphinx: The Structure of the Book of Qoheleth," *CBQ* 30(1968), pp.313-34.

153) 이 속담의 중요 단어들(טוב, ראה, הלך, נפש)은 이미 6:1-8에서도 발견되는 것으로써 앞에서 제기한 문제를 상기시키고 있다.

154) "허기진 배가 일하게 만들고 그 '입'이 사람을 몰아세운다"(잠 16:26)에서도 이와 비슷한 표현을 발견할 수 있다. M. Fox, *A Time to Tear down and a Time to Build up,* p.99.

155) J. Crenshaw, *Ecclesiastes,* p.128; R. Whybray, *Ecclesiastes,* p.107.

하는 것으로 볼 수 있다. 그러나 6장 7절은 5장 9절에서 시작한 단락의 마지막 결론 부분으로서 그것의 관심 범위가 부자만이 아니라 모든 사람에게로 확대되고 있다. 또한 נפש 역시 배고픔 혹은 식욕이라는 기본적 의미를 지니는156) 동시에 지적인 욕구(잠 13:25; 16:24; 23:2; 27:7)를 포함한, 인간의 모든 욕구를 의미하기도 한다.157) 그러므로 נפש는 게걸스러운 식욕뿐만 아니라 그 이상의 욕구 혹은 욕망을 가리킨다(6:3, 7, 9). 7절에서 נפש와 함께 사용된 부사 גם은 결코 인간의 욕구가 충족되지 않는다는 사실을 강조하고 있다(5:10; 6:3). '부'(富)의 이러한 속성은 부자를 포함해서 '부'만을 좇는 모든 사람들의 행복을 파괴할 뿐만 아니라 사회적으로도 부정적인 영향력을 미치고 있다.

결코 채워지지 않는 욕망을 지닌 '부'(富)의 속성을 다룬 7절의 속담이 언뜻 보기에 직접적인 관련이 없어 보이는 8절로 인해 잠시 중단되고 있다. 내용적으로는 7절에서 9절로 이어지는 것이 더 자연스러워 보이지만 전도자는 7절에 이어서 8절에서 그의 특유의 두 수사 의문문을 덧붙이고 있다. 전도자가 그의 독특한 문구인 הבל과 혹은 רעות רוח를 함께 사용하여 속담의 의미를 의도적으로 강조하는 것처럼 8절의 두 개의 수사 의문문은 속담 주변에서 그와 같은 효과를 지니고 있다.158) 이 의문문은 부의 부정적 특성을 재차 강조하기 위한 것이다. 전도서에서 자주 언급되는 헤벨(הבל)은 수사 의문문이 사용되는 근접 위치에서 무려 13회나 나타나고 있다.159) 이를테면 이

---

156) 사 56:11; 58:10; 렘 50:19; 겔 7:19; 시 63:6; 107:9.

157) R. Gordis, *Koheleth*, p.260; G. Ogden, *The "Tob-Spruch" in Qoheleth*, 1975, p.206.

158) 이 단락의 서론에서도 속담 다음에 수사 의문문이 덧붙여지면서 그의 부정적 성격이 강조되고 있다(5:10하).

159) 굿 역시 헤벨은 전도자의 수사 의문문과 밀접하게 관련되어 있다고 관찰한 바 있다. E. Good, "Qoheleth: the Limits of Wisdom," *Irony in the*

는 수사 의문문과 속담의 관계도 매우 밀접하다는 사실을 동시에 말
해주는 것이다. 이렇게 수사 의문문의 사용은 가끔씩 지루한 논리
전개 과정에서 독자들이나 청중들에게 속담의 의미를 증가시켜 주는
효과를 가지고 있다. 최창모는 수사 의문문은 주제를 전개하는 과정
에서 전환점을 제공해 주기 때문에 방심하는 독자들이나 청중들에게
지렛대의 지지대(fulcral moment)를 제공해 준다고 설명한다.160) 그러
므로 의미상 거의 부정적인 대답을 기대하고 던지는 수사 의문문은
הבל 혹은 그와 유사한 문구들과 거의 같은 수사학적 효과를 가지고
있으며, 역시 속담과도 밀접한 관계를 맺고 있다.

8절 상반절의 첫 수사 의문문에서 전도자는 지혜로운 자가 어리
석은 자보다 '이로운 것이 무엇이냐?'(מה־יותר)고 묻는다. 여기에서
칼 분사형 יותר는 다른 곳에서 발견되는 יתרון과 동의어로서 '이익'이
라는 의미로 사용되고 있다.161) '정말로' 혹은 '정녕'으로 해석되는 8
절의 첫 번째 단어 כי는 '이익'의 부재의 이유를 분명하게 설명하기
위한 접속사이다.162) 그러나 8절 상반절의 수사 의문문이 지혜의 상
대적 유익을 전적으로 부인하는 것은 아니다.163) 단지 지혜로운 자
라고 하여 절대적인 이익을 얻을 수 있는 것이 아님을 지적하는 것
이다. 지혜로운 자는 물질을 소유하기 위한 욕망을 절제하는데 있어

OT, p.179; R. Johnson, *The Rhetorical Question as a Literary Device in Ecclesiastes*, p.237.

160) 최창모, *op. cit.*, p.137.

161) 비교, 1:3; 3:9; 6:8, 11; 7:11. יותר는 문맥에 따라 다른 의미를 가진다. 2:15, 7:16에서는 יותר가 부사로 '매우,' '지나치게'라는 의미로, 12:9, 12에서는 '더욱이,' '더 나아가'라는 접속사로 사용되고 있다. G. Ogden, *Qohelet*, pp.94-95; M. Fox, *A Time to Tear down and a Time to Build up*, p.112 각주 6.

162) J. Crenshaw, *Ecclesiastes*, p.128; J. Muilenburg, "The Linguistic and Rhetorical Usages of the Particle 'כי' in the OT," *HUCA* 32(1961), p.144.

163) 2:12-13와 비교해 보라.

서도 어리석은 자와 다르지 않고, 어리석은 자보다 더 만족한 삶을 사는 것도 아니다. 이처럼 전도자는 '부'의 문제에 있어서 지혜로운 자와 어리석은 자 사이의 차별성을 부인한다. 이런 견해는 전통적인 관점에서 볼 때 매우 낯선 것이다.

  같은 맥락에서 8절 하반절의 둘째 수사 의문문은 좀 더 구체적으로 지혜의 이점에 대해 의문을 던지고 있다. 먼저 8절 하반절의 첫 단어 מה는 8절 상반절의 מה־יותר를 상기시킨다. 이것은 8절의 두 개의 수사 의문문이 서로 대구를 이루는 초기 형태의 단축형이다.[164] 문법 구조상 8절 하반절의 능동 분사 '아는 사람'(יודע)은 '가난한 사람'(עני)을 설명하는 관형구이다. 여기에서 그 '아는 사람'(יודע)이란 인생 앞에서 '걸을'(הלך) 줄 아는 사람이다. 이 '가난한 사람'은 8절 상반절의 חכם[165])과 대구를 이루고 있으므로 지혜로운 사람과 동일시할 수 있다. 그런데 히브리어 עני는 실제로 전도서에서 매우 드물게 발견되는 용어이다. 왜냐하면 전도자는 가난한 자에 대해 עני보다는 오히려 מסכן을 주로 사용하고 있기 때문이다. מסכן은 전도서에서만 나타나기 때문에 이 단어의 정확한 의미를 파악하기는 어렵지만 아마도 왕과 가난한 사람(מסכן)을 대조한 전도서 본문에서 그 의미를 추측해 볼 수 있을 것이다.[166] 이 두 계층들을 살펴보면 아마도 מסכן은 지혜로운 사람이지만 사회, 경제적으로 가난한 상황 때문에 업신여김을 받는 사람에게 적용될 수 있는 단어인 듯하다.[167] 70인역은 이 용어를 '페네스'(πένης)로 옮겨 적고 있다. 이 단어는 생존을 위해 일하는 육체노동자를 가리키는 말로서 사회, 경제적인 측면의 궁핍한 사람을 가리킨다.[168] 반면에 히브리어 עני는 일반적으로 이스라엘 사회의 약자

---

164) G. Ogden, *Qoheleth*, p.95.

165) *Ibid.*, p.128.

166) 4:13; 9:13-16과 비교해 보라.

167) W. R. Domeris, "מִסְכֵּן," *NIDOTTE* 2, pp.1001-1002.

들 곧 토지를 소유하지 못한 과부, 고아, 나그네 등에 대한 총칭어이
다. 그러나 이 용어는 '당연한 빈곤'(deserved poverty)에 대해서는 결
코 사용되지 않고 대신 강제로 약탈당하여 가난하게 될 수밖에 없는
상황으로 말미암은 가난을 지칭한다. 특히 시편에서 이 단어는 하나
님의 강력한 간섭과 도움을 필요로 하는 사람들과 하나님의 약속을
받은 사람들에게 적용되는 등 폭넓게 사용되고 있다.169) 한편 그 가
난한 사람을 수식하는 הלך라는 동사는 대체로 '행동하다', '처신하다'
는 의미를 지니고, 올바른 생활 영위, 즉 사회적 지위의 고수, 자기
욕망의 억제, 예절 바름 혹은 바른 처세술을 가리킨다.170) 그러므로
여기에 עני는 자신의 행동을 제대로 지킬 줄 아는 가난한 사람이다.
크렌쇼(J. Crenshaw) 역시 가난한 사람을 수식하는 '사람 앞에서 걷는
다'(להלך נגד החיים)는 표현은 '성공적으로 행동하는 것'에 대한 숙어
로 이해하고 있다.171) 휘틀리(C. Whitley)는 이 점을 감안하여 עני를
어떻게 행동해야 하는지를 아는 '학식있는 사람'(intelligent men)으로
번역하고 있는데, 그 이유를 분명하게 밝히지 않고 있다.172)

한편 8절 하반절의 עני는 어원적 혹은 역사적으로만 이해할 것이
아니라 이 단락의 주제와 함께 생각할 필요가 있다. 왜냐하면 이 단
락(5:9-6:9)의 주요 문제가 인간의 욕구와 부(富)의 문제이니 만큼 עני

---

168) C. Lloyd, "מִסְכֵּן," *TWOT* 1, p.517; R. Gordis, *Koheleth: The Man and His World*, p.243; F. Hauch, "penes, penichros," *TDNT* 6, pp.37-40; E. Bammel, "ptochos, ptocheia, ptocheuo," *TDNT* 6, pp.888-915.

169) 시편 14:6; 25:18; 31:8; 40:17(18); 102:1; 119:53; 욥 30:16과 비교해 보라. 그러나 침멀리는 여기의 가난한 자가 시편에서 자주 언급되는 지혜로운 자와 동의어로 볼 수 있는지 아니면 경제적인 측면의 무산자(無産者)인지 분명하지 않다고 한다. W. 침멀리, 『잠언, 전도서』(박영옥 역), p.313; W. Dumbrell, "עני," "עני," *NIDOTTE* 3, pp.454-64.

170) T. Longman Ⅲ, *Ecclesiastes*, p.173.

171) J. Crenshaw, *Ecclesiastes*, p.129.

172) C. Whitley, *Koheleth: his Lanuage and Thought*, p.59.

136

를 이들과 결부시킬 필요가 있기 때문이다. 7절의 속담을 통해 전도자는 인간의 소유욕이 결코 충족되지 않는다는 사실을 언급한 바 있다. 이것을 경고하는 전도자가 기대하는 지혜로운 사람은 그런 무한정의 욕심을 자제할 줄 수 있는 사람이다. 그렇다면 전도자에게 있어서 지혜로운 사람이라면 그런 소유욕을 자제하고 경제 활동을 스스로 제한시킬 수 있어야 한다. 그러므로 지혜로운 사람은 지나친 욕심을 부리지 않고 경제 활동을 제한하기 때문에 경제적으로 가난할 수밖에 없다. 부는 지혜의 산물로 주어지는 것인 만큼 지혜와 부의 관계는 매우 밀접하게 연결되어 있는 전통 지혜와 상반되고 있다.[173] 전도자는 지나친 욕심과 지나친 수고에 의한 고독한 삶을 지양하고 이를 경고하고 있다. 그러므로 전도자에게 있어서 가난은 과욕을 부리지 않는, 즉 절제된 경제 활동으로 인한 자발적인 결과물로 볼 수도 있다.[174] 그러나 전도자는 지혜의 그런 결과에 대해서도 역시 회의적이다. 전도자는 8절 상반절에서 지혜로운 자가 어리석은 자보다 나은 것이 없다고 반문하듯이 8절 하반절에서도 다시 가난한 자가 삶의 지혜를 갖고 있다는 것이 무슨 유익이 있겠느냐고 묻는다. 전도자는 지혜를 지녔으나 가난할 수밖에 없게 된 삶을 지혜로운 사람의 진정한 모습으로 인정하지 않는다.

이와 같이 8절의 두 수사 의문문은 서로 대구를 이루고 있고, 이들은 7절과 9절 상반절의 속담과 밀접하게 연결되면서 부에 대한 무한한 욕망의 문제를 한층 심각하게 부각시키고 있다. 8절의 수사 의문문의 효과는 지혜로운 자에 대해 일반적으로 인식된 이익(יתרון)을 부정하는 것이다. 지혜로운 자도 가난한 자도 모두 근본적으로 충족될 수 없는 배고픔을 지녔다는 점에서 공통점을 지니고 있다. 가난

---

173) 잠 3:13-24; 15:6; 21:20 등.
174) 지혜가 있으나 가난한 사람을 언급한 9:13-16과도 연관해 볼 수 있다. 여기에 사용된 히브리어는 경제적으로 가난하다는 의미의 מסכן이다.

한 자는 실질적인 배고픔이요 지혜로운 자는 지혜에 대한 배고픈 욕구일 것이다. 그 욕구의 공통점 때문에 지혜로운 자와 가난한 자는 깊은 유대를 맺게 되고 어쨌든 지혜로운 사람은 성급하게 자화자찬을 할 수 없다.[175] 경제적으로 가난한 사람이 삶의 지혜가 있다 하여도 업신여김을 받게 되고 그의 말은 전혀 설득력이 없다는 사실을 전도자는 지적하고 있다(9:16). 그러므로 지혜로운 사람의 지혜나 인생을 아는 가난한 사람의 앎 혹은 절제도 역시 이익이 없다고 결론 지을 수밖에 없다.[176] 이 관찰을 기초로 전도자는 9절의 속담으로 그의 최종적인 결론을 내리고 있다.

전도자는 7절에서 식욕 내지는 욕망(נֶפֶשׁ)이 결코 충족되지 않는 점을 주지시킨 바 있다. 그러므로 전도자는 9절에서 욕망을 좇는 일(הֲלָךְ־נָפֶשׁ)을 포기할 것을 권고한다. 전도자는 הלך이라는 동사를 종종 죽음을 언급할 때 은유적으로 사용하곤 한다(1:4; 2:14; 3:20; 6:4, 6; 9:10; 12:5).[177] 예를 들면 전도서의 몇 군데에서 보듯이, 즉 '어둠 속으로 돌아가고'(הלך, 6:4), '한 곳으로 간다'(הלך, 6:6)는 표현은 죽음을 연상시키고 있다. 때문에 휘틀리(C. Whitley)와 화이브레이(R. Whybray)도 이 동사와 함께 사용된 נפשׁ를 영혼 혹은 생명으로 간주하고, הלך־נפשׁ라는 표현을 세상을 떠나는 것, 즉 '죽음'을 언급하는 것으로 이해하고 있다.[178] 따라서 휘틀리는 9절 상반절을 '인생을 떠나는 것보다 순간의 즐거움이 더 좋다'로 번역하고 있다. 실제로 이 번역은 9장 4절의 의미와 일맥상통하고 있다. 그러나 6장 4절과 8절 하반절에서 동사 הלך은 인생의 과정에 초점을 두고 있으며, 7

175) W. 침멀리, *op. cit.,* p.313.
176) 만일 8절 하반절의 가난한 사람은 인간의 욕심을 억제하기 위해 경제 활동을 제한해서 비롯된 것이라면 인간의 욕심을 '절제'한 사람으로 보아야 할 것이다.
177) C-L. Seow, *Ecclesiastes,* p.215.
178) C. Whitley, *op. cit.,* p.60; R. Whybray, *Ecclesiastes,* p.109.

138

절에서 명사 נֶפֶשׁ가 영혼이나 생명이 아닌 욕구 혹은 욕망으로 번역되고 있다는 사실은 삶의 종착지인 죽음이 아닌 삶의 과정에 더 강조를 두고 있음을 감안해야 할 것이다. 이러한 불일치를 해소하기 위해 화이브레이는 6장 9절과 6장 7절은 서로 관계가 없다는 제안을 하지만[179] 설득력이 약하다.[180] 적어도 여기에서 נֶפֶשׁ הֹלֵךְ라는 표현은 인생에서 만족과 의미를 위한 노력과 수고와 관련이 있으므로 사람들은 언제나 자신의 욕구를 충족하기 위해 욕망을 좇는 것으로 이해하는 것이 적절해 보인다. 9절에서 נֶפֶשׁ를 다시 언급하고 있다. 전도자는 이 단락의 지속적인 관심인 부(富)를 향한 인간의 욕구와 불만족의 문제에 집중하기 위해서이다. 8절에서 볼 수 있는 것처럼 그 욕구의 주체는 지혜로운 자와 가난한 자를 포함한 모든 사람이다. 마찬가지로 9절 상반절의 비교 양식의 속담 역시 이 단락의 마지막 절에서 최종적으로 부자와 지혜로운 자를 포함한 모든 인간이 선택해도 좋은 실리적인 가치를 제시하고 있다.

그러므로 전도자는 '욕구를 좇으며 사는 일'(הֹלֵךְ-נֶפֶשׁ)을 지양(止揚)하고, 대신 '눈으로 보는 일'(מַרְאֵה עֵינַיִם)과 같이 그나마 상대적 가치가 있는 것을 선호하고 있다. '눈으로 보는 일'이란 표현은 일반적으로 보는 능력, 즉 눈으로 볼 수 있는 현실을 의미한다(레 13:12; 사 11:3). 눈은 인생을 즐길 수 있고 만족을 얻을 수 있는 육체의 일부이다. 그러나 욕구와는 달리 인간은 자신이 원하는 대로 성취하지 못한다. 왜냐하면 인간에게는 종종 원하지 않는 것이 허락되기 때문이다(4:1; 5:13; 6:1이하). 9절에서 רָאָה 동사는 전도서에서 '보다'와 '즐기다'라는 두 가지 의미로 이해되고 있다.[181] 즉 눈에 보이지

---

179) R. Whybray, *Ibid.*

180) T. Longman III, *Ecclesiastes*, p.174.

181) 휘틀리는 רָאָה는 2:3과 5:7에서 '분별하다', '이해하다'로, 2:1과 6:6에서는 '즐기다'로, 2:12에서는 '경험하다'를 의미한다고 말한다. 반면에

않는 욕망을 좇는 것보다 눈에 보이는 것 즉 현실을 즐기는 것(ראה) 이 더 낫다는 의미로 이해할 수 있다. 이런 해석은 전도자의 일반 사고(思考)와 잘 부합된다(5:17-19; 6:7). 전도자는 '네 마음이 원하는 대로'와 '네 눈이 이끄는 대로' 걸어야 한다고 격려하기도 한다. 지 금 볼 수 있음은 보이지 않는 욕망에 따라 사는 것보다 낫다. 왜냐 하면 보는 것 곧 '시력'은 일종의 소유이기 때문이다. 보는 것은 만 족할 수 없는 욕망과는 반대로 쉼과 평안을 주기도 한다(5:9-11; 6:3, 7).182) 이 단락의 서론에 속하는 5장 10절에서 그는 '부'의 이익을 단지 '보는 특권'으로만 낮게 평가한 바 있다.

그러나 지금 전도자는 다른 입장을 취하고 있다. 현재 볼 수 있는 것에 비중을 두고 있다. 소유할 수 없는 것에 대한 환상을 갖고 이 를 좇다가 아무 것도 얻지 못하는 것보다 현재 볼 수라도 있는 것이 더 낫기 때문이다. 무엇인가를 볼 수 있는 사람은 목표가 있는 반면 욕망에 갇혀 있는 사람은 그가 바라는 것을 얻지 못하고, 혹 얻었다 해도 만족하지 않기 때문이다. 이것은 매우 현실적인 전도자의 조언 이다. 이 속담은 손에 든 것이 단지 기대하기만 하고 갖지 않는 것 보다 낫다는 상대적 가치를 표방하고 있다(4:6; 5:10(11)). 그는 상대 적 가치라 여겨지는 것을 전도서 여러 곳에서 제안하고 있다. 가능 하다면 인간은 과거에 머물기보다는(5:19(20)) 혹은 불확실하고 채워 지지 않는 미래를 헛되이 좇기보다는 현재 자신의 것에 만족하는 것 (5:18-19(19-20); 6:9)183)이 낫다고 권고한다.184) 이것은 전도자의 고

11:9에서 ראה는 이런 여러 복합적 의미들을 모두 볼 수 있다고 한다. C. Whitley, *op. cit.,* p.59.

182) R. Murphy, *Ecclesiastes,* p.54.

183) 이는 종종 서양 속담 "A bird in the hand is worth two in the bush"와 같은 의미로 이해할 수 있을 것이다.

184) C. Fredericks, "Chiasm and Parallel Structure in Qoheleth 5:9-6:9," *JBL* 108(1989), p.32.

140

민스런 충고이자 현실적인 결론이다.

이처럼 6장 9절 상반절의 속담은 6장 7절의 속담과 함께 5장 9절 －6장 9절의 결론으로 사용되고 있다. 그러나 전도자는 9절 하반절에서 순간적인 기쁨은 한계가 있으며 절대적 가치가 될 수 없다는 그 자신의 현실적 충고에 대해서도 역시 "이 조차 헛된 일이요 바람 잡는 일이다"라는 그의 독특한 문구를 덧붙이고 있다. 부(富)를 향한 끝없는 욕망과 여기에 무작정 매달리는 인간의 모순을 관찰한 전도자는 이 표현을 다시 한번 첨가함으로써 9절 상반절의 속담의 효과를 상승시키고 있다. 여기에서 발견되는 문구 הבל과 רעות רוח는 이후에 다시 나타나지 않는다. 라이트(A. Wright)에 따르면 하반절의 헤벨(הבל)은 רעות רוח와 함께 전도서의 묘미를 더하고 있다고 한다.185) 이처럼 전도서의 전반부 1장 1절－6장 9절에서 הבל 및 그와 유사한 문구들과 밀접한 관계를 갖고 있는 속담은 전도자가 독자들이나 청중들로 하여금 보다 자신의 주장과 논쟁에 동감할 수 있도록 원활한 수사학적인 의사 소통을 지원해 주고 있다.

요약하면 전도자는 다른 곳에 비해 상대적으로 긴 단락(5:9-6:9)에서 자신의 개인적 경험을 회상 장르 안에서 간결하고 기억하기 쉬운 속담(6:7, 9하)과 수사 의문문(6:8)과 그의 문구(הבל, רעות רוח, 9하)를 사용하면서 그의 최종적 결론, '부의 무가치'라는 결론을 강조하고 있다. 이처럼 7절의 속담과 9절 상반절의 비교 양식의 속담은 이 단락의 마지막 도장(final stamp)을 찍는 것과 같은 결론 기능을 제공해 주면서 독자들이나 청중들에게 동의를 구하고 있다.186)

---

185) A. Wright, "The Riddle of the Sphinx: The Structure of the Book of Qohcleth," *CBQ* 30(1968), p.322.

186) 전 1:15, 18, 4:12, 6:9과 비교해 보라. B. Rosendal, "Popular Wisdom in Qohelet," *In the Last Days,* p.127.

6) 9장 16절 상반절

(אָמַרְתִּי אָנִי)

טוֹבָה חָכְמָה מִגְּבוּרָה

16상ㄱ (나는 말하였다)

16상ㄴ 지혜가 무기보다 낫다.

9장 16절 상반절의 둘째 행은 전도서에서 가장 짧은 문장으로서
불과 세 단어로 구성된 속담이다. 이 속담이 위치한 단락의 범위에
대해서 특히 17-18절의 포함 여부를 놓고 논란이 적지 않다. 그러나
17-18절은 내용적으로 10장과 더 가까우므로 13-16절과는 별도의 단
락으로 구분하는 것이 나아 보인다.[187] 더구나 13절에서 전도자 '나'
가 시작하는 일인칭 보고 형식의 회상(reflection)이 16절에서 마무리
되고 있다. 이 단락 13절 첫머리에 나오는 רָאִיתִי에서 알 수 있듯이,
전도자 '나'는 관찰자[188]가 되어 지혜의 힘(power)의 문제를 다루고

[187] 단락의 범위에 대해 다양한 견해들이 있다. 예를 들면 머피는 라이트가 전
　도서의 구조를 설정하는데 있어서 중요한 기준으로 "알지 못한다"와 같은
　문구가 10:14,15에서 발견되고 '통치자'(מוֹשֵׁל)라는 용어가 9:17, 10:4에서
　각각 인클루시오(inclusio)를 형성하고 있으므로 9:13-10:15 전체를 한 단락
　으로 다루어야 할 것을 주장한다. 한편 크렌쇼와 화이브레이는 9장 13절
　에서 18절까지, 폭스는 10장 3절까지를 단락의 범위로 규정하고 있다. 그
　러나 내용상 이 단락은 부조리한 현실에서 지혜의 가치와 위치를 말하고
　있는데, 이는 9장 17절 이하와는 거리가 있는 내용이므로 13-16절과 17절
　이하는 서로 분리하는 것이 나아 보인다(Ogden, Longman Ⅲ). R. Murphy,
　Wisdom Literature, p.146; A. Wright, "The Riddle of the Sphinx," *CBQ*
　30(1968), p.324; J. Crenshaw, *Ecclesiastes*, pp.165-68; R. Whybray, *Eccle-
　siastes*, p.148; M. Fox, *A Time to Tear down & a Time to build up*, p.297;
　T. Longman Ⅲ, *Ecclesiastes*, p.234; G. Ogden, "Qoheleth Ⅸ 1-16," *VT*
　32(1982), pp.166-167; G. Ogden, "The Better-Proverb(Tob-Spruch), Rhetorical
　Criticism and Qoheleth," *JBL* 96(1977), pp.489-505.

[188] 전도자의 추구와 관찰의 과정을 표현해 주는 동사들 가운데 빈도수가

142

있다. 전도자의 관심은 자주 반복되는 단어들인 חכם 혹은 חכמה[189])에
서 엿볼 수 있듯이 '지혜의 힘'에 있다. 그러므로 이것을 중점적으로
다루는 13-16절을 한 단락으로 간주하고, 16절 상반절에 들어있는
속담을 살펴보고자 한다.

13-16절은 지혜로운 한 남자의 이야기로 시작하고 있다. 비록 가
난하지만 그 남자[190])는 막강한 군사력을 가진 임금의 침략으로 어렵
게 된 도시(עיר)를 그의 지혜로 구출하게 된다.[191]) 그의 지혜는 무기
와 전략으로 무장한 왕의 위협으로부터 그 도시를 구할 만큼 위대하
였다고 한다. 전도자는 이 도시를 구할 수 있었던 그의 지혜를 보고
16절 상반절에서 "지혜가 무기보다 낫다"고 단언한다.

이 속담은 전도서에서 가장 짧은 속담이지만 각 단어의 마지막
음절에서 그의 통용성을 높이기 위한 모음 압운(assonance, '아')을
사용하고 있다. 비교 잠언의 양식을 띤 이 문장은 간결성, 모음 압운
과 같은 문체적 특징을 지닌 속담이다.[192]) 그 때문에 이 속담은 다
른 상황에서도 쉽게 적용될 수 있는 통용성을 지닌다.[193])

46회나 되는 ראה는 전도자 자신(1인칭 단수)이나 자신의 마음을 가리
키는 경우가 26회나 된다고 한다. C-L. Seow, *Ecclesiastes*, p.67.

189) חכם은 15절과 17절에, חכמה은 13절과 15절과 16절(2번)에 나온다.

190) 여기에 소개된 일화는 4:13-16의 내용을 상기시킨다. 그러나 종결 부
분의 내용이 서로 다르다.

191) 바바로와 화이브레이는 15절 하반절을 도시를 구할 수 있는 지혜가 있
었으나 가난한 그에게 아무도 그에게 관심을 두지 않았기 때문에 결국
그는 그 도시를 구할 기회를 얻지 못한 것으로 이해하고 있다. 그러나
4:13-16에서 가난한 젊은이가 군주가 되는 예를 보면 가난하지만 지혜
로운 사람이 도시를 구했다는 본문의 해석은 불가능한 것이 아니다. F.
Babaro, 『잠언, 전도서, 욥기』, p.295; R. Whybray, *Ecclesiastes*, pp.147-148.

192) 단지 소수의 학자들(Whybray, Babaro)만이 16절 상반절의 두 번째 행
을 속담에 포함시키고 있다. R. Whybray, *Ecclesiastes*, p.148; F. Babaro,
op. cit., p.295.

193) 이 속담과 비슷한 내용이 잠 24:5에서도 발견된다.

여기에서 전도자는 지혜의 힘과 전쟁에 필요한 군사력194)을 서로 비교하고 있다. 한 남자가 무장한 침략자를 물리치고 위기에 빠진 그의 도시를 구할 수 있었던 것은 그의 지혜 때문이다. 그러나 이 남자가 전쟁을 승리로 이끌 수 있었던 지혜의 내용이 구체적으로 무엇인지 밝혀지지 않고 있다. 폭스(M. Fox)는 여기에 나타난 지혜는 재주 혹은 기술이라는 의미를 지닌 것으로서 실제적인 목표에 도달할 수 있는 물리적인 힘을 가리킨다고 한다. 그래서 이 지혜는 적군에 둘러싸인 도시를 구할 수 있는 전략상의 모든 기술을 가리킨다고 한다.195) 그러나 군사력과의 비교라는 측면에서 여기에 언급되고 있는 지혜를 물리적인 힘으로만 보는 해석은 너무 제한적이다. 왜냐하면 이런 종류의 군사적 기술을 가진 사람은 탁월하고 영리할 수는 있지만 전도자가 '지혜'(חכמה) 혹은 '지혜로운 자'로 사용하고 있지 않기 때문이다.196) 일반적으로 지혜의 종류를 기원197) 혹은 기능198)

194) 여기에서 גבורה이 사용된 것은 물리적인 힘이나 군사력을 가리키기 위해서일 것이다. 왜냐하면. 이 용어는 전쟁의 승리를 위한 군사력과 동의어로 사용되고 있기 때문이다(전 9:11; 10:17). H. Kosmala, "גבר, גבורה," TDOT 2, p.369.

195) 폭스는 전도서에서 사용된 지혜의 의미를 1) 재주 혹은 기교(ingenuity), 2) 분별력(good sense), 3) 지성(intellect)으로 구분하고 있으며, 1)에 해당하는 경우를 9: 13-16, 9:18, 4:13-14에서 찾고 있다. M. Fox, "Wisdom in Qoheleth," In Search of Wisdom, pp.117-18.

196) 지혜라는 용어는 금속 기술, 목공과 베틀짜기 같은 기술(대상 22:15-16; 출 35:35)로부터 시작해서 삶과 세계의 법칙과 자기 이해와 세계 지배를 위한 탐구 등이라는 견해가 있다. 또한 영리하거나 교활하다는 의미에서 이 용어가 사용되기도 한다(삼하 13:3; 14:2). 그러나 지혜에 대한 이런 정의는 지혜문학에서 언급되는 다양한 이해들을 충족시키지 못한다. R. Scott, The Way of Wisdom, pp.6-9; J. Crenshaw, 『구약지혜문학의 이해』, pp.13-34.

197) 머피는 가족 또는 부족 지혜, 궁정 지혜, 교육 지혜 등으로 구분하고 있다. M. Murphy, "Wisdom in the OT," ABD 6, pp.920-22.

198) 크렌쇼는 재판 지혜, 자연 지혜, 현실 지혜, 신학 지혜로 구분하고 있다. J. Crenshaw, "Method in Determining Wisdom Influence upon 'Historical'

에 따라 구분하기도 한다. 그러나 전도서에서 다루는 '지혜'[199]는 철저히 배움을 통한 선(先)지식의 획득보다는 자신의 관찰과 경험을 기초한 이성의 힘을 의미한다.[200] 폭스(M. Fox)는 전도자가 전통적인 과거의 지식을 무작정 수용하지 않는다는 사실을 지적하고 있다. 전도자는 스스로 관찰하고 평가하고 경험한 결과를 보고한다. 그러므로 전도자에게 있어서 지혜는 철저히 이성과 경험을 통해서만 얻을 수 있다. 폭스는 현인(sages)들 가운데 전도자만이 자신의 관찰과 경험을 바탕으로 그의 가르침을 표현하고 있다고 적고 있다.[201] 그래서 폭스는 전도자의 지혜를 이렇게 설명하고 있다. 전도자의 연구는 지혜로부터(from) 시작하여(1:16), 지혜에 의해(by) 진행되며(1:12) 지혜를 목표(1:17; 7:23하)[202]로 하고 있다. 지혜에 관한 폭스의 이런 이해를 전폭적으로 지지하는 배솔로뮤(C. Bartholomew)는 전도서의 지혜를 역시 '관찰, 경험과 분석의 과정을 통해 얻은 진리'로 정의하고 있다.[203] 지혜에 관한 전도서의 이런 이해는 잠언서와 욥기의 것과 상당히 다른 것이다. 배솔로뮤는 전도서 12장 9절 이하에서 전도자가 지혜는 하나님 경외와 계명 준수와 관련이 있다고 말할 때, 이

Literature," *JBL* 88(1969), pp.130-31.

199) 지혜(חכמה)와 지식(דעת)은 전도서에서 거의 동의어로 사용되면서 자주 반복되는 주제들이다. 명사 חכמה는 28회, 형용사 חכם은 21회, 동사 חכם은 3회 나타나고 있다. 반면에 동사 ידע는 36회, 명사 דעת는 7회 나타나고 있다. 이같은 단어들의 발견은 전도자가 전형적인 지혜 전승에 서 있음을 보여준다. 한편 전도자는 잠언서에는 전혀 나타나지 않으나 위의 두 단어와 관련이 있는 כשרון(2:21; 4:4; 5:10)과 חשבון(3:7; 7:25, 27; 9:10)을 사용하고 있다. C-L. Seow, *Ecclesiastes*, p.67.

200) 전도자는 "내가 그것을 배웠기 때문이다(Because I learned it)"라고 말하지 않고 "내가 그것을 보았다"(Because I saw(ראה) it)라고 말하는데 이 차이는 매우 크다. M. Fox, "Wisdom in Qoheleth," *In Search of Wisdom*, p.122.

201) M. Fox, *Qohelet and His Contradictions*, pp.90-95.

202) M. Fox, "Wisdom in Qoheleth," *In Search of Wisdom*, p.121.

203) C. Bartholomew, *Reading Ecclesiastes*, pp.236-37.

것은 지혜의 시작이 여호와 경외(잠 1:7; 9:10; 욥 28:28)이었듯이 결국 지혜의 궁극적인 목표이자 종착점도 여호와 경외로 이해되어야한다고 결론짓고 있다.204) 이 결론은 관찰과 경험을 논리적으로 분석한 결과에서 나온 것이다.205) 이 단락에서 언급된 지혜는 단순히 기교나 기술적인 차원의 단편적인 의미가 아니라 어디에 적용되든 '총체적인 의미로서의 지혜'로 이해해야 할 것이다.206)

다시 9장 13-16절로 돌아가면 전도자는 도시를 구한 지혜로운 남자 이야기를 통해 두 가지 상반된 결과에 도달하고 있다. 첫째는 지혜가 무기보다 낫다(9:16상)는 것과, 둘째는 가난한 사람의 지혜는 멸시받는다(9:16하)는 사실이다. 그 지혜로운 남자 이야기의 결론으로 인용 혹은 창작된 속담은 이 단락의 종결 부분에 위치하면서 지혜의 힘을 증명해주고 있다. 더욱이 전도자가 이 속담, 바로 이전에 "나는 말하였다"(אָמַרְתִּי אָנִי)라는 문구를 삽입시킨 것은 그런 결론이 자신의 관찰과 경험을 통해 얻은 결과라는 사실을 강조하는 것으로 보인다. 이 속담과 같은 내용이 9장 18절 상반절에서도 발견된다. 이것 역시 속담 자체의 내용만 보면 16절 상반절의 속담처럼 지혜의 우수성을 말하고 있다. 그러나 18절 상반절은 곧 이어지는 하반절에서 죄인 한 사람 때문에 지혜가 망쳐지는 경우를 언급하고 있는데, 이는 지혜의 유약성(vulnerability)을 우려하고 있는 것이다. 그러나

---

204) *Ibid.,* p.235.

205) C. Bartholomew, *Ibid.,* p.235.

206) 스피나는 전도서의 지혜를 내용이 아닌 사고나 행동 방식 혹은 현 세계의 운영 원리로 보고 있다. 이는 기존의 왕국과 관련이 깊은 정치 지혜, 이를테면 궁정 지혜의 부정적인 특징을 반대하는 개혁 지혜(reformed wisdom)이다. 그는 전도자를 확인되지 않은 궁정 지혜의 무조건적인 신봉자가 아니라 모세 전승에 따라 충실한 심판을 예언하는 예언 전승과 같은 맥락에서 이해해야 한다고 주장한다. M. Fox, "Wisdom in Qoheleth," *In Search of Wisdom,* p.130; F. Spina, "Qoheleth and the Reformation of Wisdom," pp.275-79.

146

16절 상반절의 속담은 지혜로운 사람의 가난 때문에 기억되지 않는 현실적 한계를 확인할 뿐 지혜의 가치나 위대성이 부인되는 것은 아니다. 그러므로 16절 상반절과 18절 하반절의 두 속담은 이들이 속한 단락 안에서 볼 때 같은 의미를 전달하지 않는다. 즉 전자는 현실적인 문제 때문에 지혜가 제대로 인정되지 않는다는 면을 강조하는 반면, 후자는 작은 실수로 인해 지혜가 망쳐질 수 있다는 점을 염두에 두고 있다. 무엇보다 기능적인 면에서 16절 상반절의 속담은 그 단락(9:13-16)의 결론인 반면 18절 상반절은 위치상 단락의 서론과 역할207)을 하는 등 논리적인 측면에서 서로 다른 기능을 하고 있다. 이를테면 이 단락(9:13-16)에 속한 16절 상반절의 속담은 전도자가 사용한 예화의 결론을 대변하고 있다.208)

그러나 여기에서 발견할 수 있는 새로운 사실은 그 남자가 도시를 구할 만큼 위대한 지혜를 지녔다 할지라도 가난할 수 있다는 점이다.209) 그 남자는 전쟁의 승리를 이끌만한 지혜를 가졌음에도 불구하고 아마도 경제적으로나 사회적으로 보상받지 못했던 것 같다.210) 그러한 사회 경제적인 열악한 조건 때문에 업신여김을 받을 수 있다는 사실은 이스라엘의 전통적 지혜에서도 찾을 수 있다(잠 14:20; 18:23; 19:7). 그러나 지혜의 결과가 경제적 부를 보증하지 않

207) 앞으로 다루게 될 9:17이하 단락에서 9:18상반절의 속담은 비록 위치상 9:18상반절이 서론의 기능을 하고 있지만 이 속담이 속한 단락의 다른 속담들 역시 같은 기능을 하고 있기 때문에 본 논문에서는 서론의 기능을 지닌 속담으로 구분하지 않고 있다. 아래의 192-194쪽을 참조하라.

208) 4:13-16과 5:13-15을 비교해 보라.

209) 4장 13절과 비교해 보라. 이것은 신명기적 사고에 도전하는 것이다(신 30:15-20; 잠 15:6, 22:4).

210) 삼상 25:31과 전도서에서의 사용(동사 5:19; 9:15; 11:8; 12:1, 명사 9:5)을 보면 '자카르'(זכר)는 보상의 의미를 염두에 둔 것이다. D. Glenn, "Mankind's Ignorance:Ecc. 8:1-10:11," *Reflecting with Solomon: Selected Studies on the Book of Ecclesiastes*, p.324.

을 수도 있는 신앙적 갈등을 전도자는 덧붙이고 있다(16하). 그렇다
고 하여 전도자가 지혜의 힘을 부인하려고 의도하는 것은 결코 아니
다. 지혜의 힘은 위대하여서 무장한 군사력도 이겨낼 수 있음은 분
명하다. 그래서 그는 "지혜가 무기보다 낫다"는 사실을 주장하는 것
이다. 이것은 분명 지혜에 관한 그의 확신이다. 이렇게 전도자는
13-15절의 일화를 통해 지혜가 군사적 힘보다 낫다는 사실을 16절
상반절에서 결론짓고 있지만 동시에 지혜의 보상에 있어서 그 한계
도 함께 고민하고 있다.

   요약하면 9장 16절 상반절의 속담은 단락인 9장 13-16절에서 전도
자 '나'가 시작한 단락의 결론으로 사용되고 있다. 그의 결론을 속담
으로 말하기 전에 '나는 말하였다'(וָאָמַרְתִּי אָנִי)를 덧붙이면서 전도자
의 경험적 지혜에 힘을 실어주고 있다. 그러나 주목할 것은 이 속담
이 속한 전후 문맥이나 단락 안에서 הבל 혹은 이와 유사한 문구들과
수사 의문문 등의 표현이 발견되지 않는다는 점이다. 이런 구조는 9
절 이전에 나타난 대부분의 속담의 경우와 다르다. 16절 상반절에서
사용된 속담은 전도자가 아마도 인용한 것으로 보이므로(잠 24:5; 전
9:18상) 이 속담은 전도자가 예화에 소개한 그 남자의 경우처럼 여러
상황에서 경험될 수 있는 것이다. 그러나 전도자는 여기에서 멈추지
않는다. 그는 이 속담을 결론적으로 제시하고 있지만 현실 세계에서
부딪히는 모순과 갈등을 동시에 표현함으로써 지혜의 보상을 언제나
보증할 수 없는 현실 문제를 문제로 제시하고 있다.

7) 요 약

   위에서 살펴본 것처럼 단락의 결론 기능을 가진 속담은 서론의
기능을 가진 속담보다 상대적으로 많다. 한편으로 결론 기능을 하는

속담의 특징은 각 단락의 주로 종결 부분에서 개별적으로 발견되고 있다(1:15, 18; 4:9상, 12하; 9:16상ㄴ). 다른 한편으로 4장 5-6절, 6장 7절, 9절의 속담은 단락의 결론으로서 연속적으로 나타나고 있다. 이 속담들이 위치한 각 단락에서 전도자 '나'는 자서전적인 문체로 그의 관찰과 경험을 보고하고 있는데, 이때 효과적인 논쟁과 그의 결론을 위해 속담을 인용하거나 그 양식을 빌어서 설득하고 있다. 이는 속담이 전도자의 논리적 전개 혹은 수사학적 기능을 위해 결론의 위치에 의도적으로 배열되어 있음을 의미한다. 서론의 기능을 가진 속담과 마찬가지로 결론 기능을 가진 속담 역시 이들이 위치해 있는 근처에 הבל이나 רעות רוח 혹은 수사 의문문과 같은 전도자 특유의 문구가 함께 사용되면서 속담에 대한 독자들이나 청중들의 관심을 집중시키고 동시에 그의 의미를 강화시키고 있다. 물론 예외적으로 9장 16절 상반절의 속담 근처에서는 이런 문구들이 발견되고 있지 않지만, 이 문구들이 6장 10절 이후에는 거의 나타나지 않고 있다는 사실과 무관하지 않다. 이처럼 결론의 기능을 가진 속담은 단락의 종결 부분에서 단락의 결론을 독자들이나 청중들에게 보다 효율적으로 강조하는 효과를 지닌다.

3. 단락의 보충 자료인 속담

단락의 보충 기능을 수행하는 속담은 단락의 서론이나 결론의 자리에 위치하지 않는다. 이 기능의 속담은 주어진 주제의 논쟁을 위해서 단락의 한 가운데서 징검다리의 역할을 하면서 논제의 연속성을 도와주고 있다. 말하자면 이런 종류의 속담은 이중적인 기능을 가졌다고 말할 수 있다. 즉 이런 속담은 전도자가 제기한 주제의 중

간 결론이면서 동시에 다음 논쟁을 위한 출발점을 제공해 준다. 이
러한 기능의 속담 사용은 속담의 성격상 여러 상황에 쉽게 적용될
수 있기 때문에 전도자의 논쟁의 기교이면서 탁월한 수사학적인 의
사 소통의 방식이다. 이같은 기능의 속담에 대해 본 논문에서 '보충
자료'인 속담이라 칭한 것은 이러한 속담이 한 단락에서 전도자의
최종적인 결론은 아니지만 단락의 결론을 위한 중간적 기능을 가지
면서 평이한 논리 전개 과정에서 독자들이나 청중들로 하여금 사고
(思考)의 다양한 기회와 흥미를 더해주고 나아가 결론의 의미를 확
고히 해주는 교육적이고도 심리적 효과를 가지기 때문이다. 이러한
기능의 속담들은 논쟁의 맛과 긴장을 한층 고조시키면서 전도자의
논리에 힘을 실어주게 된다. 여기에 해당하는 속담은 2장 14절 상반
절과 9장 4절 하반절과 11장 4절에서 찾아볼 수 있다.

1) 2장 14절 상반절

הֶחָכָם עֵינָיו בְּרֹאשׁוֹ וְהַכְּסִיל בַּחֹשֶׁךְ הוֹלֵךְ

지혜자, 그의 양 눈은 얼굴에 달려 있으나
어리석은 자는 어둠 속을 걷는다.

소수의 학자들만이 2장 14절 상반절을 속담으로 간주하고 있다.[211]
그러나 이 문장에는 속담에서 발견할 수 있는 여러 특징들이 있다.
이 속담의 두 행은 완벽하지는 않지만 서로 반의 대구와 3·3조의
규칙적인 시적 운율을 갖추고 있어 주변의 산문체 문장과 구별되고
있다. 또한 기억하기 좋은 '오' 모음이 자주 쓰이는 모음 압운
(assonance)과 'ㅂ'과 'ㅎ'의 두운(alliteration)이 발견되고 있다. 무엇보

---

211) 부록에 있는 도표 1 참조.

다 이 속담은 다른 문헌과의 유사성 때문에(잠 2:13; 12:15) 인용된
것으로 간주되고 있다.[212) 이 속담뿐만 아니라 뜻을 인상적으로 전달
하려고 חכם과 כסיל, עין과 חשׁך을 대조시킨다(13-14절).[213) 이처럼
14절 상반절에서 볼 수 있는 간결성과 반의 대구와 규칙적 리듬과
비유와 중요 단어의 대조를 볼 때 이를 속담으로 분류할 수 있다.

이 속담이 전도자 '나'[214)가 그의 인생 경험을 보고[215)하는 단락
(2:12-17)의 중앙에 위치해 있다. 라이트(A. Wright)는 전도서의 구조
를 결정하는데 있어서 '헤벨'(הבל)과 '바람 잡는 일'(רעות רוח)과 같
은 전도자 특유의 표현 문구를 주요 기준으로 삼고 있다.[216) 라이트
의 이러한 기준과 단락 내용의 일관성을 고려할 때 2장 14절 상반

---

212) 14절 상반절은 인용된 증거가 약하다고 보는 소수의 견해(Fox)가 있지
    만 대부분은 인용된 것으로 보고 있다. 슈어즈(Schoors)는 13절과 14절
    상반절은 모두 같은 의미를 지니고 있으나 13절의 יתרון와 סכלות은 전
    도자 특유의 언어들로 보아 전도자 자신의 말인 반면 14절 상반절은
    13절의 주제를 지지해 주고 있기 때문에 인용된 것으로 보아야 한다고
    주장한다. R. Gordis, *Koheleth,* pp.221-22; A. Schoors, "The Verb ראה
    in the Book of Qoheleth," *Jedes Ding hat seine Zeit⋯⋯;* p.232; R.
    Whybray, "The Identification and Use of Quotations in Ecclesiastes,"
    Congress Volume Vienna 1980, pp.438-39; M. Fox, "The Identification
    of Quotations in Biblical Literature," *ZAW* 92(1980), pp.416-31.

213) 히브리어 חשׁך와 עין은 대조적인 용어들은 아니지만 이 속담의 의미상
    עין은 시력이 부족할 때 어둡게 되므로 대조어로 볼 수 있다.

214) 16절을 제외하고는 이 단락(2:12-17)의 모든 절들은 1인칭 동사로 말
    하고 있다. פניתי(12절), ראיתי(13절), ידעתי(14절 하반절), אמרתי(15
    절), שׂנאתי(17절).

215) 로우더(Loader)는 일인칭 형태의 ראה와 ידע(그 외 몇몇 동사들 포함)를
    사용하는 문장은 인생에서 경험한 것들을 보고하기 때문에 '회상'
    (reflection) 장르라는 명칭 대신 '관찰'(observation) 장르로 명명하고 있
    다. 그러나 전도서에서 전도자 '나'와 일인칭 동사로 된 자서전 형태의
    문학 장르는 대체로 회상으로 불려진다. R. Murphy, *Wisdom Literature,*
    p.130; J. A. Loader, *Polar Structures in the Book of Qohelet,* p.25.

216) 29-30쪽에 자세히 설명되어 있다. A. Wright, "The Riddle of the Sphinx:
    The Structure of the Book of Qoheleth," *CBQ* 30(1968), pp.313-34.

절의 속담이 위치한 단락은 2장 12절에서 17절까지가 자연스럽다. ראה동사가 12절에서 부정사 연계형(לִרְאוֹת)과 13절에서 1인칭 단수 완료(רָאִיתִי)[217])로 표기되는 등 이 동사가 빈번하게 사용되는 것은 전도자의 연구가 관찰과 경험을 매우 중요시한다는 사실을 알리기 위해서일 것이다.[218]

속담이 사용되기 이전의 바로 앞 절 2장 13절에서 전도자는 지혜 와 어리석음[219]의 관계를 빛과 어두움과 같은 고전적 관계로 비유하고, 지혜의 상대적인 이익을 이미 말하고 있다.[220] 여기에서 '이익'으로 번역되는 히브리어 יִתְרוֹן은 전도서가 자주 사용하는 용어로서 지혜의 절대성을 주장하기보다는 상대적으로 이롭다는 의미로 이해 해야 할 것이다. 마찬가지로 14절 상반절에서도 지혜로운 사람과 어리석은 사람을 비교하고 있는데, 전자는 그의 머리에 눈을 달고 있고 후자는 어두움(חֹשֶׁךְ)을 걷는 것으로 비유하고 있다. '얼굴에 눈이 있다'(עֵינָיו בְּרֹאשׁוֹ)는 표현은 지식이 있으므로 눈이 열려 분명하게 볼

---

217) ראה동사가 1인칭 단수 완료로 사용된 경우는 모두 16회이다(1:14; 2:13, 24; 3:10, 16, 22; 4:4, 15; 5:12, 17; 6:1; 7:15; 8:9, 10, 17; 9:13; 10:5, 7). 여기에 약간의 변형된 문장을 첨가할 수 있을 것이다(1:16; 2:12; 4:1, 7; 9:11). A. Schoors, "The Verb ראה in the Book of Qoheleth," *op. cit.*, pp.230-31.

218) 머피는 ראה(46번 사용)는 전도서에 나타난 어휘 가운데 עשה(62번) 다음 으로 빈도수가 높다고 기록하고 있다. R. Murphy, *Ecclesiastes*, p.xxix.

219) 12절에서 전도자가 비교한 것은 지혜(הַחָכְמָה)와 망령됨(הוֹלֵלוֹת)과 어리 석음(סִכְלוּת)과 같은 단어들이다. 그러나 הוֹלֵלוֹת와 סִכְלוּת는 서로 다른 독립적인 개념이 아니라 동의어로 보아야 한다(Fox). 왜냐하면 이 둘 은 대체로 함께 사용될 뿐만 아니라(7:25; 10:13), 13절에서는 지혜와 סִכְלוּת가 대조를 이루고 있으며, 14-15, 16(2번)절에서는 חכם과 כְּסִיל 의 대조가 언급되고 있기 때문이다. 무엇보다 이 단락의 주요 관심은 지혜와 어리석음의 대조를 중점적으로 다루고 있다. C. Seow, *Ecclesiastes*, p.133; M. Fox, *Qohelet and His Contradictions*, p.183.

220) 사 9:1; 겔 32:8; 암 5:18-20; 욥 17:12-13; 18:18; 애 3:2; 시 49:19; 욥 3:16; 33:28; 욥 3:20, 23; 33:28; 시 36:9; 56:13; 욥 33:30.

152

수 있고 그대로 행동한다는 뜻이며, 반대로 어둠 속을 걷는다는 것은 머리에 눈이 없기 때문에 제대로 행동하지 못한다는 것을 말하는 것이다. 말하자면 어리석은 자는 지식이 부족하여 자신과 다른 사람에게 무익하거나 위험한 인물임을 의미한다.221) 따라서 14절 상반절의 속담은 지혜가 어리석음보다 낫다는 이 단락(2:12-17)의 전통적인 주장을 기억하기 쉽도록 약술하고 있다.

13절에서 전도자는 이미 어리석음을 넘어선 지혜의 이익(יִתְרוֹן)을 어두움을 이기는 빛의 이익(잠 6:2,3; 욥 12:24; 37:19)과 동일한 것으로 언급하고 있다. 그리고 14절 상반절에서 이 사실을 주변의 문맥으로부터 벗어난 운문 형식의 간결한 속담 양식으로 결론짓고 있다.222) 이것은 12-13절에서 논의한 지혜의 가치를 정리한 것이다.223) 지혜로운 자는 볼 수 있는 사람이지만 어리석은 자는 볼 수 없는 사람이다. 그러므로 지혜는 유익하다. 지혜 문학에서 지식의 부족이나 어리석음을 가리키는 데 자주 사용하는 비유가 '어두움'(חשׁך, 욥 12:24-25; 37:19; 38:2)이다. 전도자 역시 어두움을 죽음이나 인간의 불운을 가리키는 비유로 사용하고 있다(5:17; 6:4; 11:8). 여기에 윤리적인 측면을 첨가할 수 있다(잠 2:13; 시 82:5). 지혜로운 사람은 눈이 있어서 그의 길을 잘 발견할 수 있는 반면 어리석은 사람은 어두움에 갇혀있는 것처럼 삶에서 헤매고 있다. 빛과 어두움의 대조는 전도자가 제시하는 지혜와 어리석음 사이의 일차적인 결론이다.

그러나 중요한 것은 어리석음에 대한 지혜의 상대적 이익을 대변하는 이 속담이 이 단락의 최종적인 결론이 아니라 다음 논의를 위한 징검다리일 뿐이다. 왜냐하면 이 결론에 대한 반증이 14절 하반

---

221) G. Ogden, *Qohelet*, p.44.

222) W. 침멀리, *op. cit.*, p.203; R. Johnson, *A Form Critical Analysis of the Sayings*, p.128.

223) C-L. Seow, *Ecclesiastes*, p.153.

절에서 밝혀지고 있기 때문이다. 14절 상반절의 속담은 12-13절의
결론이지만 동시에 다음 논쟁을 위한 출발점이 되고 있다. 14절 하
반절에서 시작하는 완료형 앞에 있는 단순 와우(ו)는 14절 상반절의
속담과는 상반되는 내용이기에 '그러나'의 의미를 지닌다. 지혜의 상
대적 이익에 대한 도전은 현실 세계에서 발견한 인간 운명의 문제로
부터 시작된다. 지혜가 어리석음보다 이로운 문제를 두 측면에서 다
루고 있는데, 그것은 망각과 죽음의 영역에서 분명하게 드러나고 있
다. 전도자는 지혜로운 자이든 어리석은 자이든 둘 모두 잊혀지고
죽게 된다는 사실에 주목하고 있다. 이 주제는 3장 19절과 9장 2-3
절에서도 반복적으로 언급되고 있는 만큼 전도자에게 중요한 문제이
다. 전도자에게 있어서 차별적이어야 할 두 종류의 대조적인 인간들
이 맞게 될 운명(מקרה, 14하 – 15절)은 비인격적이거나 악의적인 것
이 아니라 설명하기 어려운 인생의 사건들(9:1-3; 11-12)에서 발견된
다.224) 전도자는 망각과 죽음의 현실(잠 10:7)을 하늘 아래에서 일어
나는 '일'(מעשה)의 일부로 생각하고 있다(16-17절).225) '운명'으로 해
석되는 히브리어 '미크레'(מקרה)는 전도자가 즐겨 사용하는 단어로서
특별히 마지막 운명이나 죽음을 언급하는데 사용되고 있다(2:15;
3:19; 9:2-3).226) 시아우(Seow)는 מקרה를 이와 유사한 의미를 가진
'헬레크'(חלק)와 비교하면서 후자가 각 개인에게 주어지는 자기만의
고유한 몫을 가리킨다면, 전자는 살아있는 모든 생물에 공통적으로
일어나는 이를테면 죽음을 뜻하는 것으로 구분하고 있다.227)

망각과 죽음의 문제에 있어서 지혜로운 자와 어리석은 자 모두

---

224) R. Whybray, *Ecclesiastes*, p.58; T. Longman Ⅲ, *Ecclesiastes*, p.98.

225) R. Murphy, *Ecclesiastes*, p.23.

226) 그 뿌리가 되는 동사 קרה는 2:14, 15, 9:11에서 발견된다. R. Murphy,
    Ibid., p.11.

227) C. Seow, *Ecclesiastes*, p.135.

같은 운명을 겪는 사실은 전도자에게 도전적 사실이다. 어리석음보다는 분명 지혜가 유익하다는 사실, 전도자는 14절 상반절을 새로운 출발점으로 삼고 있으나 곧 14절 하반절에서 정반대의 인간들에게 똑같이 적용되는 운명의 문제를 이해하기 어려운 일로 받아들이고 있다.228) 이것은 슬픈 일이다. 특히 14절 하반절에서 사용된 '감'(גם) 은 전도자가 이처럼 지혜로운 사람이나 어리석은 사람이나 모두 무차별적으로 공동의 운명을 맞이해야 한다는 사실을 어쩔 수 없이 인정해야 한다는 인상을 주고 있다. 그래서 17절에서 그는 지상에서 일어나는 삶(החיים)의 일을 '악'(רע, 2:17)으로 평가하고 있다. 히브리어 רע는 비도덕적인 일이거나 악을 암시하기도 하지만 동시에 참기 어려운 괴로운 일을 의미하기도 한다.229) 그는 죽음과 망각의 무차별성과 이를 설명하지 못하는 자신의 무능력 때문에 고통스러워한다.230) 전도자는 지혜의 유익이 있음에도 불구하고 지혜로운 자나 어리석은 자 모두에게 동일한 운명이 주어진다는 것과 그것의 의미조차 이해할 수 없다는 사실에 대해 다시금 '하늘 아래' 일어나는 모든 것을 '헛되고'(2:15, 17) '바람을 잡는 것'(2:15)과 같은 문구로 평가하고 있다. 이는 전통적인 지혜 개념으로는 알려지지 않은 새로운 사실이다. 지상의 모든 사건들은 '하나님의 일'(מעשה האלהים)이기에 인간의 이해를 벗어난다.231) 이 단락의 주제인 '지혜의 이익'과 아울러 궁극적으로 지혜와 어리석음의 무차별적인 현실은 결코 절대적인 진리라는 차원에서 설명되는 것이 아니다. 그는 지혜로운 사람도 어리석은 사람과 마찬가지로 죽음과 망각의 현실 앞에서 같은 처지에 처하게 되는 하나님의 섭리를 이해할 수 없음에 힘겨워하고 있다.

---

228) G. Ogden, *Qohelet,* p.44.

229) *Ibid.* p.45.

230) *Ibid.*

231) 3:11, 7:13, 8:17, 11:5과 비교해 보라.

그렇다면 14절 상반절의 속담은 현실과 상충된 전도자의 성급한 결론도 아니며 전도자 자신이 동의하지 않는 전승을 무조건 인용하고 있는 것도 아니다.232) 오히려 그는 인생의 다른 차원을 말하고 있다. 지혜로운 사람은 어리석은 사람보다 이익이 있음은 분명하다. 그러나 지혜로운 자라고 해서 어리석은 자보다 자신의 운명을 더 잘 조절할 수 있는 것은 아니다. 특히 망각과 죽음의 영역에서 그렇다.233) 전도자는 15절에서 지혜의 유익을 인정하지만 지혜로운 자나 어리석은 자나 모두 같은 운명 곧 죽음에 귀속되어 있음을 이해하지 못하는 자신의 한계를 받아들이고 있다. 죽음의 문제는 살아있는 모든 사람들에게 적용된다. 동물은 말할 것도 없이(3:19) 현인이든 어리석은 자이든(2:15), 의인이든 악인이든(9:2-3) 죽음을 피할 수 없다. 죽음의 문제는 전도자가 곤혹스러워하는 현실이다.234) 전도자의 이 같은 고민을 보면 그는 지혜의 거부자가 아니라 비평가이다.235) 그는 죽음의 문제를 포함하여 모든 문제를 이해할 수 있는 궁극적인 지혜를 얻으려고 노력했으나 한편으로는 그 지혜를 얻는 결과가 역으로 고통의 증가라는 사실(1:16-18)을, 다른 한편으로는 지혜 추구의 실패(7:23-24)를 고백하면서 자신의 지혜 획득이 매우 제한적임을 말하고 있다.

지혜로운 자와 어리석은 자의 대조는 지혜 문학의 전형적인 인간 대비로서 지혜와 빛(시 119:105; 잠 6:23), 또 어리석음과 어둠(욥 12:25)으로 이해되고 있다. 13절에서 전도자 역시 어리석음보다 우월한 지혜의 유익을 인정하고, 14절 하반절 - 16절에서 이를 보편적인 진리의 속담으로 표현하고 있다. 그러나 그는 여기에 머무르지 않고

---

232) R. Gordis, *Koheleth-the Man and His World*, p.221.

233) C-L. Seow. *Ecclesiastes*, p.135.

234) R. Whybray, *Ecclesiastes*, p.58.

235) R. Murphy, *Ecclesiastes*, p.22.

도전한다. 즉 지혜의 문제를 망각과 죽음의 영역에 적용할 때 지혜의 우월성은 회의적일 수밖에 없다. 그래서 전도자는 지혜와 어리석음의 문제를 인생의 모든 측면에 적용할 때 현실의 몰이해를 고백하게 된다. 전도자는 이것에 대해 15절에서 הבל로, 17절에서 다시 הבל과 רעות רוח라는 문구로 표현하고 있다. 속담과 이러한 문구들과의 관계를 살펴보기 위해 단락 12-17절을 다음과 같이 분석해 볼 수 있다.

    I. 지혜와 어리석음에 관한 전도자('나')의 연구: 전통적 가치(12-14상)
       A. 주제: 지혜와 어리석음(12)
       B. 관찰과 경험; 지혜의 유익(13)
       C. 결론과 출발 - 속담(14상) - 지혜의 우수성

    II. 지혜에 대한 전도자의 도전 - (14하 - 16)
       A. 14하 - 15상: 죽음의 문제
       B. 15하: ודברתי בלבי שגם-זה הבל
       C. 16: 망각의 문제

    III. 결론 - הבל과 רעות רוח(17)

이 구조를 보면 전도자 '나'는 단락(2:12-17)의 중앙인 14절에 속담을 배치해 놓고 이를 자신의 후반 논쟁을 위한 전환점으로 사용하고 있다. 이렇게 한 것은 전도자가 독자들이나 청중들이 익히 알고 있는 속담을 인용해서, 혹은 전도자 자신이 간결한 속담 양식으로 작성해서, 그의 논쟁을 위한 출발점으로 삼기 위해서이다. 이런 논쟁 기교는 독자들이나 청중들로 하여금 이 문제에 관하여 깊은 사고를 하도록 유도하고 궁극적으로 그의 견해에 동의하게 하는 효과가 있다. 여기에서도 역시 14절 상반절의 속담은 1인칭 '나'의 관찰과 그의 독특한 표현 문구인 הבל(15, 17절) 그리고 רעות רוח(17절)과 매우 밀접하게 연결되어 있다.

이처럼 14절 상반절의 속담은 12-13절에서 언급한 지혜의 유익을 인정하면서 동시에 다음 15-17절까지에 대한 전환점을 제공하고 있다. 즉 일반적으로 알려진 진리 즉 어리석음보다 지혜의 유익을 전도자 역시 인정하지만 실제로 현실에서 그런 일반적 진리는 언제나 적용 가능한 절대적인 가치는 아니라는 사실을 밝혀내고 있다. 이 논쟁은 이 단락의 중간 지점에 위치해 있는 속담을 통해 시도되고 있다. 이렇게 이 단락의 중간 지점에 위치한 속담은 전도자의 궁극적인 문제에 도달할 수 있도록 역설적으로 도와주고 단락의 주제를 명확하게 하기 위한 전도자의 의도적이고 계획적인 논리 방식이다. 전도자에게 있어서 지혜의 유익이라는 명제는 비록 전통적으로 받아들인 가치라 하더라도 반드시 현실 세계에서 인정되고 증명되어야 한다.

2) 9장 4절 하반절

כִּי־לְכֶלֶב חַי הוּא טוֹב מִן־הָאַרְיֵה הַמֵּת

4하 살아있는 개, 그것이 죽은 사자보다 낫기 때문이다.

이 속담이 위치해 있는 단락의 범위에 대한 의견이 분분하다. 대체적으로 9장 1-6절을 통일성 있는 단락으로 간주하고 있지만 8장 16-17절을 여기에 포함하는 문제에 대해서는 서로 일치하고 있지 않다.236) 하지만 9장 1-6절과 8장 16-17절 사이에 존재하는 다음의 차

---

236) 크렌쇼(1978)는 8:16-9:6을 한 단락으로 보는 반면 바튼은 이를 각각 8:16-9:1과 9:2-6로 양분하고 있다. 크렌쇼는 다시 1987년 그의 전도서 주석서에서 이전의 단락 구분을 약간 변경하여 9:1-10을 한 단락으로 여기고 있다(Brown 역시). 그러나 사실 1-10절 전체 내용은 어느 정도 연결된다 하더라도 7-10절은 특히 Carpe Diem("인생을 즐겨라," 2:24-26,

158

이점들을 볼 때 이 두 본문은 서로 별개의 단락으로 구분하는 것이
설득력이 있다.237) 첫째, 주제가 다르다. 9장 1-6절은 지혜로운 자와
어리석은 자 모두에게 주어지는 '동일한 운명'(מִקְרֶה אֶחָד) 곧 죽음
을 문제시하고 있는 반면에 8장 16-17절은 인간의 이해를 넘어선
'하나님의 일'(מַעֲשֵׂה הָאֱלֹהִים)을 다루고 있다. 둘째, 문학적인 특징이
다르다. 9장 1-6절을 한 단락으로 간주할 수 있는 수사학적인 장치
인 인클루시오(inclusio)를 형성하는 특징적인 표현(גַּם־אַהֲבָה גַם־שִׂנְאָה
와 אֵין)을 1, 6절에서 발견할 수 있다.238) 무엇보다 9장 1절에서 일
인칭 동사 נתן의 목적어 אֶת־כָּל־זֶה에서 엿볼 수 있듯이 전도자는 지혜
롭고 의로운 자의 행동과 그 결과에 관한 모든 문제에 관심을 두고
있다. 특히 일인칭 대명사와 함께 사용된 동사 נתן은 전도서 여러 곳
(1:13, 17; 8:9, 16)에서 새 단락이나 새 주제의 시작을 알리는 중요
한 구분점이 되고 있다. 이를 고려할 때 8장 16-17절은 9장 1-6절과
는 별도의 단락으로 보아야 한다.239)

3:13-14; 5:17-19; 8:15; 9:7))과 같은 또 다른 주제를 다루고 있으므로 이
를 1-6절과 7-10절로 분리하는 것이 적절해 보인다. G. Barton, *Eccl-
esiastes*, pp.156-158; W. Brown, *Ecclesiastes*, pp.91-95; J. Crenshaw,
Ecclesiastes, p.158; J. Crenshaw, "The Shadow of Death in Qoheleth,"
*Israelite Wisdom: Theological & Literary Essays in Honor of Samuel
Terrien*, p.209.

237) 라이트는 "알지 못한다와 "누가 발견할 수 있으랴?"라는 문구를 단락 구
분의 기준으로 삼고 있다. 그는 이 단락의 첫 구절인 9장 1절 바로 앞
8장 17절에서도 이 문구가 발견되고 있음을 지적하고 있다(7:14, 24,
29; 8:17). 머피를 비롯해 여러 학자들이 라이트의 단락 구분의 기준을
뒤따르고 있다. R. Murphy, *Wisdom Literature: Job, etc.,* pp.144-145;
A. Wright, "The Riddle of the Sphinx," *CBQ* 30(1968), pp.330-331; A.
Ceresko, "The Function of Antanaclasis(mṣ' "to find"//mṣ' "to reach,
overtake, grasp") in Hebrew Poetry, Especially in the Book of Qoheleth,"
CBQ 44(1982), p.566.

238) G. Ogden, "Qoheleth Ⅸ 1-16," *VT* 32(1982), p.159.

239) *Ibid.,* pp.159-160.

이 단락에서 전도자 '나의 관심은 의로운 자와 지혜로운 자의 행동과 운명에 관한 것이다. 동사 נתן의 목적어[240]인 '마음'(לב)은 인간의 내적인 혹은 정신적인 본성을 가리키는 총체적인 용어로서 지혜와 이해의 근원으로 이해되고 있다. 무엇보다 '마음은 지혜가 자리잡고 있는 그릇이다.[241] 또한 마음은 인간의 의지, 사고, 느낌, 행동을 비롯한 인생의 다른 모든 요소들을 담기도 한다.[242] 나아가 마음은 인간의 취향, 방향, 관심과 깊이를 전체적으로 다루며 여기에서부터 인간 존재의 의미가 결정된다.[243] 그러므로 נתן לב('마음을 주다' 혹은 '마음을 다하다')[244]라는 문구는 인간의 모든 노력과 주의를 기울인다는 뜻으로써 자신의 생명 전체를 드린다는 의미를 지닌다. 이것은 인간의 운명에 관한 전도자의 관찰이 매우 진지하고 치밀하다는 사실을 단적으로 알 수 있게 한다.[245] 1절에 언급된 '그들의 행동'(עבדיהם)이 전도자의 관심으로 보이지만 실제로 전도자의 관심은 인간의 행동보다는 그 결과나 보상에 있다.[246] 전도자가 2-3절에서 이해할 수 없는 사실은 지혜로운 자나 어리석은 자 모두 무차별적으로 '동일한 운명'(מקרה אחד)을 겪는다는 것, 즉 죽게 된다는 것이

---

240) MT는 לבי 앞의 전치사를 אל로 표기하고 있으나 많은 사본이 목적격 전치사 את로 읽고 있다. 전도서 안에서도 את־לבי가 아닌 אל־לבי이 자주(1:13; 8:9, 16) 나타나고 있으므로 목적격 את로 읽을 수 있다.

241) 1:12-2:26에서 לב이라는 용어가 12번 발견된다.

242) A. Bowling, "לבב," *TWOB* 1(1980), pp.466-67.

243) C. Bartholomew, *op. cit.*, pp.235-236.

244) 1:13, 17, 7:21, 8:9에서도 같은 표현이 사용되고 있다. 박요한영식, 『즐거운 인생』, pp.180-81.

245) 2:12-17에서도 전도자는 지혜로운 자 / 어리석은 자의 동일한 운명(망각과 죽음에 있어서)을 고민한 바 있다.

246) G. Ogden, "Qoheleth Ⅸ 1-16," *VT* 32(1982), p.170; H. Mitchell, "Work in Ecclesiastes," *JBL* 32(1913), pp.123-38; A. Rainey, "A Second Look at Amal in Qoheleth," *CTM* 36(1965), p.805.

160

다. 5절에 따르면 '동일한 운명'이란 인간은 의인이든 지혜자이든[247] 죽음 외에 더 나은 보상이 없음을 의미한다. 달리 말하면 6절에서 인간은 지상에서 좋은 것이든 나쁜 것이든 혹은 원하든 원하지 않든 자신의 행동에 따라 제 '몫'[248]을 받지 못한다는 것이다. 전도자는 지혜로운 자와 어리석은 자 사이의 무차별적인 운명 이외에도 인간 과 동물 모두 같은 운명 즉 죽음을 맞이하게 된다는 사실을 언급하 고 있다.[249] 전도자는 죽음에 있어서 각각 다른 운명을 맞이할 것으 로 기대되는 지혜로운 자와 어리석은 자 사이에도 전혀 차별이 없다 는 사실에 주목한다. 이 관찰은 이미 2장 12-17절에서도 언급된 것 이다. 그러나 전도자는 이 사실을 넘어서 한 단계 발전한다. 즉 그는 인간의 행동과 보상의 문제는 인간의 지혜로 파악할 수 없는 것으로

---

247) 전도자는 7:16과 9:1에서 적극적인 가치가 있는 것으로 정의와 지혜를 한 짝(pair)으로 놓고 있으나 서로 동등한 것으로 여기는 것은 아니다. 지혜는 정의나 혹은 여호와 경외의 결과도 아니고 반드시 동반되는 것도 아니다. 왜냐하면 4:13의 지혜로운 젊은이가 늙은 왕보다 도덕적 으로 우월한 것도 아니고 지혜를 도구로 부(富)를 축적하였다 하여도 반드시 의의 결과가 아니기 때문이다. M. Fox, "Wisdom in Qohelet," *In Search of Wisdom*, p.128.

248) 구약성경에서 חֵלֶק는 일반적으로 법과 관습에 의한 주어진 할당된 몫 (portion), 더 나아가 하나님에 의해 결정된 인생의 몫, 혹은 행동의 결 과로 주어진 개인 혹은 국가의 운명이라는 의미가 일반적이다. 그러나 체바트는 전도서(2:10; 3:22; 5:17-18(18-19); 9:6, 9)에서는 이 용어가 구 약성경의 일반적인 용법, 즉 자신의 노력으로 소유한다는 것과는 달리 '인간에게 주어진 공간'(space)의 의미를 지니고 있다고 말한다. 그러나 체바트가 제시한 חֵלֶק의 의미가 실제로 전도서의 문맥상 적절해 보이지 않는다. 오히려 폭스가 제시하는 것처럼 이 단어는 인간이 얻을 수 있는 소유의 개념으로 사용된다고 보는 것이 문맥상 자연스럽다. 그 '소유'란 물질적 재산(2:21)과 기쁨(2:10; 3:22; 5:17, 18; 9:9)과 같은 유, 무형적인 것을 포함한다. 9:6의 חלק는 재산, 기쁨, 슬픔, 미움 등 인간에게 주어지 는 모든 것이다. M. Tsevat, "חָלַק; חֵלֶק; חֶלְקָה, etc.," *TDOT* 4, pp.450-51; M. Fox, *A Time to Tear down & a Time to Build up*, pp.110-11.

249) 3:19, 2:12-17과 비교해 보라. 옥덴은 2-3장과 9장 사이의 긴밀한 관계 를 논의하고 있다. G. Ogden, "Qoheleth IX 1-16," *VT* 32(1982), p.163.

인정하고 이를 '하나님의 손안에 있다'(בְּיַד הָאֱלֹהִים, 9:1)[250])는 믿음으로 극복한다. 그는 인간이 받을 현실적 보상으로 현재의 삶을 최대한 받아들이는 일을 그의 대안으로 제시하고 있다('인생을 즐겨라,' 2:24; 3:12-13, 22; 5:19; 7:13-14; 8:15; 9:9). 사는 일에는 희망이 동반되기 때문에 어떤 죽음보다 낫다. 이를 증명하기 위하여 전도자는 4절에서 살아있는 개와 죽은 사자의 첨예한 이미지를 담은 '살아있는 개, 그것이 살아있는 개가 죽은 사자보다 낫기 때문이다'라는 속담을 사용한다.

이 속담은 리듬이나 구조에 있어서 다른 속담에서 자주 나타나는 시적인 운율을 갖추고 있지 않다. כֶּלֶב(개) 앞에 정관사가 없는 반면 הָאַרְיֵה(사자)에 정관사가 사용된 것은 대표성을 강조하려는 의도 때문일 것이다.[251]) 이 속담은 비교 잠언의 양식을 갖추고 있으며, 문장의 구조가 특이하다. 대체로 비교를 나타내는 토브(טוֹב)는 어순상 문장 처음에 나타나고, 그 다음에 비교할 대상이 나오는 것이 일반적인데 반해 여기에서는 טוֹב가 문장 중간에 나타나고 있다. 죤슨(R. Johnson)은 4절 하반절에는 살아 있는 것이 죽음보다 낫다는 가치가 포함되어 있기 때문에 속담이라기보다는 '도덕 문장'으로 분류해야 한다고 주장한다.[252]) 그러나 4절 하반절은 간결한 문장과 비유의 사용과 그 통용성이 넓고 주변의 문장과 구별되는 비교 양식을 지닌 만큼 속담으로 분류되어야 할 것이다. 이 속담이 전도자의 작품인지 아니면 자신의 견해를 지지하기 위해 인용한 것인지 확실하지 않지만,[253]) 사자와 개와 같은 대조적인 비유 때문에 쉽게 기억될 수 있

---

250) '……손안에 있다'라는 표현은 '……의 처분대로'(창 14:20, 16:6), '……의 지도 아래'(창 9:2) 혹은 '……의 돌봄'(에스더 2:3, 8; 욥 12:10; 시 31:5)이라는 의미를 지닌다. M. Eaton, *Ecclesiastes*, p.124.

251) R. Johnson, *A Form Critical Analysis of the Sayings*, p.140.

252) *Ibid.*

253) 화이브레이와 고디스는 4절 하반절을 인용된 속담으로 여기고 있다. 물

162

는 속담이다. 원래 사자는 뛰어난 용맹성 때문에 일찍이 동물의 왕자로 인정받아 왔다.254) 반대로 개는 고대 근동에서 불결과 죽음의 이미지를 지닌 경멸스러운 동물로 인식된 나머지 고대 시대에 남창을 개로 빗대어 불렀고 특히 신하들이 왕 앞에서 자기 비하의 표현으로 벼룩과 함께 사용되어 왔다.255) 이처럼 사자와 개는 지성과 어리석음, 강함과 약함, 존엄함과 비굴함이라는 서로 정반대의 표상을 지니고 있다.256) 그러므로 4절 하반절의 속담은 천박한 신분의 개일지라도 살아있다면 위엄은 갖췄으나 이미 죽은 사자보다 낫다는 의미를 전해준다.257) 이것은 죽음은 결코 이익이 없음을 말해준다. 이

론 개와 사자처럼 대조적인 이미지를 가진 동물들의 비교는 고대의 시대적 관습과 이해가 반영된 것으로 볼 수 있지만 그렇다고 하여서 고대의 구체적인 인용 문헌이나 정확한 문구를 찾기 어려운 상태에서 인용이라고 단정하기는 어렵다. R. Gordis, *Koheleth*, p.305; R. Whybray, *Ecclesiastes*, p.142.

254) 창 49:9; 호 13:7; 잠 30:30.

255) 아람왕의 부하 하사엘은 선지자 엘리사에게 자신을 비하시키기 위하여 '개 같은 종'(עבדך הכלב)이라고 부르면서 상대방에게 존경을 표하고 있다(신 23:18-19; 삼상 17:43; 24:14; 왕하 8:13; 시 22:16, 20; 마태 15:26-27와 비교하라). 개와 관련된 속담은 성경에서 더 찾아볼 수 있다. 이를테면 개와 미련한 자가 서로 동격으로 사용되고 있다"; "개가 그 토한 것을 도로 먹는 것 같이 미련한 자는 그 미련한 것을 거듭 행하느니라"(잠 26:11. 벧후 2:22에서 인용)에서는 개와 미련한 자를 동격으로 쓴다. 또한 신약성서에서도 개는 천한 것으로 비유되고 있다(마 7:6; 15:26; 막 7:27, 28; 눅 16:21). R. Murphy, *Ecclesiastes*, p.92; J. Crenshaw, "The Shadow of Death in Qoheleth," p.209.

256) W. Brown, *Ecclesiastes*, p.92.

257) 롱맨과 화이브레이는 이 문장을 전혀 다르게 이해하고 있다. 즉 전도자가 생명이 죽음보다 낫다고 표현한 것은 문자적인 의미에 있어서 분명 그러하지만 이는 전도자의 냉소적이고 비아냥거리는 태도의 표현이거나 아이러니한 표현일 뿐 결코 삶의 긍정적인 측면을 강조하는 것은 아니라고 한다. 보상도 없고 죽은 자의 자리도 끔찍한 일이기 때문에 단지 죽은 사자보다 살아있는 개가 낫다고 폄하(貶下)하는 것뿐이라고 이해한다. T. Longman III, *Ecclesiastes*, p.228; R. Whybray,

런 측면에서 이 속담은 단락 9장 1-6절의 정점에 위치해 있다고 할
수 있다.

이 속담의 의도는 9장 5절에 두 번 나오는 'כִּי'에서 더 분명해진다.
5절의 접속사 'כִּי'가 이끄는 절은 4절 하반절의 속담에 대한 이유를
설명한다.[258] 먼저 4-5절에서 삶과 죽음과 관련된 단어들이 각각 3번
씩이나 언급된 것[259]은 삶과 죽음의 대조적인 문제를 논의하기 위해
서이다. 그는 살아있는 동물이 더 유익한 것은 '희망'을 가질 수 있
기 때문이라고 말한다. 히브리어 בִּטָּחוֹן은 신뢰, 안전과 자신감과 희
망과 같은 긍정적인 느낌을 의미한다.[260] 그러나 그 경험은 단지 감
정의 차원이 아니라 하나님을 의존하는 감정을 비롯하여 인간이 신
뢰할 수 있는 그 무엇으로 정의되고 있다(사 36:4).[261] 생명이 있는
한 그것이 비록 개일지라도 희망을 가질 수 있다. 전도자에 따르면
그 희망의 근거는 적어도 살아있는 자에게는 그것이 '미친 일'(הוֹלֵלוֹת,
3절)[262]처럼 보일지라도 죽음의 인식, 보상, 기억, 사랑, 미움과 질
투[263]와 같은 삶의 모든 요소들을 경험할 수 있고(9:1, 3, 6) 무엇보

  Ecclesiastes, pp.142-43; I. Spangenberg, "Irony in the Book of Qohelet,"
  JSOT 72(1996), pp.67-8.

258) 1절과 4절 상반절의 'כִּי'는 단지 강조를 위한 용법으로 사용된 반면 4절
  하반절, 5절의 'כִּי'는 앞 절의 원인절이 되고 있다. 그리하여 롱맨은 1절
  과 4절 상반절의 'כִּי'는 '정말로'(indeed)로, 4절 하반절과 5절의 'כִּי'는 '왜
  냐하면'(for)으로 번역하고 있다. T. Longman Ⅲ, *Ecclesiastes,* pp.224-226;
  A. Schoors, *The Preacher Sought to Find Pleasing Words,* pp.107-108.

259) חַיִּים (2번), מֵת과 מֵתִים, מוֹת, מֵתִים.

260) A. Jepsen, "בָּטַח," *TDOT* 2, pp.88-94.

261) 이 단어는 구약성서에서 드물게 나타난다(왕하 18:19; 사 36:4). C-L.
  Seow, *Ecclesiastes,* p.300; M. Fox, *A Time to Tear down and a Time
  to Build up,* p.292.

262) 전도서에서 이 단어는 웃음(2:2), 억압(7:7), 어리석음(10:12-13)과 연결
  되어 있다.

263) 1절의 גַּם-אַהֲבָתָם와 6절의 גַּם-אַהֲבָתָם은 인클루시오(inclusio)를 이루고 있

164

다 전도자의 주요 관심인 계획(חשבון)과 지식(דעת)과 지혜(חכמה)를 살아서 추구할 수 있기 때문이다(9:10). 반대로 죽은 자에게는 지식도 없고 희망도 보상도 기억조차도 없다. 아무 것도 일어나지 않는 죽음은 견딜 수 없는 것이다. 그래서 그는 죽음을 자연 현상이 아닌 모든 악 중의 '악'(רע)으로 규정하고 있다. 그가 이렇게 모든 인간264)은 죽음이라는 '같은 운명을 겪어야 한다는 사실을 비극적으로 표현한 것은 역설적으로 살아있는 생명의 희망적 요소를 강조하려는 것이다. 전도자는 3절에서 인간들의 악한 생각과 행동들을 염두에 두고 있으면서도, 그것보다는 인간은 살아있는 동안 무엇인가를 '할 수 있다'는 데 초점을 맞추고 있다. 살아있는 인간은 아직도 무엇인가를 기대할 수 있으며, 적어도 피할 수 없는 죽음의 사실을 직시할 수 있다.265) 불가피한 죽음을 인식한다는 것은 절망이나 허무로 끝나는 것

으며, 6절에서 גם이 세 번 반복된 것은 그만큼 삶의 역동성을 강조하기 위한 것이다. 위의 남성 복수 인칭 대명 접미어에서 규칙적으로 맞춰진 같은 모음과 운율을 볼 수 있다. 여기서 전도자의 세심한 문학적 배려가 돋보인다.

264) 전도자는 9:2에서 5종류의 다양한 인간들(의인 / 악인, 깨끗한 자 / 깨끗지 않은 자, 제사를 드리는 자 / 제사를 드리지 아니하는 자, 선인 / 죄인, 맹세하는 자 / 맹세하기를 무서워하는 자)을 인간의 종교성, 도덕성, 신앙에 따라 분류하는데, 죽음에 있어서 이들은 서로 차별이 없음을 관찰한다. 이것은 여기에서 전도자의 관심이 보상 / 대가에 있음을 보여준다. 이러한 사고는 5절에서도 계속되어서 죽은 자는 שׂכר(보상)도 זכר(기억)도 없음을 다시금 강조하고 있다. שׂכר와 זכר에서 유음의 사용(כר)을 볼 수 있다. R. Murphy, *Ecclesiastes*, p.92.

265) 롱맨은 전도자가 자신의 관찰을 통해 인간이 고통스러울 수밖에 없는 이유를 죽음과 적절한 때를 파악하기 어렵다는 두 가지로 말한다. 여기에 인간은 자기 인생의 사건들을 이해할 수도 조절할 수도 없다는 사실을 덧붙여야 할 것이 있다. 전도자에게 있어서 이 모든 것을 알고 조절하는 유일한 분은 하나님이시다. 이것이 전도자가 터득한 지혜의 본질이다. 적어도 지혜로운 자가 어리석은 자보다 나은 것은 '죽음'을 피할 수 없다는 사실을 깨닫게 됨으로써 자신의 한계를 안다는 것이다. 이 앎은 전도자가 얻은 지혜의 일부이다. M. Fox, "Wisdom in

이 아니라 인간을 신비 앞에 서도록 하는 체험이라고 한다. 죽음을 인식하고 사는 사람은 삶의 진지함을 알 수 있을 뿐만 아니라 진정한 기쁨을 얻을 수 있다. 죽음의 문제에 관한 한 하나님께 내맡기는 것 외에는 살아있는 자에게 다른 해결 방도가 없다는 의미로 이해할 수 있을 것이다.[266] 산 자는 사랑, 미움과 야망과 자신의 몫을 가질 수 있다(9:6). 또 다른 본질적인 희망이 있다. 즉 하나님께 대한 신뢰이다. 피할 수 없는 죽음은 절망케 하는 것이 아니라 오히려 하나님을 의지하게 된다. 죽음을 진지하게 받아들이는 자만이 생명의 모든 가치를 귀하게 여기고 그 기쁨을 누릴 수 있다. 그러므로 살아있음이 죽음보다 낫다.

전도자는 이러한 삶의 가치와 의미를 담은 속담을 단락 중앙에 배치하고 있다. 이 속담을 단락의 중심축으로 볼 수 있음은 이 속담의 전체 주제인 현재적 삶의 가치와 의미를 요약적으로 표현하면서 전도자의 메시지를 전달해 주기 때문이다.

전도자는 1인칭 '나'의 관찰과 경험을 기초로 독자들이나 청중에게 친숙한 '개'와 '사자'의 대조적인 이미지를 담은 속담을 작성하거나 인용하여 단락 9장 1-6절의 메시지의 절정에 이르게 하고 있다. 그러나 여기에서 다른 속담들의 사용 전후 문맥에서 볼 수 있는 הבל 이나 그와 유사한 문구들은 볼 수 없다. 이것은 특히 6장 10절 이하에서 공통적으로 나타나는 현상이다. 전도자는 이 단락에서 삶과 죽음을 대조하면서 삶의 유익을 강조하고 있는데, 이 속담이 그 의미를 전달해주는데 적극적으로 공헌하고 있다. 나아가 이 속담은 인생을 즐겁게 살라는 다음 단락에서 몇 번씩 반복되는 권고에 대한 근거를 제공해주고 있다. 이 속담을 들은 독자들이나 청중들은 살아있

Qoheleth," *op. cit.,* pp.124-126; G. Castellino, "Qohelet and His Wisdom," *CBQ* 30(1968), pp.26-27.

266) A. 보노라, 『코헬렛』(이선영 역), pp.112-113.

는 개와 죽은 사자와 같은 생생한 이미지가 작용하기 때문에 무엇보
다 전도자의 언어와 의도를 보다 인상적으로 기억하게 될 것이다.
이 속담은 전도자가 죽음보다 생명의 유익을 선호한다는 전도자의
기본 태도를 유지하고 있다. 간결하고 통용성이 높은 이 속담은 필
요에 따라 이와 비슷한 상황이 있을 때마다 반복적으로 또 의도적으
로 적용될 수 있다. 따라서 이 속담은 그 자체의 의미뿐만 아니라
이 속담이 위치한 단락의 메시지를 인상적으로 전달해준다.

3) 11장 4절

שֹׁמֵר רוּחַ לֹא יִזְרָע וְרֹאֶה בֶעָבִים לֹא יִקְצוֹר

바람을 살피는 사람은 씨뿌리지 못하고
구름을 관찰하는 사람은 추수하지 못한다

11장 4절은 전도서에서 마지막으로 발견되는 속담이다. 이 속담이
위치해 있는 단락의 범위를 정하는데 있어서 약간의 이견들이 있
다.[267] 그러나 11장 1-6절을 한 단락으로 보는 것이 적절해 보인

---

[267] 고디스와 카스텔리노와 라이트는 11:1-6을 9-10장과 분리할 수 없다고
여기고 있지만 머피는 10:16-11:2을 한 단락으로 간주하고, 바튼은
11:1-6을 9-10장과는 관련이 없는 것으로 보고 오히려 11:1-12:8을 한
단락으로 묶고 있다. 침멀리는 예외적으로 7-8절을 보태어 11:1-8을 한
단락으로 보고 있다. 침멀리의 이러한 단락 구분에 대해 옥덴은 11장
1-6절과 7-8절 모두 자연을 언급한다는 점에서 침멀리의 견해에 동의할
수 있지만 7-8절의 내용은 1-6절과 전혀 다르므로 1-6절만을 한 단락으
로 보아야 한다고 주장한다. 그러나 바로 다음 각주에서 볼 수 있듯이
옥덴의 주장이 설득력이 있어 보인다. G. Barton, *Ecclesiastes*, p.181; G.
Castellino, "Qoheleth and His Wisdom," *CBQ* 30(1968), pp.18-20; R.
Gordis, *Qoheleth*, pp.315-17; R. Murphy, *Ecclesiastes*, p.105; G. Ogden,
"Qoheleth XI 1-6," *VT* 33(1983), pp.222-23; W. Zimmerli, 『잠언, 전도서』

다.268) 문구 "알지 못한다"는 문구와 그와 관련된 문구는 특히 전도
서 6장 10절 이후에서 자주 발견되는 표현이다.269) 이것이 속담의
전후 문맥에서 4번(2, 5(2회), 6절)이나 반복되는 것은 전도자의 관찰
이 이 문구를 중심으로 전개되고 있음을 보여준다. 이 문구의 빈번
한 반복으로부터 짐작할 수 있듯이 이 단락은 '미래와 인간 노력의
불확실성의 문제'270)를 다루고 있다. 이 주제를 다루는 이 단락의
중앙에 위치한 속담은 전도자의 관찰 내용(1-2절과 5-6절)을 서로 밀
접하게 연결해 주고 있다.

　이 속담을 제대로 이해하기 위해서, 이 본문과 밀접한 관계를 맺
고 있는 그 앞의 두 구절인 1-2절의 해석을 먼저 다루어야 할 것이
다. 먼저 다양하게 해석되는 1절 상반절의 '네 빵을 보내라'(לַחְמֶךָ
שַׁלַּח)라는 표현은 두 가지 중요한 견해로 정리되고 있다. 하나는 이
를 자선의 행위와 같은 뜻으로 이해하는 것이고,271) 다른 하나는 빵

(박영옥역), p.375; A. Wright, "The Riddle of the Sphinx: The Structure of the Book of Qoheleth," *CBQ* 30(1968), pp.330-32.

268) 옥덴은 11:1-6을 통일성이 있는 단락으로 보는 근거들로 11:1을 기점으로 주어와 주제가 바뀌며 물, 바람, 구름, 비, 나무, 땅과 씨와 같은 자연물이나 자연 현상에 대한 언급이 잦고 명령형의 빈번한 사용(1, 2, 6절)과 숫자가 언급(2, 6절)된다는 점을 든다. G. Ogden, *Qohelet,* p.183; G. Ogden, "Qoheleth XI 1-6," pp.222-230; K. Farmer, *Proverbs & Ecclesiastes,* pp.190-191; T. Glasson, " 'You never know': The Message of Ecclesiastes 11:1-6," *EQ* 55(1983), pp.43-48.

269) 전 3:21; 6:12; 7:14; 8:7, 17; 9:1, 12; 10:14.

270) 3:21; 6:12; 7:14; 8:7, 17; 9:1, 12; 10:14. R. Murphy, *Wisdom Literature,* p.147; E. Davis, *Proverbs, Ecclesiastes, and the Song of Songs,* p.218.

271) 브라운은 1절 상반절을 이집트와 아랍 잠언의 문헌과 비교하고 있다: 1) "선행을 하고 이를 물 속에 던져라 그러면 물이 빠질 때 이것을 발견할 수 있을 것이다"(이집트의 Anksheshonq 교훈); 2) "선행을 하고 물 속에 빵을 던져라, 그러면 어느 날 그것을 발견할 것이다"(아랍 잠언). W. Brown, *Ecclesiastes,* p.101; E. Davis, *Proverbs, Ecclesiastes, and the Song of Songs,* pp.219-20.

168

(לחם)과 같은 식량의 의미를 포함하여 넓은 의미의 재산 투자를 가리킨다고 보아서 1절 상반절을 무역 활동으로 즉 현명한 사업 투자를 염두에 둔 본문으로 해석하는 것이다.[272] 그러나 자선과 같은 도덕적 충고나 이익을 증대시키는 경제적인 충고를 하려는 것이 본 단락이나 전도자의 궁극적인 관심이라고 상상하기는 어렵다. 본문만으로 그의 정확한 의미를 단정하기 어렵지만 이 단락에서 자주 언급되는 '알지 못한다'와 같은 표현, 즉 불확실성의 문제와 본 단락의 나머지 부분 3-6절과 연관지어서 1-2절과 특히 4절의 속담을 이해해야할 것이다.

5절에서 전도자는 그의 관심을 '하나님의 일'(מעשה האלהים)에 관한 문제에 두고 있다. 전도자에게 있어서 하나님의 일이란 이스라엘 역사에 나타난 하나님의 구속과는 관련이 없어 보인다. 그의 주요 관심 영역이 주로 자연과 특히 인간사[273]에 있는 만큼 하나님의 일 역시 이런 측면에서 폭넓게 이해해야 할 것이다. 예를 들면 그의 관심은 세상의 모든 일(1:3, 14; 3:11; 7:13; 8:17; 9:1), 때(3:1-8), 인간의 수고(2:18-23; 6:7-9), 부(富)의 불확실성(5:9-16), 억압의 현실(4:1-3), 죽음(2:11-17; 3:19-21) 등에 있다.[274] 전도자는 9장 1절에서 세상에서 일어나는 모든 일이 하나님의 일이며, 그 일은 하나님의 손안에 있다고 고백한다. 그러기에 하나님의 손안에 있는 그의 일을 인간이

---

272) C-L, Seow, *Ecclesiastes*, p.341; R. Gordis, *Koheleth*, pp.329-30; J. Crenshaw, *Ecclesiastes*, pp.178-79; R. Murphy, *Ecclesiastes*, pp.106-107; D. Garrett, *Proverbs, Ecclesiastes, Song of Songs*, p.338.

273) 전도자는 그가 이전에 들었던 지식을 말하지 않는다. 그는 자신이 직접 관찰하고 경험하고 판단하고 이를 1인칭으로 보고한다. 따라서 그는 '내가 들었다' 대신 '내가 보았다'(ראיתי)와 이와 유사한 뜻의 동사(ידע, מצא, אמר)들을 사용하고 있다. 이처럼 전도자의 방법론은 철저히 경험론적이다. M. Fox, "Qohelet's Epistemology," *HUCA* 58(1987), pp.141-44; "Wisdom in Qoheleth," *In Search of Wisdom*, pp.121-22.

274) M. Murphy, "Qohelet's Quarrel with the Fathers", *From faith to faith*, p.238.

이해할 수 없는 것은 당연하다. 인간이 알 수 없는 '하나님의 일'의 비밀은 전도서에서 자주 반복되는 주제이다(3:2; 6:12; 7:14; 8:7; 9:12; 10:14).[275)]

더욱이 이 단락(11:1-6)에서 자주 언급되는 자연 현상 즉 구름이 비가 되고, 나무가 넘어지고, 사람이 씨를 뿌리고, 태아가 생성되는 과정 등이 '하나님의 일'로 간주되고 있다. 이를 볼 때 전도자가 관심을 두고 있는 '하나님의 일'이란 자연 현상과 인간 세계, 즉 인간이 이해하기 어려운 신비한 영역에 속한 것이라고 진술한다.[276)] 그러므로 인간이 해야 할 일은 하나님의 신비한 영역에 대한 몰이해의 고민 때문에 자신의 일을 잃어버리거나 포기할 것이 아니라 이것을 그대로 인정하고 자신의 현실 문제에 충실하면서 최선을 다하는 것이다. 나아가 인간은 최적의 때를 무작정 기다리기보다는 기회나 필요가 있을 때마다 자신의 일을 부지런히[277)] 수행해야 한다는 것이다.[278)]

그러므로 1-2절을 이해하기 위해서 위에서 언급한 설명 가운데 어느 것을 적용하든지 이 본문을 5-6절과 연결해 볼 때 본 단락의 메

---

275) 츠키모토(Tsukimoto)는 전도서에 나타난 '하나님의 일'이란 일종의 운명(fate)과 같은 것이라고 한다. 특히 '하나님 경외'(3:14; 5:6; 7:18; 8:12-13)는 바로 하나님의 일을 그대로 받아들이는 것이며, 이는 인간 능력의 한계와 무지를 전제한 것으로 보고 있다. A. Tsukimoto, "The Background of Qoh 11:1-6 and Qohelet's Agnosticism," *AJBI* 19(1993), p.47.

276) 잠언서에서도 인간사의 모든 문제들은 하나님의 섭리로 인정되었다(잠 10:22). 전도자는 하나님의 일의 범위를 인간을 비롯해 자연 세계에까지 확대하고 인간은 그의 운영 질서와 원리를 전혀 알 수 없다고 주장한다(3:11; 8:17; 7:13; 1:13-15 등). 이것은 철저히 하나님의 영역과 그의 신비에 속하는 것들이기 때문이다. R. Murphy, "Qohelet's Quarrel with the Fathers," *op. cit.,* p.239.

277) 6절에서 아침과 저녁은 '언제나'라는 의미로 부지런히 일하는 상태를 말한다. R. Gordis, *Koheleth,* p.332.

278) 전도자는 지나친 노동에 대한 주의를 경고한 바 있다(4:7-8). 이 본문에서는 지나친 게으름을 경계하고 있다.

시지는 하나님의 일은 인간의 이해를 뛰어넘는 하나님만이 알 수 있는 영역이기 때문에 인간은 자신의 자리에서 늘 최선을 다하면서 살아야 한다는 것으로 생각할 수 있다.[279] 인간은 미래에 대해 무지하고 그것을 조절할 수도 없지만 인간의 행동에는 반드시 그 결과가 뒤따르기 때문이다(3:22; 6:12; 7:14; 8:7; 9:12; 10:14). 전도자는 이런 뜻의 1-2절과 5-6절 사이에 "바람을 살피는 사람은 파종하지 못하고 구름을 관찰하는 사람은 추수하지 못한다"는 속담을 끼어 넣고 있다.

이 속담의 두 행은 서로 동의 대구를 이루고 있다. 각 행의 문법 구조는 동일하게 분사, 목적어, 부정어와 미완료 동사로 되어 있다. 또 이 속담은 완전하고 규칙적인 4·4조의 시적인 운율을 지닌 간결한 문장이어서 주변의 산문 문장과 구별된다. 각 행에 사용된 분사와 미완료 동사에서 모음 '오'와 '이'의 압운과 부정어(לא)의 반복을 볼 수 있으며, 분사의 결과는 각각 반복적 행동을 표시하는 미완료형으로 진술되어 있다. 더욱이 농경 문화를 반영하고 있는 이 속담은 아마도 대중의 폭넓은 이해에 근거하고 있어서 여러 상황에 적용이 용이하다. 이러한 특징들에 비추어 볼 때 11장 4절을 속담으로 분류할 수 있다.

고디스(R. Gordis)는 이러한 문체적 특징을 가진 속담을 전형적인 인용으로 간주하고 있지만 실제로 인용인지 아니면 창작인지 구분할 수 있는 기준이 마련되어 있지 않을 뿐만 아니라 인용으로 볼 수 있는 근거도 확실하지 않다.[280] 그러나 분명한 것은 어느 쪽이든 전도자가 이 속담의 의미에 비중을 두고 있다는 점이다.[281] 이 속담의 의미는 비교적 단순하다. 곧 지나친 조심과 그의 결과로 생긴 무노

---

279) T. Longman Ⅲ, *op. cit.*, p.256.

280) R. Gordis, "Quotations in Wisdom literature," *JQR* 30(1939-1940), p.131.

281) M. Fox, "The Identification of Quotations in Biblical Literature," *ZAW* 92(1980), pp.416-31.

동이나 게으름을 경계하라는 것이다. 전도자는 자연 법칙과 관련하여 실제로 인간은 알 수 없는 신비한 부분과 더욱이 이를 조절할 수 없는 인간의 한계를 강조하고 있다. 이것을 대변할 수 있는 상징적인 자연 현상이 바로 바람(רוח)과 구름(עב)이다. 이것은 전통적인 지혜 전승에서도 인간의 이해를 뛰어넘는 전형적인 자연 현상으로 간주되고 있다(욥 36:29). 인간은 그의 지혜가 탁월하다고 하여도 하나님의 세계 운영에 관해서 잘 알지도 못하고 조절하지도 못한다.[282)

이 속담과 함께 고려해야 할 본문은 그 바로 앞에 있는 3절이다. 이 절은 내용적으로 4절의 속담과 매우 유사하다. 3절은 인간이 조절할 수 없는 자연 현상, 이를테면 구름, 비, 특히 나무의 예측할 수 없는 움직임을 묘사하면서 인간의 불예측성을 진술하고 있다.[283) 3, 4절 모두, 농부의 씨뿌리기와 추수라는 농경 생활의 절대적인 변수로 작용하는 자연 현상에 관심을 두고 있다. 여기에 사용된 핵심어는 서로 교차 구조를 이루고 있다(ab//b'a'). 곧 3절 상반절과 4절 하반절은 구름과 비에 관심을 두는 반면 3절 하반절과 4절 상반절은 바람의 효과에 대해 언급하고 있다.[284) 4절과 마찬가지로 동의 대구를 이루는 두 행은 각각 אם으로 시작하는 조건절과 결과를 말해주는 귀결절로 구성되어 있다. 3절의 내용은 구름, 비 혹은 쓰러지는 나무의 움직임을 예측할 수 없음을 말하고 있다. 이러한 자연 현상들은 전도자가 인간의 무지나 무능을 역설하기 위한 실례(實例)로

---

282) C-L. Seow, *Ecclesiastes*, p.344.

283) 츠키모토는 바람과 구름은 메소포타미아의 점성술의 대상이기 때문에 4절에서 바람과 구름의 언급은 점쟁이의 점치는 행위를 비판하는 것으로 보고 있다. 그는 4절의 바람을 구름의 움직임에 따라 씨뿌리고 거두는 시기를 결정하는 농부를 묘사하고 있는 것으로 이해하고 있다. 그러나 전도자는 전도서에서 이교도적인 습관이나 신앙에 특별한 관심을 보이고 있지 않기 때문에 여기에서 그런 연결은 굳이 필요해 보이지 않는다. A. Tsukimoto, *op. cit.*, pp.35, 38.

284) R. Gordis, "Quotations in Wisdom literature," *JQR* 30(1939-1940), p.331.

172

사용된 것이다. 등위 접속사 와우(ו) 없이 연결된 3절 상반절과 하반절은 전도서에서 상대적으로 긴 문장 가운데 하나이다(7:12; 10:20와 비교해 보라). 그런데 이 절은 구조적으로 장문(長文)으로서 속담의 기본 조건인 간결성이 부족하다.285) 이 때문에 본 논문에서는 3절을 속담에서 제외한다. 5절에서도 역시 '바람'(רוח)286)과 태아 형성이라는 인간 생명의 신비가 전도자의 주의를 끌고 있다. 이는 인간의 무지(無知)를 알 수 있는 대표적인 자연 현상들이며 또한 하나님의 일로서 인간은 도저히 가늠할 수 없는 신비한 영역이다.

이렇게 자연 현상의 진로(進路) 및 결과, 인간 생명의 형성 과정이 모두 하나님의 일이기에 속수 무책일 수밖에 없는 인간의 무지와 무능을 절감하는 탐구자들은 아마도 최적의 때를 기다린다는 핑계로 아무 일도 하지 않았던 것 같다. 4절의 속담은 바로 이런 사람들을 비판하는 내용이다. 이 속담은 인간의 무지와 예측 불가능성에 대해 말하는 1-3절과 5-6절 사이에 끼여 있다. 이렇게 본 단락에서 절(節)들의 전후 관계를 살펴 볼 때 4절의 속담은 내용이나 기능적인 측면에서 한편으로는 1-3절의 결론이면서 다른 한편으로는 5-6절의 출발점으로 사용되고 있다. 전도자는 '씨뿌리기'(זרע) 주제를 근거로 6절에서 교훈(admonition) 장르를 사용하여 직접적으로 성실함과 부지런함을 명령하고 있다.287) 여기에서 전도자는 그 성취를 향한 노동의

---

285) 예외적으로 존슨만이 3절을 속담에 포함시키고 있다. R. Johnson, *A Form Critical Analysis of the Sayings*, p.195

286) 바람이나 구름은 예견할 수 없는 자연 현상의 가장 대표적인 것이다 (욥 36:29). 자연 법칙에 대해 인간이 어느 정도 알 수 있다고 해도 조절하거나 지배할 수는 없다. 누구도 비가 오는 시기나 진로를 미리 알 수 없고 오게 할 수도 없다. C-L. Seow, *Ecclesiastes*, p.344.

287) 11:4와 비교해 보라. 메시지 전달에 있어서 4절의 속담과 6절의 교훈은 그 의도가 서로 다르다. 전자는 독자들이나 청중들로 하여금 스스로 판단하고 결단할 것을 간접적으로 암시하지만, 후자는 그대로 따를 것을 명령한다.

중요성을 말하고 있다. 자연의 과정과 경과는 인간의 의지나 기대와
는 상관없이 하나님에 의해 움직이고 조절된다. 자연은 하나님의 영
역이기 때문이다. 그러므로 그 결과가 인간의 기대나 예측과는 다르
다는 이유로 아예 처음부터 일을 포기하거나 연기하는 것은 그의 게
으름이나 활동하지 않는 것을 합리화하거나 변명하는 것과 같다. 그
러므로 4절은 전후 문맥에서 중추적인 역할을 하면서 전도자의 메시
지에 대한 오해를 불식시키고 있다.288) 인간은 미래를 알지 못하지
만 그렇다고 막연히 기다리면서 현실의 책임과 의무를 도외시해서는
안되고 자신의 역할에 충실해야 한다.

이처럼 4절의 속담은 게으르지 말고 자신의 일에 충실해야 한다는
전도자의 메시지를 독자들이나 청중들로 하여금 스스로 판단하고 결
단하도록 한다. 전도자는 지혜로운 사람은 최적의 때를 기다린다는
명분으로 게으르지 않는 사람이라고 전도자는 분명히 말한다. 이는
지혜로운 사람이란 관찰과 경험을 통해 이상적인 시기와 조건을 아
는 사람이라는 전통적인 지혜 전승과는 대조를 이룬다. 이렇게 4절의
속담은 '알지 못한다'는 문구를 중심으로 '미래의 불확실성'289)에도
불구하고 인간의 노력과 근면을 자연스럽게 권면하고 있다.290) 지나
치게 심사숙고하다가 손을 놓고 기다리거나 게으름을 피우고 연기할
경우 가질 수 있는 기회마저 박탈당하게 된다. 불안전하다고 고심만
하다가 행동하지 못하는 사람은 결코 어떤 성취도 이룩할 수 없다.
기회는 빨리 지나간다. 그러므로 비록 인간의 환경이 불확실할지라도
인간은 할 수 있는 한 최선을 다하여 자신의 일을 계속해야 한다.291)

---

288) B. Rosendal, *op. cit.*, pp.126-27.

289) R. Murphy, *Wisdom Literature*, p.147

290) הבל이나 이와 유사한 문구 רעות רוח와 같은 표현들이 속담 주변에서
발견되지 않는 반면 '알지 못한다'(אין יודע//לא תדע, vv. 2, 5(2번), 6)와
같은 다른 문구들이 나타난다. W. Zimmerli, 『잠언, 전도서』, p.375; T.
Longman Ⅲ, *Ecclesiastes*, p.254.

174

4절의 속담은 한 단락(11:1-6)의 중간 지점에 자리잡고 있다. 이것
은 1-3절의 교훈을 간결하면서도 인상적으로 마무리하고 그 다음의
교훈(admonition)의 내용으로 자연스럽게 이어주는 교량(bridge)의 역
할을 하고 있다. 다시 말하면 4절의 속담은 1-2절의 결론인 동시에
5-6절의 출발점으로서 단락의 중앙 위치에서, 이해하기 어려운 여러
주변 환경들(2, 5, 6절)[292]에 처한 인간들에게 노력과 노동의 소중함
을 깨닫고 궁극적으로 부지런히 일하라는 그의 메시지를 자연스럽게
연결하고 강조하는 기능을 지니고 있다.

그러나 여기에서 한 가지 주목할 것은 속담이 나타날 때 자주 발
견되는 일인칭 보고서나 הבל이나 רעות רוח와 같은 전도서 특유의 문
구들이 발견되고 있지 않다는 점이다. 적어도 6장 9절 이전에는 속
담과 이들과의 관계가 매우 밀접하게 나타나고 있음을 관찰한 바
있다. 그러나 6장 9절 이하에 나타나는 속담 주변에는 '알지 못한
다'(אין יודע//לא תדע, 2, 5(2번), 6절)는 어구들이 대신 발견되고 있는
것이다. 또한 화자(話者)가 비록 독자들이나 청중들을 2인칭 단수로
표시하고 있어 보고자인 전도자 자신이 일인칭 '나'임을 전제하고
있지만 실제로 1인칭의 회상(reflection) 문체는 나타나고 있지 않다.
이와 같은 특징은 아래에서 다루게 될 연속적으로 나타나는 일련의
속담들(4. 그 외의 다른 속담)에서 자주 볼 수 있는 특징이다. 전도
자는 속담의 전후 문맥에서 속담을 돋보이게 할 수 있는 장치들(הבל
과 / 혹은 רעות רוח 때로는 수사 의문문)을 주로 사용하고 있다. 그러

---

291) 전도자가 부지런한 생활을 권고하는 것은 노동과 수고의 무의미를 강
    조하는 그의 일반 사고와 맞지 않는 것처럼 보인다(2:18-24; 4:4-8;
    5:12-16(13-17); 6:1이하). 그러나 이것은 지나친 노동이나 지나친 수고
    가 아니라 적절한 쉼을 동반한 노동을 충고하는 것이다(4:6).

292) 전도자는 자연에서 인간으로 그리고 하나님의 영역에로 이동하고 있
    다. 바람과 구름의 예측 불가능(11:3-4), 생명의 신비(11:5상)와 그것들
    을 다스리시는 하나님의 일(11:5하)에 관심을 두고 있다. C-L. Seow,
    Ecclesiastes, pp.345-46.

나 이것이 불가능할 경우 תדע לא나 יודע אין와 같은 문구들을 속담 주변에 대신 배치하고 있다. 이는 전도자가 적어도 그의 단락을 독자들이나 청중들에게 전해줄 때 그만의 계획적인 구조와 문학적 특징들을 고려하고 있음을 말해준다.

4) 요 약

이 장(章)에서는 한 단락에서 다루는 주제의 보충 자료로 사용된 세 개의 속담을 살펴보았다(2:14상; 9:4하; 11:4). 이것은 단락의 중앙에 위치하면서 속담 전후의 본문을 자연스럽게 연결해주고 논의되는 주제에 대해 전도자의 논증을 지원해 주고 있다. 말하자면 앞 본문의 중간 결론이면서 동시에 다음 논의의 출발점이 되는 이중적인 기능을 지니고 있다. 이 속담은 전도자의 최종적인 결론을 위한 중간 단계의 기능을 수행하고 있다. 여기에 속한 속담들은 독자들이나 청중들로 하여금 그의 주장에 동조할 수 있도록 설득하는 논쟁의 교량 역할을 하고 있다.

덧붙여 주목할 것은 세 개의 속담 가운데 두 개(2:14상; 9:4하)는 다른 종류의 속담처럼 전도자 '나'의 일인칭 보고 안에서 발견되고 있다. 그리고 세 속담이 발견되는 문맥 주변에는 역시 הבל(2:15, 17)과 רעות רוח(2:17)가 함께 혹은 홀로, 또 '알지 못한다'(לא תדע, 9:1, 5; 11:2, 5)나 그와 유사한 문구들이 발견되고 있다. 이것을 볼 때 본문에 사용된 속담 역시 전도자만의 특유한 표현들과 밀접한 관계를 맺으면서 전도자의 주장이나 논점을 돕고 있다. 이는 속담이 전도자의 의사 소통을 위한 중요한 장치로 사용되고 있음을 말해준다. 결과적으로 이것은 전도자가 세심한 계획과 기교에 따라 속담을 사용하고 있음을 증명해 준다.

176

4. 그 외의 다른 속담

여기에 속한 속담들은 이것들이 속한 단락의 위치와 기능에 있어서 앞에서 고찰한 세 종류의 속담들과 다르다. 이 속담들은 단락 안에서 단락의 서론, 결론 혹은 보충 자료로 사용되는 것이 아니라 전도자의 질문을 중심으로 그 주제에 따라 모인 속담들이다. 이들은 이들이 각각 위치해 있는 단락 안에서 전도자 '나'로 시작하는 회상(reflection) 장르 안에서 발견되지도 않을 뿐만 아니라 그들 주변에서 자주 볼 수 있는 전도자의 독특한 문구들인 הבל 혹은 그와 유사한 표현들도 거의 발견되지 않는다.293) 이들은 거의 같은 주제를 다루는 속담으로서 전도자가 전달하려는 주제를 인상적으로 표현하기 위해서 한 단락 안에서 주로 연속적으로 또는 집단적으로 사용되고 있다. 비록 속담이 발견되는 단락 안에서 서론, 결론 혹은 보충의 논리적 기능은 없지만 이 속담은 전도자의 메시지를 강조하고 지지할 뿐만 아니라 속담의 친근한 맛을 보태어 독자들이나 청중들로 하여금 쉽게 기억하도록 동일한 주제를 중심으로 작성하거나 인용한 것들이다. 이같은 기능을 가진 속담은 주로 7장과 10장에서 찾아볼 수 있다. 속담들이 7장 1절 상반절, 6절 상반절, 8절 상반절, 9장 18절 상반절, 10장 1절 상반절, 10장 8-9절, 11절, 18절, 20절하반절에서 발견된다.

1) 7장 1절 상반절, 6절 상반절, 8절 상반절

세 속담(1상, 6상, 8상)이 한 단락인 7장 1-14절294)에 들어 있다.

---

293) 주로 7장과 10장이 그런 예이다. 여기에서 예외적으로 7:6상반절의 속담 다음에 הבל이, 10:5에서만 일인칭 보고 형식(ראיתי)이 발견될 뿐이다.

294) 7장 1-14절을 한 단락으로 정하는데 이견이 있다. 페리는 6:12에서부

일반적으로 7장은 전도서의 특징인 일인칭 '나'와 그의 관찰과 경험을 말해주는 회상(reflection) 장르와 관계없이 여러 종류의 잠언 가운데 주로 비교 잠언을 중심으로 구성된 잠언의 모음295) 혹은 같은 주제를 중심으로 한 일련의 연속 잠언296)으로 분류되고 있다. 혹자는 전도서 7장은 잠언서 10장 이하처럼 논리성 없이 수집된 잠언에다 다소 전통적인 견해를 보여주는 몇몇의 잠언들이 후대에 첨가된 것으로 설명하고 있다.297) 화이브레이(R. Whybray)도 같은 맥락에서 7장은 논리성이 부족한 비교 잠언과 핵심어의 반복으로 구성되어 있다고 주장한다.298) 그는 7장 1-14절은 독립적이고 단편적인 잠언이 계획 없이 수집된 것이기 때문에 이 단락에서 논리적인 사고를 찾는

터 대화가 시작된다고 믿기 때문에 6:12-7:12을 한 단락으로 여기고 있다. 반면에 라이트는 7:14, 24, 28에 나타나는 규칙적인 표현(מצא) 및 그의 다른 문구를 기준으로 단락을 결정하고 있다(1-14, 15-24, 25-29절). 내용적으로 7:1-14은 6:12에서 던진 질문인 מה-טוב에 대답하고 있다. 또한 13-14절의 내용이 비록 1-12절의 관심사와는 무관해 보이지만, 한편으로는 6:12에서 인간은 미래를 알 수 없다는 주제가 7:14에서 반복되어 있고 다른 한편으로는 단어의 반복(טוב와 יום)이 1, 14절에서 인클루시오(inclusio)를 형성하고 있음을 볼 때 1-14절을 한 단락으로 보는 것이 적절해 보인다. G. Ogden, *Qohelet*, 1987, p.99; T. Longman Ⅲ, *Ecclesiastes*, p.180; T. Perry, *Dialogues with Kohelet*, p.119; R. Murphy, "A Form-Critical Consideration of Ecclesiastes 7," SBL Seminar Paper 74, p.80; A. Wright, "The Riddle of the Sphinx: The Structure of the Book of Qoheleth," *CBQ* 30(1968), pp.330-31.

295) 7:1-8; 9:17-11:6. J. Crenshaw, *Ecclesiastes*, p.48; R. Murphy, "A Form-Critical Consideration of Ecclesiastes 7," SBL Seminar Paper 74, pp.77-85.

296) R. Johnson, *A Form Critical Analysis of the Sayings*, pp.140-41.

297) 고디스에 따르면 야스트로우(Jastrow)는 7장 1상, 2하, 3, 5, 6상, 7, 8하, 9, 11, 12절을, 바튼(Barton)은 7장 1상, 3, 5-9, 11, 12절을, 맥닐(McNeile)은 7장 1상, 4-8, 10-12절을 후대 삽입 본문으로 보았다. R, Gordis, *Koheleth*, p.265.

298) טוב가 10번, חכמה와 חכם이 6번, לב가 5번, כסיל이 4번 그리고 כעס가 3번 나타나고 있다. R. Whybray, *Ecclesiastes*, p.112.

178

시도는 무모하다고 결론짓는다.[299]

　그러나 몇몇의 소수 주석자들은 7장 1-14절에서 통일성과 의도적인 구조를 찾아내고, 이를 한 단락으로 간주하고 있다.[300] 고디스(R. Gordis)는 이와 관련하여 전도서 특유의 스타일이 이곳에서 자주 발견된다는 사실은 이 부분이 단순히 독립적인 잠언을 수집해 놓은 것이 아니라 전도자의 계획과 의도에 따라 구성된 통일성을 갖춘 장(章)이기 때문이라고 주장한다. 예를 들면 각 문장의 첫 단어를 טוב 또는 טובה로 시작하는 비교 잠언(1, 2, 3, 5, 8, 11절, טובה, 14절) 안에 전도자만의 독특한 주석(6하, 13절)이 그의 의도에 맞게 첨가되어 있다.[301] 즉 6절 상반절의 속담에 이어 גם־זה הבל의 첨가와 13절에서 수사 의문문을 비롯하여 그의 독특한 문구와 사상이 여러 곳에서 나타나고 있다.[302] 이 단락의 구절들을 엮어주는 3-4절과 5-7절의 교차 대구(chiasmus)[303]는 주제가 공통되는 속담과 그 주석을 서로 긴밀하

---

299) *Ibid.*, pp.112-13.

300) 오스본(Osborn)은 고디스의 분류에 따라 7:1-14을 한 단락으로 보고 그의 주제에 따라 이를 다시 1절, 2절, 3-4절, 5-7절, 8-10절, 11-12절과 13-14절의 일곱 부분으로 나눈다. N. Osborn, "A Guide for Balanced Living: An Exegetical Study of Ecclesiastes 7:1-14," *BT* 21(1970), p.185.

301) 이 단락은 6:12에서 앞으로 일어날 일을 인간은 발견할 수 없을 것이라는 부정적인 대답을 수사 의문문 "누가 알요?"(מי־יודע)으로 대신하면서 그것의 해결점을 구하고 있다. 그는 "무엇이 좋은지?"(מה־טוב)와 "무엇이 일어날지?"(מה־יהיה)라는 질문을 첨가하면서 지혜의 궁극적인 목표에 이를 수 있는 방안을 독자들이나 청중들의 선택으로 돌린다. 이 질문은 이 단락에서 계속적으로 관심을 두고 있는 טוב의 문제 즉 비교적인 우위의 문제로 대답하고 있다. טוב 또는 טובה는 7장 전체에서 15번, 1-14절에서 10번 사용되고 있다.

302) 7:22하반절과 4:2의 유사점; 6절의 גם־זה הבל 사용; 9절 상반절의 בהל 사용(비교, 5:1, 8:3); 10절에서 단조로운 사건 나열(비교, 1:9이하와 9:16); 11절에서 부(富)를 동반하지 않은 지혜의 무용성을 주장(비교, 6:8, 9:16); 13절과 1:15과의 유사점; 14절에서 לעמת דברת על와 같은 문체와 인간의 무지를 강조(비교, 5:15, 3:18). R. Gordis, *Koheleth-The Man and his World*, p.265.

게 연결해 주고 있다.

옥덴(Ogden)[304]은 1-14절의 구조적 통일성, 문학적 통일성, 비교 잠언과 같은 문학적 창조성과 일관성, 6장 11-12절에서 질문하고 7장 1-14절에서 대답하는 질의 응답의 구조, 죽음이나 끝과 같은 공통된 주제 등을 근거로 주장한다. 이 단락은 핵심어이자 동시에 전도자의 주요 관심사인 지혜와 어리석음[305]의 '이익'(יתר 또는 יתרון)의 문제를 주제로 다루고 있다(6:11; 7:11, 12). 그밖에 4, 5, 7절의 대구(parallelism), 1하-3절과 8절의 역설(paradox), 모음 압운(assonance)[306] 등의 문학적 특징이 발견되고 있다. 옥덴은 이런 공통점들이 7장 1-14절을 한 단락으로 엮을 수 있는 충분한 근거가 된다고 주장한다. 그 외에도 단락의 결속력을 강화시키는 단어들로서 כעס(3, 9절), לב (2, 3, 4(2번), 7절), בית אבל(2, 4절), כסיל(4-6절), חכם(4, 5, 7, 10-12 절), רוח(8-9절)가 있다. 이같은 문학적 특징과 동일 단어의 반복적 사용은 7장 1-14절이 아무렇게나 짜여진 모음집이 아니라 여러 잠언이 계획된 의도로 저작 혹은 편집되었음을 의미한다. 전도자는 이 단락에서 공통된 주제 아래 계획된 의도를 가지고 특히 속담과 비교 잠언을 배열하면서 그의 논쟁을 계속하고 있다.[307] 때때로 서로 모순되어 보이는 독립 잠언이 함께 발견된다는 사실은 전도자의 광범위

303) 교차 대구를 도구로 절(節)들 사이의 관계가 밀접하게 이어지고 있다. 곧 3절 하반절과 4절 상반절은 지혜로운 자의 슬픔을, 3절 상반절과 4절 하반절은 어리석은 자의 경솔함을 다루고 있다(abb'a'). 마찬가지로 5절 상반절은 6절 하반절과 7절이 설명하고, 5절 하반절은 6절 상, 하반절에 따라 확인되고 있다. R. Gordis, *Ibid.*, pp.266, 269, 271.

304) G. Ogden, *The "Tob-Spruch" in Qoheleth*(1975), p.150.

305) חכם 또는 חכמה는 4, 5, 7, 10-12절에, כסיל은 4-6절에 나온다.

306) שמש와 שמן(1절 상반절), שיר와 סיר와 סירים(5-6절), נונה와 רוח(8-9절).

307) 1-4절에서는 삶-죽음의 주제가, 5-7절에서는 지혜와 어리석음의 주제가 다루어지고 있다. 이같은 주제는 7장 8절 이하에 계속 유지되고 있다. G. Ogden, *The "Tob-Spruch" in Qoheleth*(1975), pp.151-52.

180

한 현실 이해와 그만의 논쟁 방식이 이 단락에 충분히 반영되었음을
보여준다.[308]

본 논문의 주요 관심은 이 단락(7:1-14)에서 발견되는 세 속담(7:1
상, 6상, 8상)에 있다. 아래에서 볼 수 있는 것과 같이 세 속담은 각
각 이 단락의 주제가 지혜와 어리석음의 선택 문제와 관련되어 있
다. 이 단락은 전도서에서 자주 발견되는 일인칭 '나'로 된 자서전
문체가 발견되지 않고 주로 지혜와 어리석음의 주제를 중심으로 한
여러 장르들이 배열되어 있다. 이 안에서 발견되는 다음 속담의 의
미와 그 기능과 효과를 차례로 관찰하고자 한다.

(1) 7장 1절 상반절

: (וְיוֹם הַמָּוֶת מִיּוֹם הִוָּלְדוֹ) טוֹב שֵׁם מִשֶּׁמֶן טוֹב

    a' b' b a

이름이 좋은 기름보다 더 낫다.

(죽는 날이 태어난 날보다 더 낫다)

1절 상반절은 전형적인 비교 잠언의 양식 곧……מִן……טוֹב으로 된
속담이다. 이 절은 가치가 분명하게 진술되어 있다는 이유로 예술
잠언 혹은 도덕 문장[309]으로 분류되기도 한다. 그러나 주변의 관찰
을 기초로 낱말 셋으로 간결하게 표현한 점과 비유와 모음 '오'와
'아'가 엇갈려 나오는 압운(assonance), 두운(alliteration)[310]과 언어 유

---

308) R. Johnson, *A Form Critical Analysis of the Sayings*, pp.140-41.

309) 부록에 있는 도표 1에서 볼 수 있는 것처럼 1절 상반절을 속담으로 분
류하는 유일한 학자는 클라인이다. C. Klein, *Kohelet und die Weisheit
Israels: Eine Formgeschichtliche Studie*(Stuttgart, Berlin, Cologne:
Kolhammer, 1994), p.121.

310) שֶׁמֶן과 שֵׁם에서 자음 שׁ와 מ의 반복과 טוֹב의 반복에서 첫 자 ט을 공통
적으로 발견할 수 있다.

희(paronomasia, שׁמׁן과 שׁם), 단어의 반복(טוׁב)과 교차 대구(chiasmus, ab / b'a')와 그에 따른 통용성은 7장 1절 상반절을 속담으로 분류하게 한다.311)

이 속담에서 히브리어 שׁם은 원래 도덕적 가치와는 무관한 의미를 갖는 '이름'으로 번역될 수 있다. 그러나 이 문장이 잠언 22장 1절과 깊은 관련이 있음을 고려할 때(암 6:6; 시 23:5)312) 이 용어는 확실히 '명성'의 의미를 지닌다.313) 차이가 있다면 잠언서는 이름이나 명성을 비싼 보석과 비교하는 반면314) 전도자는 좋은 기름과 비교하고 있다는 점이다.315) 히브리어 '쉠'(שׁם)이 '좋은 기름'과 비교되는 정확한 이유를 알 수 없지만 전통적으로 내려온 상징성과 전도자의 의도로부터 크게 벗어나지 않으면서도 언어 유희(word play)를 할만하다고 판단되는 히브리어 쉐멘(שׁמׁן)이 선택된 것이라 여겨진다. '기름'(שׁמׁן)은 성서 시대에 매우 값진 물건이었다.316) 인간의 이름은 원래 인간 본성의 일부이기 때문에 이를 바르게 지키는 일은 매우 중요하다(창 32:22-32; 잠 10:7; 22:1). 고디스(R. Gordis)는 이스라엘을 포함하여 고대 근동에 아이가 태어났을 때 그 몸에 기름을 바르는

---

311) R. Murphy, *Ecclesiastes,* p.63.

312) 옥덴은 7:1상반절이 잠 22:1로부터 온 인용이거나 적어도 전통 지혜를 표현하는 것으로 여기고 있다. 한편 화이브레이는 7:1상반절이 인용되었을 가능성을 말하고, 스팡겐베르크는 이를 확신하고 있다. 이처럼 인용의 문제는 서로 일치되지 않는다. G. Ogden, "The Better-Proverb and Qoheleth," *JBL* 96(1977), p.501; I. Spangenberg, "Irony in the Book of Qohelet," *JSOT* 72(1996), pp.57-69; R. Whybray, "The Identification and Use of Quotations in Ecclesiastes," *op. cit.,* p.437.

313) M. Fox, *A Time to Tear down and a Time to Build up,* p.251.

314) 지혜 문학에서 שׁמׁן은 사치품(잠 21:17)이나 풍요(욥 29:6) 혹은 행복(전 9:8)을 상징적으로 표현한다.

315) 아가서 1:3에서 이름(שׁם)이 향수(שׁמׁן)와 비교되었다. T. Longman Ⅲ, *op. cit.,* p.182.

316) 시 45:7; 133편; 암 6:6; 마 6:17; 26:7.

관습이 있었음을 지적한다.317) 이처럼 1절 상반절이 의미하는 바를
1절 하반절과 연관지어 볼 때 출생과 기름(שמן)과의 관계를 사망과
이름 (שם)과의 관계로 관련지을 수 있다. 그러나 무엇보다 전도자가
의도하는 1절 상반절의 정확한 의미는 1절 하반절만이 아니라 다음
4절까지의 관계에서 더 분명해진다.

언뜻 보기에 1절 상반절과 1절 하반절-4절은 무관해 보인다. 왜
냐하면 1절 하반절-4절들은 전통 지혜의 관점으로 볼 때 매우 낯설
뿐만 아니라 반대되는 부정적인 가치가 선호되기 때문이다. 일반적
인 기대와는 반대로 '죽음'(1절), '초상집'(2절)과 '슬픔'(3절)이 '출
생'(1절)과 '잔칫집'(3절)과 '웃음'(3절) 보다 더 가치가 있는 것으로
묘사되어 있다. 1절 하반절-4절은 주로 비교 잠언의 양식을 사용하
여 삶과 죽음과 같은 대조에서 역설적으로 부정적 가치를 선호하고
있다. 이런 면에서 1절 상반절과 1절 하반절-4절과의 논리적 관계
를 찾기가 쉽지 않다. 그러나 실제로 1절 하반절-4절은 1절 상반절
의 속담을 이해할 수 있는 실마리를 제공해 주고 있다.

7장 1절 하반절-4절에서 전도자는 그의 비관적인 관점 때문에
죽음과 초상집과 슬픔(כעס)318)을 선호하는 것이 아니라 제한된 현실
을 대면하는 것이 자신의 성취와 운명에 대해 착각하는 것보다 더
낫다고 생각하기 때문이다. 이것은 살아있는 자가 각별히 조심해야
할 부분이다. 1절 하반절은 죽음의 관점에서 인생을 다시 생각하도
록 요구하는 전도자의 기본 원리를 표현한다.319) 전도자에게 있어서
지혜로운 사람은 극단적인 죽음의 상황으로부터 시작해서 현실의 모

---

317) 에스더 16:4와 비교해 보라. R. Gordis, *Koheleth*, p.257.

318) כעס는 7:9에서처럼 주로 '분노'와 '화'를 의미하지만 다른 한편으로 '슬
픔', '고통'(시 6:8; 31:10; 전 1:18)의 의미를 지니기도 한다. 7:3의 문맥
에서 볼 때 후자가 적절해 보인다. N. Osborn, "A Guide for Balanced
Living," *BT* 21(1970), p.189.

319) R. Murphy, "On Translating Ecclesiastes," *CBQ* 53(1991), p.576.

든 부정적 요소들을 인정하는 사람이다. 인간 세계에서 불의, 억압과
무의미와 죽음과 같은 절망적 요소들은 필연적으로 존재한다(3:16;
4:1; 7-8; 6:1-3).320) 그러나 지혜로운 사람은 특히 죽음과 같은 위기
의 때를 고민하며 미리 대비한다. 반대로 이런 현실 조건을 인정하
지 않거나 도피하는 사람은 어리석은 사람이다.321) 다시 말하면 전
도자에게 있어서 지혜로운 사람은 일어날 수 있는 모든 잠재적 위기
와 위험을 현실로 인정하는 사람이다.

이를 기초로 1절 상반절의 속담을 1절 하반절-4절과 연관지을
때, 이것은 죽음 이후에 가서야 진정한 의미의 명성이 유지될 수 있
다는 뜻으로 이해할 수 있다.322) 말하자면 1절 상반절의 이름과 1절
하반절 이하의 죽음을 연관지을 때, 1절 상반절의 의미는 이름 곧
명성의 진가는 그가 죽을 때나 위기의 때에 가서야 확실해지고 안전
해진다.323) 죽는 날이 태어나는 날보다 낫다는 1절 하반절을 1절 상
반절과 견주어 볼 때 1절 하반절을 1절 상반절의 대답으로 볼 수
있을 것이다.324) 이런 측면에서 모든 것이 확실해지는 죽음의 날이
반대로 모든 것이 불확실한 탄생의 날보다 낫고, 이유있는 슬픔이
무지한 웃음보다 나은 것이다. 같은 이유로 잔칫집에 가는 것보다
초상집에 가는 것이 낫다. 그 잔칫집이 언제 초상집으로 변하게 될
지 알 수 없으며 죽음이라는 마지막 때에 가서야 모든 것이 확실해

320) R. Whybray, *Ecclesiastes*, p.113.
321) 롱맨은 죽음은 현실의 억압과 무의미로부터 벗어나게 하기 때문에 선
    호되고 있다고 생각하는데, 전도자는 결코 죽음을 현실 도피를 위한
    수단으로 삼고 있지 않다. T. Longman Ⅲ, op. cit. p.182.
322) R. Murphy, *Ecclesiastes*, p.63; I. Spangenberg, "Irony in the Book of
    Qohelet," *JSOT* 72(1996), pp.64-65.
323) W. 침멀리, 『잠언, 전도서』, p.317; M. Fox, *A Time to Tear down and
    a Time to Build up*, p.251.
324) C-L. Seow, *Ecclesiastes*, p.244.

184

지기 때문이다. 이러한 역설은 전도자의 독특한 저작 스타일뿐만 아니라 역설적인 논쟁 방식이다.[325] 전도자는 1절 상반절에서 전통적인 지혜관을 진술하지만 그의 진정한 의도는 다른 곳에 있다. 따라서 로핑크(N. Lohfink)는 1절 상반절의 속담은 1절 하반절–4절을 이해할 수 있는 열쇠라고 제안한다.[326] 스팡겐베르크(I. Spangenberg)[327] 역시 1절 상반절의 "이름이 좋은 기름보다 더 낫다"는 명제는 다음 1절 하반절–4절을 이해하기 위한 도구로 여기고 있다. 그러므로 1절 상반절과 1절 하반절은 서로 보완될 때만 전도자의 의도가 제대로 파악될 수 있다.

전도자는 1절 상반절과 같이 평이하고 익숙한 속담을 왜 새 단락의 첫 머리에 두는 것일까? 추측할 수 있는 것은 우선 전도자가 6장 11-12절에서 제기한 מה־יתר와 מי יודע[328]와 מה־טוב의 질문의 균형을 양식적으로 맞추기 위해서 비교 잠언의 양식(מן……טוב)을 제공하고자 한다는 점이다. 또한 1절 상반절의 첫 번째 대답("이름이 좋은 기름보다 더 낫다")처럼 독자들이나 청중들에게 익숙하고 간결한 이 속담을 다음 전개를 위한 본문으로 제공하려는 것이다.[329] 전도자는 명료하고 기억하기 좋은 익숙한 속담을 시작으로 독자들의 깊은 관심을 끌어내려고 한다. 그는 이 잠언을 이용하여 교육적이고 심리적 효과

---

325) R. Johnson, *A Form Critical Analysis of the Sayings,* p.149.

326) I. Spangenberg, "Irony in the Book of Qohelet," *JSOT* 72(1996), p.66 에서 재인용.

327) *Ibid.,* pp.60-61.

328) 이 표현은 히브리 성경에서 모두 10회 나오며, 그 가운데 4회가 전도서에서 발견되고 있다(2:19; 3:21; 6:12; 8:1). 이 수사 의문문은 인간의 상황을 개선할 수 있는 가능성으로 사용하거나 보충적 행동을 중지하는 의미로서 체념과 같은 회의적 태도를 대변하는데 사용한다. 전도서에 언급된 4회의 용법은 모두 뒷 경우에 해당된다. J. Crenshaw, "The Expression מי יודע in the Hebrew Bible," *VT* 36(1986), pp.274-75.

329) R. Gordis, *Koheleth,* pp.266-67.

를 증대시키고 결론으로 이끌고 있다. 즉 전도자는 죽음이나 위기와 같은 최후의 때에 가서야 '이름'(שֵׁם)의 진가(眞價)가 발휘될 것이라는 조심스러운 전제를 갖고 있다. 이런 측면에서 7장 1상반절은 비교 잠언의 양식을 지닌 속담으로서 전도자 자신의 주장을 전달하기 위한 논쟁의 출발점이자 동시에 서장(序章)의 기능을 하고 있다. 그러나 주목할 것은 논리적인 측면에서 1절 상반절의 속담은 그것이 속한 단락 전체의 서론적 기능을 수행하는 것이 아니라는 점이다. 왜냐하면 1절 상반절의 속담과 같은 의미가 이 단락에서 발견되는 모든 속담에서 발견되고 있기 때문이다. 이를테면 1절 상반절은 비록 이 단락의 처음에 위치해 있지만 그것의 기능은 이 단락에서 발견되는 다른 속담(6상, 8상)과 크게 다르지 않는 것이다. 물론 1절 상반절의 속담은 단락의 첫 머리에 위치하면서 독자들이나 청중들의 주의를 집중시키는데 필요한 양식과 주제를 소개하고 있다는 점에서 서론의 위치에 있지만 내용과 기능적으로는 다른 속담과 다르지 않다.

여기에서 간과할 수 없는 사실은 1장 1절-6장 9절에서 자주 발견되는 전도자 '나'의 관찰이나 'הבל' 및 רוּחַ רְעוּת처럼 그와 유사한 문구가 속담 주변에서 발견되지 않는다는 점이다. 6장 9절 이전에서는 이러한 문구들이 속담의 의미를 강조하고 있는 데 반해 여기에서는 같은 주제를 가진 다른 속담과 다른 종류의 장르들이 반복적으로 그 주제에 집중하고 있다. 말하자면 이 속담이 비록 회상(reflection) 장르나 הבל이나 다른 문구와 친밀한 관계를 맺고 있지 않지만 같은 주제의 속담을 한 단락에서 여러 번 사용함으로써 그 주제를 한층 강조하고 있는 것이다. 결과적으로 이 속담은 그가 속한 단락에서의 논리적인 기능은 확실하지 않지만, 효과적인 면에서 같은 주제를 가진 다른 속담과 함께 그 단락의 주제를 유지하고 강조하고 있다.

(2) 7장 6절 상반절

כִּי כְקוֹל הַסִּירִים תַּחַת הַסִּיר כֵּן שְׂחֹק הַכְּסִיל (וְגַם־זֶה הָבֶל):

6상 솥 밑의 가시나무 소리처럼
　　어리석은 자의 웃음소리도 그러하기에
6하(이것 또한 허무하다.)

6절 상반절의 속담은 이 단락의 주요 관심인 지혜로운 자와 대조를 이루는 어리석은 자에 대한 전도자의 관찰 결과이다.[330] 비록 전도자가 이 속담을 직접 저작한 것으로 단정할 수는 없다. 그러나 전도자는 적어도 어리석은 자를 빗대어 이 속담을 인용하여 그들을 비판하고 있다. 더욱이 이 문장이 속담이 될 수 있는 것은 그 내용의 문학적이고 효과적인 기억을 위하여 סִיר가 동음이의어로 쓰인 점과 סִירִים과 סִיר나 כְּסִיל에서 볼 수 있는 유음 같은 문체적 특성 때문이다. 이 속담은 치찰음(ס, שׂ, כ)과 동일 모음('이')이 자주 발견되는 단어들을 사용하고 있다.[331] 이처럼 의도적인 언어 유희와 간결한 문체와 어리석은 자의 말을 가시나무의 타는 소리에 빗대어 말하는 인상적인 비유는 통용성이 높은 속담의 조건이 된다.[332] 지혜로운 자와 어리석은 자의 대조를 묘사하는 이 속담은 그의 관심을 후자(כְּסִיל)에 두고 있다. 솥 밑에서 요란하게 타는 가시나무의 소리를 들으면 어리석은 자[333]의 웃음(שְׂחֹק)[334]이 상기된다고 빈정댄다. 가

---

330) G. Barton, op. cit., p.140.

331) W. 침멀리, op. cit., p.320.

332) R. Scott, Proverbs, Ecclesiastes, p.235.

333) 6절과는 달리 5절에서 어리석은 자는 복수로 나온다.

334) 동사 שָׂחַק 혹은 צָחַק에서 유래한 명사 שְׂחֹק는 중성적으로 사용되기 때문에 주변 문맥 안에서 그 의미를 살펴야 한다(전 10:19; 욥 8:21; 12:4시 126:2;

시나무는 정작 필요한 열보다는 요란한 소리만 내기 때문에 쓸모 없
는 연료인 것과 마찬가지로 어리석은 자도 가시나무처럼 거의 무용
지물이라는 점이 포착된 것이다. 이 의미를 앞 2절과 4절의 잔칫집
풍경과 연관지을 수 있다. 어리석은 자의 웃음은, 미래를 알 수 없을
뿐만 아니라 오래 지속될 수 없기에 잔칫집의 시끄러운 노래 소리에
비유되고 있다. 이처럼 6절 상반절은 어리석은 자의 무가치하고 순
간적인 행복을 묘사한 속담이다.

6절 상반절을 이끄는 첫 번째 כִּי는 5절에서 말하는 어리석은 자
들335)의 노래(שִׁיר)를 낮게 평가하는 것에 대한 이유를 설명하고 있
다. 전통적으로 지혜로운 자의 '책망'(גַּעֲרָה)은 지혜의 근원으로 이해
되어 왔다(잠 12:1; 13:1, 18; 15:31; 17:10; 25:12; 26:9; 29:9). 6절
상반절의 속담은 5절의 이유이자 동시에 어리석은 자를 우스꽝스럽
게 만드는 시각적 효과를 증가시켜 주고 있다. 지혜로운 자의 책망
을 듣는 것이 더 낫다고 한 것은 아마도 인생에 대한 전도자의 폭넓
은 접근에 어울릴 뿐만 아니라 억누르는 모든 현실에 대한 적절한
충고가 되기 때문이다.336) 지혜로운 자의 책망은 우리로 하여금 힘
든 현실을 객관적으로 평가하고 인내하도록 이끌어준다. 지혜의 위
험성도 배제하고 있지 않는 것은 바로 이런 점에서 이해되어야 할
것이다. 이는 속담에 덧붙여진 마지막 문구인 '이것 또한 허무하다'
(וְגַם־זֶה הָבֶל)에서 분명히 나타나고 있다.

전도자가 자주 사용하는 문구인 וְגַם־זֶה הָבֶל는 6절 상반절의 속담
의 의미를 이해하는데 매우 중요하다. 여기에서 이 문구에 대한 해

겔 23:32; 48:26, 39). J. Payne, "גָּעַר·····; שֶׁהָ·····," *TWOT* 2, pp.763-64.

335) 어리석은 자(כְּסִיל)가 이 단락 안에서 3번이나 언급된다(5, 6, 9절). R. Whybray, "The Identification and Use of Quotations in Ecclesiastes," *ZAW* 92(1980), p.442.

336) 2:12-16과 유사한 사고를 반영하고 있다.

188

석으로 어리석은 자의 웃음337)이나, 6절 전체338)나 5절에서 말하는 지혜로운 자의 책망339)을 가리킨다고 보기도 하고, 달리 특별한 의미가 없다고 보기도 한다. 이 문구의 의미를 위의 해석들 가운데 어느 하나로 확정하기 어렵지만 지혜자의 책망에 대한 전도자의 반응으로 보는 것이 적절해 보인다. 왜냐하면 전도자는 지혜의 이익을 상대적으로 옹호함에도 불구하고 헤벨(הבל) 혹은 그와 유사한 문구들을 전통적 가치에 대한 회의를 표현하는 주요 도구로 사용해 왔기 때문이다. 그렇게 볼 때 지혜에 의문을 던지는 7절의 내용 곧 뇌물로 인해 우매하게 되는 지혜로운 자의 유약성의 주제는 논리적으로 자연스럽게 연결된다.340) 7절은 지혜로운 사람도 뇌물이나 과욕(過慾) 때문에 우 (愚)를 범할 수 있음을 지적하고 있다. 뇌물(מתנה)은 지혜 전승에서 지혜로운 삶에 역행하는 것으로 경고하고 있으며(잠 15:27; 17:8), 율법서에서도 이를 금지하고 있다(출 23:8; 신 16:19). 이것은 지혜로운 사람조차 조심해야 할 유혹이다. 탐욕은 지혜를 무효화하거나 축소시킬 수 있다. 그러므로 지혜는 언제나 지혜롭지도 성공적이지도 않다. 이는 지혜가 어리석음보다 낫다고 말하는 앞 절

---

337) R. Whybray, *Ecclesiastes,* p.115.

338) R. Gordis, *Koheleth,* p.270.

339) N. Osborn, "A Guide for Balanced Living," *op. cit.,* p.190.

340) 6절과 7절과의 연결이 자연스럽지 않다는 이유와 쿰란에서 발견된 전도서 사본에 6절 이후 약 15자 정도의 공백 때문에 6절 하반절을 제거하고 טוב מלא כף בצדקה ממלא חפנים בעשק(폭력으로 손에 가득 채우는 것보다 의로움으로 손바닥에 채우는 것이 낫다)을 첨가하기도 한다. 그러나 6절과 7절의 연결이 더 자연스러워지는 것은 아니다. 그뿐만 아니라 이 본문이 전도서에서 잃은 본문이라는 증거 역시 다른 사본들이 지원해 주지 않는다. 무엇보다 전도자는 속담의 사용 전후에 גם־זה הבל 이라는 문구를 자주 사용하고 있다(1:14-5, 17-18; 4:6; 6:9 등과 비교하라). 그러므로 현재의 본문을 그대로 두는 것이 낫다. T. Longman Ⅲ, *Ecclesiastes,* p.186; M. Fox, *Qohelet and His Contradiction,* p.229; J. Muilenburg, "A Qohelet Scroll from Qumran," *BASOR* 135(1954), pp.26-27.

들을 역설적으로 보충하는 것이다. 전도자는 지혜의 효력과 결과에 대해 언제나 낙관하고 있지 않다. 그는 지혜로운 자가 언제나 지혜롭다는 기존의 절대적이고 고정적인 가치를 거부한다. 이것은 언뜻 보기에 전통적인 지혜에 대한 전도자의 도전처럼 들리지만 과거의 가치를 전적으로 거부하려는 것이 아니라 현실에서 발견되는 모순을 인정하려는 과감한 시도이다.[341]

이처럼 6절 상반절은 어리석음과 대조를 이루는 지혜의 우월성을 인정하나 하반절에서 גַּם־זֶה הָבֶל을 첨가함으로써 현실적으로 받아들일 수밖에 없는 지혜의 위험 요소를 직시하면서 처음의 긴장을 늦추지 않고 있다. 이렇게 어리석은 자를 '솥 밑의 가시나무 소리'에 비유한 이 속담은 생생한 효과와 흥미를 더하면서 지혜와 어리석음의 고전적 주제를 상기시키고 있다. 단락 중간에 위치한 이 속담은 기능적으로 1절 상반절과 다르지 않다. 왜냐하면 1절 상반절의 속담과 마찬가지로 6절 상반절 역시 지혜와 어리석음이라는 주제를 염두에 두면서 어리석음을 비웃고 독자들이나 청중들의 지혜로운 삶의 선택을 유도하려는 데 있기 때문이다. 즉 이 속담은 이것이 속해 있는 단락의 주제를 병렬적으로 지원하고 있다. 그러나 여러 속담을 단순히 나열한 것이 아니라 전도자의 의도적인 속담 사용이라는 증거는 전도자가 자신이 강조하고 싶은 부분 특히 속담 다음에 וְגַם־זֶה הָבֶל과 같은 독특한 문구의 첨가에서 분명해진다. 이 문구가 속담 다음에 첨가됨으로써 이 속담은 지혜의 현실적 한계를 놓치지 않고 지혜를 칭송하는 기교를 한껏 드러내고 있다. 이는 전도자의 독특한 논리 방식으로서 속담의 논점을 한층 강화시키는 효과를 가져온다.

---

341) 9:13-10:1과 비교해 보라.

190

(3) 7장 8절 상반절

טוֹב אַחֲרִית דָּבָר מֵרֵאשִׁיתוֹ

8상 일의 끝이 그 시작보다 더 낫다.

　8절 상반절은 간결성과 함축성을 지닌 한 행의 비교 잠언의 속담으로서 주변의 문장과 쉽게 구별된다. 이 속담은 불과 4단어로 구성되었으면서도 '끝'과 '시작'의 대조와 모음 '아'의 반복과 같은 문학적 특성을 통해 그의 통용성을 높이고 있다. 이같은 특징들은 8절 상반절을 속담으로 분류할 수 있게 한다. 여기에 사용된 히브리어 דבר은 '말'을 뜻하기보다는 '일' 혹은 '사물'이라는 의미로 이해하는 것이 문맥상 적절하다.

　전도자는 이 속담이 속해 있는 단락의 앞부분(6:11-12)에서 던진 '무엇이 좋은가?'(מה-טוב)라는 질문으로 돌아오면서 지혜와 어리석음의 양자택일의 문제를 계속 묻고 있다. 8절 상반절과 함께 사용된 하반절의 비교 잠언은 그 뒤 9절 상반절과 10절에 나오는 두 개의 교훈(admonition) 장르와 그 이유를 말해주는 9절 하반절과 10절 하반절의 동기절을 각각 수반하면서 지혜로운 행동과 어리석은 행동을 분명하게 구별하고 있다. 8-10절의 결속은 교차 대구의 사용으로 강화되고 있다. 8절 상반절의 둘째 단어인 ארד(인내)는 10절 상반절의 의미와 상응되고, 8절 하반절은 9절 상반절과 같은 주제를 다루고 있다. 9절 상반절과 10절 상반절은 분노와 현실 망각과 과거 집착 등의 어리석은 행동을 피하도록 경고하고 있다. 9절 하반절과 10절 하반절에서는 그 경고를 무시하는 것은 지혜롭지 못한데서 비롯된 것임을 강조하고 있다. 이같은 교차 구조(abb'a')는 8-10절이 1-14절의 단락 안에서 계획적인 짜임새를 이루고 있음을 보여준다.[342) 이

는 1-14절이 단지 같은 주제를 중심으로 모은 잠언 모음집이 아니라
는 사실을 분명히 말해주는 예이다.

다시 8절 상반절로 돌아가면 이 속담은 마지막 결과가 처음 시작
보다 더 중요하다는 사실을 압축적으로 말해주고 있다. 처음이나 일
시적인 순간에 누가 지혜롭고 누가 어리석은가 하는 문제는 그리 중
요하지 않다. 왜냐하면 마지막(אחרית) 결과가 중요하기 때문이다. 그
러므로 지혜와 어리석음의 최종적인 판단을 위해서 그의 과정뿐만
아니라 마지막 순간까지 지켜볼 수 있는 인내가 필요하다. 8절 상반
절의 속담은 서두름과 분노에 대한 절제와 인내343)를 다루는 8절 하
반절-10절의 근거가 되기도 한다. 이 속담은 일상 생활의 실제적
가치와 지침을 전통적인 지혜의 개념으로 제시하고 있다. 여기에는
지혜의 전통적인 세계관에 대한 비판도 없고 인간의 수고, 죽음과
미래에 대한 비판도 없다. 8절 상반절과 8절 하반절-10절을 논리적
으로 연결한다면 인간은 마지막 순간까지 가봐야 지혜와 어리석음의
최종적인 판단을 할 수 있다는 것이다.344) 이것이 전도자가 의도하
는 지혜로운 자의 이상적 모습이라면 8절 상반절은 7장 1-14절의 중
심에 서 있다고 할 수 있다. 지혜로운 자는 일시적이거나 순간적인
인간의 모습이 아닌 만물의 과정 전체를 주의 깊게 끝까지 지켜볼
수 있어야 한다. 끝이 좋아야 모든 것이 좋은 것이다. 그래서 전도서
에서 '끝'이라는 말은 바로 '좋은 결말'이라는 의미를 지닐 수 있게
된다. 이렇게 이 속담은 여러 상황에 적용 가능한 진술로서 그 다음
8절 하반절-10절의 실질적인 원리가 된다.345)

---

342) G. Ogden, *Ibid.,* p.106; N. Osborn, "A Guide for Balanced Living,"
    op. cit., p.185.

343) 잠 12:26; 15:1, 18; 16:32; 19:11; 21:19; 23:1-3; 25:28; 27:3; 29:8-11 등.

344) R. Gordis, *Koheleth,* p.272.

345) G. Barton, *op. cit.,* p.140.

전도서에서 지혜의 본질 가운데 한 가지 중요한 사실은 지혜의 한계를 철저히 인정하는 것이다.346) 8절 상반절의 속담은 어리석은 자뿐만 아니라 심지어 지혜로운 자조차도 자주 놓치는 과장된 안정감이나 지나친 불안감에 빠져서 조급하게 즐거워하거나 쉽게 절망하는 경우를 다룬다. 그러므로 전도자에게 있어서 참으로 지혜로운 사람은 분노와 자만과 같은 감정과 현실 도피적 망상과 같은 불안정한 세계를 직시하고 이를 조심스럽게 살피고 절제할 수 있는 사람이다. 다른 한편으로 어리석음을 피하는 길은 이해할 수 없는 불가피한 일과 서로 화해하고 협조하는 것이다.347) 이런 점에서 7장이야말로 전도자의 진정한 의도와 창조성을 엿볼 수 있는 반향을 불러 일으킬만한 새로운 사고를 보여준다.348)

8절 상반절의 속담은 분명 6장 11-12절에서 저자가 독자들이나 청중들에게 던져진 지혜와 어리석음의 문제에 대한 또 다른 대답이다. 이 속담을 1절 상반절과 6절 상반절의 속담과 관련지을 수 있다. 명성은 죽을 때 가서야 확실해지기 때문에 죽음이 탄생보다 낫다는 의미는 8절 상반절의 끝이 시작보다 낫다는 속담과 같은 맥락에서 이해할 수 있다(욥 8:7; 42:12; 왕상 20:11). 이와 마찬가지로 가시나무의 타는 소리가 금시 사그라지는 것처럼 어리석음은 일시적이고 순간적이다. 그러므로 어리석은 자의 순간적이고 일시적인 성공을 보고서 실망한 나머지 지켜야 할 지혜의 길을 포기하지 않고 마지막까지 서두르지 않고 인내하는 것이야말로 진정 지혜로운 자의 태도이다. 최종적인 결말에 가서야 인간은 지혜와 어리석음의 진면목을 알

---

346) M. Fox, "Wisdom in Qoheleth", *In Search of Wisdom,* pp.126-27.

347) 1:14이하. 3:1-15, 7:24, 8:7이하 등. E. Levine, "Qohelet's Fool: A Composite Portrait," *op. cit.,* pp.282, 285, 289.

348) N. Osborn, "A Guide for Balanced Living:An Exegetical Study of Ecclesiastes 7: 1-14," *BT* 21(1970), p.185.

수 있고, 진정으로 지혜를 획득할 수 있기 때문이다.

요약하면 7장 1-14절에 나타나는 세 속담(1상, 6상, 8상)은 각각 고유한 수사학적 기능을 가진다. 1절 상반절의 속담은 단락의 첫머리에서 전도자의 논쟁을 전개하는데 필요한 비교 잠언의 양식과 주제를 소개하고 있다. 그러나 이 속담이 1-14절 전체의 서론으로만 기능하지는 않는다. 왜냐하면 1절 상반절은 이 단락 전체의 주제만이 아니라 그의 논쟁을 위한 양식과 내용적인 측면에서 이 단락의 출발점이 되기 때문이다. 이 속담은 내용적으로 단락 7장 1-14절의 주제인 지혜와 어리석음의 문제에서 지혜의 숨겨진 속성을 제공해 주고 있다. 이런 시도는 이후에도 계속되고 있다. 6절 상반절과 8절 상반절의 두 속담도 역시 독자들이나 청중들로 하여금 어리석음을 피하라는 전도자의 메시지에 쉽게 동의할 수 있는 계기를 마련해 주고 있다. 특히 6절 상반절의 속담 사용 다음에 הבל גם-זה이 덧붙여짐으로써 이 속담의 의미가 역설적으로 강조되고 있다. 이 단락에서 발견되는 속담들에서는 서론이나 결론과 같은 논리적 기능을 찾아보기 어렵다. 대신 이 속담들은 그들의 적절한 위치에서 그 주제의 흐름을 자연스럽게 이어주고, 의미를 돋구어 주면서 화자(話者)의 논쟁적이고 교육적 의도를 효과적으로 살리고 있다. 설사 같은 주제를 중심으로 엮은 위의 세 속담을 본 단락에서 제외시켜도 그 내용의 전달은 논리적으로 가능하다는 데서 이들의 논리적 기능이 그리 중요시되고 있지 않음을 짐작할 수 있다. 그럼에도 불구하고 본 단락에서 사용된 이 속담은 전도자의 문학적이고 감각적인 의사 소통을 강조하는 수사학적 기능을 수행하고 있다. 독자들이나 청중들은 이 속담을 통해 본 단락의 내용을 훨씬 쉽고 인상적으로 기억하게 된다. 이런 측면에서 이 단락의 속담들은 전도자의 수사학적인 솜씨와 효과를 주제 중심의 단락에서 확실하게 보여주고 있다.

2) 9장 18절 상반절, 10장 1절 상반절, 8-9절, 11절, 18절, 20절 하반절

9장 17절 - 10장 20절을 한 단락으로 정하는데 있어서 의견이 다양하다.[349] 대체로 9-10장, 특히 10장은 7장과 마찬가지로 주제를 중심으로 수집된 개별 잠언(individual sayings)의 단순 모음집으로 보려는 견해가 지배적이다.[350] 예를 들면 긴스버그(H. Ginsberg)는 '인간의 미래의 불확실성'을 주제를 한 6:10-12:8의 일부인 9-10장에서 특히 9장 17절 - 10장 20절은 그 중심 주제에서 이탈한 별도의 독립 잠언으로 간주하고 있다.[351] 마찬가지로 라이트(A. Wright)도 9장 13절 - 10장 15절은 원래 독립적인 자료였는데 나중에 6-12장안에 삽입된 것으로 보고 있다. 같은 맥락에서 다수의 학자들은 이 부분을 논리성이 부족하다거나 공통된 주제가 부재한 단락으로 보는 등 심지어 무질서하게 배열된 잠언 모음집(collection of proverbs)이라고 주장하고 있다.[352]

---

349) 이 단락의 범위에 대한 학자들의 의견이 다양하다. 아이스펠트는 9:17-10:20을 한 단락으로 보지만 라이트는 9:13-10:15을, 화이브레이는 10:1-11:6을, 고디스와 스코트는 9:13-10:1과 10:2-11:6을 구별하고 바튼은 9:17-10:3과 10:4-20을 구분한다. R. Gordis, *Qoheleth*, p.309-33; R. Whybray, *Ecclesiastes*, p.150; G. Barton, *Ecclesiastes*, pp.165-179; R. Scott, *Proverbs, Ecclesiastes*, pp.247-52; W. Eissfeldt, *The OT: An Introduction*, p.494; A. Wright, "The Riddle of the Sphinx: The Structure of the Book of Qoheleth," *CBQ* 30(1968), p.332.

350) H. Ginsberg, "The Structure and Contents of the Book of Koheleth," *Wisdom in Israel and in Ancient Near East*, pp.138-49.

351) *Ibid.*, p.142.

352) R. Gordis, *Koheleth*, p.137; J. Crenshaw, *Ecclesiastes*, p.169; O. Rankin, "The Book of Ecclesiastes," *IB* vol.5, p.77; M. Fox, *A Time to Tear down & a Time to Build up*, p.303; W. Zimmerli, 『잠언, 전도서』(박영옥역), p.364.

이와는 반대로 최근 소수의 학자들353)은 9장 17절-10장 20절에
서 그의 통일성과 논리성을 찾아내고 있다. 옥덴354)은 '지혜의 힘과
유약성(vulnerability)'이라는 주제가 9장 17절로부터 10장 20절까지
전체에 일관성 있게 흐르고 있다고 주장한다. 이 부분은 지혜의 양
면적인 속성을 주제로 지혜의 강함과 약함을 동시에 다루고 있다.
지혜의 이중성이란 지혜의 힘과 지혜가 무력화되는 유약성을 함께
말한다. 때문에 이 주제를 다루는 9장 17-18절도 10장에 포함시켜야
한다고 옥덴은 주장한다.355) 전도자는 이제 지혜의 힘이 무효화 혹
은 최소화되는 그의 경험을 문제로 제기하고 있다. 이같은 문제는
이전에 논의되지 않은 주제이다. 이 주제는 지혜로운 자와 어리석은
자 사이를 시계추처럼 이동하고 있다. 특히 '어리석은 자'(כסיל)는 9
장 1-16절에서 전혀 언급되고 있지 않는데 반해, 9장 17절-10장 20
절에서는 지혜로운 자(חכם, 9:17, 18; 10:1, 2, 10, 12)와 어리석은 자
(כסיל, 9:17; 10:2, 12, 15)가 자주 함께 쓰인다. 이런 특징들을 볼 때
9장 17절-10장 20절을 한 단락으로 간주할 수 있다.

이 단락(9:17-10:20)에서 발견되는 여러 속담은 각각 그 자체의 기
능을 지니고 있다. 이 속담들은 단락의 주제를 그 위치에서 유지시
켜줄 뿐만 아니라 문체적 특징을 통해 그 주제를 강화시켜주고 있

353) G. Ogden, "Qoheleth IX 17 − X 20," *VT* 30(1980), pp.27-37; E. Davis,
Proverbs, Ecclesiastes, and the Song of Songs, p.215.

354) 옥덴은 9:17-10:20 전체를 한 단락으로 간주하지만 내용에 따라 9:17-18,
10:1-4, 5-7, 8-11, 12-15, 16-20로 더 세분화할 수 있다고 한다. G. Ogden,
Qohelet, p.161; G. Ogden "Qoheleth IX 17 − X 20," *VT* 30(1980), pp.27-37.

355) 옥덴이 9:17-10:20을 한 단락으로 간주할 수 있는 것은 일관된 주제와 다
음의 문학적인 특징 때문이다: 인클루시오: מושל(9:17하, 10:4상)와 חטא
(9:18, 10:4하); 교차 대구: 지혜의 우월성(9:17; 10:2-4)과 어리석음의 힘
(9:18하; 10:1); 대조: 한 죄인(חוטא אחד)과 많은 선(טובה רבה, 9:18); 핵심
어: חכם(9:17, 18; 10:1, 2, 10, 12)과 כסיל(9:17; 10:2, 12, 15). G. Ogden,
Qohelet, p.164.

196

다. 이제 9장 18절 상반절, 10장 1절 상반절, 8-9절, 11절, 18절, 20
절 하반절의 속담을 순서대로 살펴보기로 한다.

(1) 9장 18절 상반절

טוֹבָה חָכְמָה מִכְּלֵי קְרָב׃

지혜가 무기보다 낫다.

9장 18절 상반절은 지혜의 긍정적 속성을 대변해 주는 속담이다.
비교 잠언의 양식을 지닌 이 속담은 17절에서 서술적으로 진술한 의
미를 다시 한번 표현한 것으로써 내용적으로 9장 16절 상반절의 속
담의 내용과 거의 유사하다.[356] 전도자는 먼저 18절 상반절의 속담을
통해 전통적으로 내려온 지혜의 위대성을 간결하게 진술하고 있다.
이는 전도자가 논의하려는 다음 문제, 즉 지혜의 현실적 한계를 전개
하기 위한 전제가 되고 있다.[357] 18절 하반절에서 전도자는 바로 앞
에서 주장한 지혜의 힘이 위협받는 상황을 묘사하고 있다. 지혜가 비
록 무기보다 강할지라도 작은 실수나 과오로 지혜의 힘이 발휘되지
못하는 상황에 대하여 전도자는 그 실례를 보여주고 있다.[358] 전도자
는 죄인 한 사람이라도 '많은 선'(טובה הרבה)을 파괴할 수 있음을 우
려한다. 여기에서 죄인(חוטא)은 어리석은 자와 같다고 볼 수 있다.[359]

356) 16절 상반절에서 지혜와의 비교 대상이 힘(וּגְבוּרָה)이, 18절 상반절에서
   는 무기들(כְּלֵי קְרָב)로 되었을 뿐, 구조나 내용 모두 일치하고 있다.

357) R. Gordis, *Koheleth*, pp.95-108.

358) 18절 하반절은 17-18절 상반절과 함께 '예 그러나 잠언'(a yes but
   saying)으로 구성되어 있다. R. Murphy, *Ecclesiastes*, p.100.

359) 폭스는 여기에서 חטא의 용법은 도덕성의 결핍이 아니라 무능이나 이해
   력의 부족으로 보아야 한다고 주장하고 있다. 이튼은 2:26에서 חטא가 도
   덕적인 의미로 사용되었으므로 여기에서도 마찬가지로 이해해야 한다고

טובה는 이익의 의미를 지닌 יתרון[360])과 서로 교환 가능한 동의어로 사용되고 있다.[361]) 지혜를 소유한 사람들조차도 때때로 죄에 빠지고 실수하게 된다(7:20). 비록 지혜의 힘이 위대해서 많은 이익을 내었다 하더라도 그 지혜가 망쳐질 수 있다는 것이다. 그렇다고 전도자가 지혜의 힘을 부인하는 것은 결코 아니다. 오히려 그는 지혜의 선택을 적극적으로 권하고 있다. 단지 지혜는 힘과 유약성이 동시에 존재하고 있음을 경계하고 지혜의 현실적 한계를 다시 한번 상기시키는데 있다. 전도자는 지혜로운 사람은 이렇게 지혜의 주변 환경도 중요시해야 한다는 사실에 주목하고 있다. 이를 볼 때 18절 상반절의 속담은 하반절 및 10장 1절 상반절과 함께 9장 17절–10장 20절에서 다루게 될 주제를 전개하기 위한 출발점이다. 말하자면 9장 18절 상반절의 속담은 단락 서두에서 지혜에 대한 전통적 견해를 수용하고 동시에 이를 전도자의 논쟁점으로 삼고 있다. 전도자의 이런 고민이 다음 속담 10장 1절 상반절에서도 이어지고 있다.

(2) 10장 1절 상반절

זְבוּבֵי מָוֶת יַבְאִישׁ יַבִּיעַ שֶׁמֶן רוֹקֵחַ

죽은 파리[362])가 비싼 향유를 망친다.

말하고 있다. 이처럼 חטא는 문맥에 따라 2:26과 7:26에서는 비도덕적인 의미로, 7:20과 8:12와 9:2에서는 도덕적인 의미로 쓰이지만 분명한 것은 죄인과 어리석은 자(9:17-18)는 서로 대구를 이루는 만큼 동의어로 사용되고 있다는 점이다. M. Eaton, *Ecclesiastes*, p.133; T. Longman III, *Ecclesiastes*, p.237; M. Fox, *A Time to Tear down & a Time to Build up*, p.300.

360) 윌리암즈는 יתרון과 그와 유사한 단어들이 자주 반복되는 것은 상업과 무역이 흥행했던 전도자의 시대 정신 때문이라고 한다. J. Williams, "What does it Profit a Man?," *Judaism* 20(1971), p.381.

361) R. Gordis, *Koheleth*, p.312; W. Staples, "Profit in Ecclesiastes," *JNES* 4(1945), pp.90-91.

198

10장 1절 상반절 역시 9장 18절 하반절의 내용과 의도를 전달해 주는 속담이다. 10장 1절 상반절을 구성하는 단어들의 모음이 서로 교차대구를 이루고 있다.363) 상반절의 이 속담은 동사가 서술어로 사용된 동사 문장이고 하반절은 동사가 없는 명사 문장이지만, 내용 적으로 상하반절은 서로 동의 대구를 이루고 있다. 상반절은 자연 질서에서 얻은 결과를 묘사하고 하반절은 그 원리를 지혜에 적용시키고 있다. 즉 빠져 죽은(מות)364) 파리들 때문에 망쳐진 비싼 향유(שמן)와 마찬가지로 지혜의 속성도 그렇게 이해되고 있다. 아무리 값비싼 향유라 할지라도 죽은 파리 때문에 쉽게 오염될 수 있듯이(잠 13:5) 지혜도 작은 어리석음(סכלות) 때문에 망쳐질 수 있다는 것이다. 이 속담의 사용은 지혜의 절대적 가치에 도전하려는 데 그 목적이 있다 기보다는 어리석음을 경계하고 그것으로부터 지혜 또는 지혜로운 자를 보호하려는 데 있다. 왜냐하면 이 속담에 이어지는 2-4절의 관심이 지혜와 어리석음의 취사 선택에 있기 때문이다. 2-3절은 지혜와 어리석음의 선택을, 4절 역시 신중함과 같은 생활 지혜를 충고하는 데서 볼 수 있듯이, 2-4절의 내용은 모두 지혜의 선택을 말하고 있

---

362) 이 속담은 영어 속담 "one rotten apple spoils the whole barrel"과 한국의 속담, "미꾸라지 한 마리가 온 물을 흐린다"를 상기시킨다. 작은 것하나가 향유를 망칠 수 있다는 의미를 전달하려는 전도자의 의도를 볼때 파리 '한 마리'로 읽는 것이 더 나아 보인다. 따라서 폭스와 임승필은 이 절의 파리들(זבובי, 복수)을 파리(זבוב, 단수)로 수정해 읽고 있다. 그러나 다른 사본이 이를 지지해 주지 않는 한 본문 그대로 복수로 읽어야 할 것이다. G. Ogden, *Qohelet*, p.164; R. Murphy, *Ecclesiastes*, p.97; T. Longman Ⅲ, *Ecclesiastes*, p.238; M. Fox, *Qohelet and Contra-dictions*, pp.264-265; 임승필, 『룻기, 아가 코헬렛(전도서)……』, p.106.

363) a (ㅡ)b (ㅡ)c (ㅡ)//c' (ㅡ)b' (ㅡ)a' (ㅡ).

364) 폭스는 זבובי מות를 "죽은 파리"가 아니라 "죽고 있는 파리"로 읽어야 한다고 하지만 이 문맥만으로는 정확하지 않다. 분명한 것은 어떤 상태이든 이 파리 때문에 비싼 향유가 오염되고 있다는 것이다. M. Fox, *A Time to Tear down & a Time to Build up*, p.301

다.365) 지혜와 어리석음의 양자택일에 있어서 지혜의 현실적인 위험에 대한 경고를 독자들이나 청중들에게 보다 효과적으로 전달하기 위해 1절 상반절과 같은 속담이 사용되고 있다. 이를 위해 전도자는 서로 보완관계에 있는 두 속담(9:18상; 10:1상)을 의도적으로 단락 (9:17-10:20) 서두에 배열하고 있다. 지혜의 힘을 표현하는 9장 18절 상반절과 지혜의 유약성을 표현하는 10장 1절 상반절을 나란히 둠으로써 지혜의 양면성을 진술하고 이것을 다음 논의를 위한 출발점으로 삼고 있다. 이 주제가 이 단락 전체에 흐르고 있다.

한 가지 주목해야 할 것은 10장 1절 상반절은 전도서의 다른 여러 속담의 경우처럼 일인칭 보고 속에 포함되어 있지 않으며, 이들과 밀접한 관계를 맺고 있는 전도자의 평가, 이를테면 הבל이나 그와 유사한 문구도 주변에서 발견되고 있지 않다는 점이다. 이같은 현상은 이 단락이 다소 모음집의 성격을 지닌 것으로 보게 하는 요소이다. 그러나 같은 단락 안에 있는 10장 5절과 7절에서 부분적이긴 하지만 '내가 보았다'(ראיתי)로 시작하는 회상 장르를 사용한 것은 전도자 자신의 분명한 경험과 의도를 포함하고 있음을 보여준다. 말하자면 언뜻 보기에 이 단락이 같은 주제를 중심으로 한 잠언의 단순 수집으로 보이지만 실제로 전도자 자신의 관찰과 경험에 근거한 그의 저작 혹은 편집 의도와 계획이 분명히 내포되어 있다는 사실이다. 일인칭 '나'로 시작하는 5절 이하는 바로 앞부분 9장 17절 - 10장 4절의 주제를 보다 쉽게 이해할 수 있도록 설명해 주는 실례들366)이어서 앞부분의 내용을 구체적으로 이해할 수 있도록 도와주

---

365) 지혜인의 행동은 조심스럽고, 성공적이고 도덕적으로 올바르다. 이 주제는 잠언서에서 자주 발견되고 있다(잠 12:15; 13:20; 14:3, 8; 15:2).

366) 시아우는 이 본문을 페르시아 시대의 '혼란한 사회'(society in turmoil)를 반영하고 있는 것으로 간주하고 있다. 즉 귀족 사회가 전복되는 상황을 빈정대는 사건을 언급하는 것으로서 무능력하고 어리석은 자가 상류계층으로 상승하고, 역으로 엘리트 계층들은 그들의 지위를 박

고 있다. 지혜는 전쟁 무기보다 강하지만 5-7절에서 보듯이 사회 환경에 지배를 받는 현실적 모순도 여러 곳에서 발견되고 이같은 장애 때문에 위대한 지혜가 위기에 빠질 수도 있다는 것이다.367) 전도자의 이러한 의도는 10장 1절 상반절의 "죽은 파리가 향유를 망친다"는 속담 속에 함축되어 있다. 그러므로 9장 18절 상반절과 10장 1절 상반절의 두 속담은 서로 보완적으로 이 단락(9:17-10:20)의 서론 역할을 하고 있다.368) 그러나 논리적인 측면에서 10장 1절 상반절의 속담이 본 단락의 주제를 소개하는 것은 아니다. 왜냐하면 이 속담과 같은 주제가 이 단락의 여러 속담들과 다른 문장 속에서도 줄곧 발견되고 있기 때문이다.

(3) 10장 8-9절, 11절

: חֹפֵר גּוּמָּץ בּוֹ יִפּוֹל וּפֹרֵץ גָּדֵר יִשְּׁכֶנּוּ נָחָשׁ

: מַסִּיעַ אֲבָנִים יֵעָצֵב בָּהֶם בּוֹקֵעַ עֵצִים יִסָּכֶן בָּם

: אִם-יִשֹּׁךְ הַנָּחָשׁ בְּלוֹא-לָחַשׁ וְאֵין יִתְרוֹן לְבַעַל הַלָּשׁוֹן

   8 구덩이를 파는 자는 거기에 빠지게 마련이고
     담을 허무는 자는 뱀에게 물리게 마련이다.
   9 돌을 다듬는 자는 그것으로 다치게 되고
     나무를 패는 자는 그것으로 위험에 빠지게 된다.
  11 주술을 걸지 않았을 때 뱀에게 물리면
     그 주술사 마저 불필요하게 된다

    탈당하는 모습이 여기 반영되어 있다고 한다. 그러나 이런 상황은 너무 일반적이어서 주전 5-4세기의 페르시아 시대에만 한정짓기는 어려워 보인다. 어쨌든 전도자는 그가 사는 시대에 겪고 있는 권위의 모순을 일인칭 '나'로 고발하고 있다. C-L. Seow, *Ecclesiastes*, p.325.

367) 이런 모순은 전도서에서 자주 '예 그러나 잠언'(a true-but saying) 으로 표현되고 있다(9:18). C-L. Seow, *Ibid.*, pp.322-23; R. Murphy, *Ecclesiastes*, p.100.

368) 이는 7:1상반절의 기능과 같다고 할 수 있다.

10장 8-9, 11절에는 같은 주제를 다루는 일련의 속담이 연속적으로 나타나고 있다.369) 이 세 속담은 1절 상반절에서 제시한 지혜의 유약성을 다루는 주제의 실례들이고 연속적으로 나타나기 때문에 한꺼번에 다루기로 한다. 특히 각각 두 행으로 구성된 8-9절의 네 행은 내용적으로나 문법적으로 모두 대구를 이루고 있다. 각 행의 첫 단어인 חֹפֵר와 פֹּרֵץ와 מַסִּיעַ와 בֹּוקֵעַ는 모두 분사이고, 지혜로운 자가 위험에 처하는 상황을 표현하는 יִסָּכֶן, יֵעָצֵב, יִשְּׁכֶנּוּ, יִפֹּול는 모두 미완료형 동사이다. 각 행은 모두 규칙적으로 4·4조의 리듬으로 되어 있다. 한편 11절의 속담은 내용적으로는 8-9절과 같으나 문법 구조는 다르다. 11절은 אִם으로 시작하는 조건 문장과 단순 직설법 문장으로 구성되어 있다. 또한 '아'와 '오'를 자주 쓰는 압운법과 לַחַשׁ (주술)과 נָחָשׁ(뱀)에서 의도적으로 선택한 것으로 보이는 동일한 철자(חָשׁ-)를 사용한 언어 유희를 발견할 수 있다. 이 속담과 그 앞의 10절의 관계를 보면, 10절 상반절과 11절 상반절에서 조건이 제시되고 10절 하반절과 11절 하반절에서는 각각 그 조건에 대한 결론이 기록되고 있다. 11절의 속담은 10절과 마찬가지로 '이익'(יתרון)의 문제에 관심을 두고 있다.370) 10절은 지혜의 적절한 사용을 말하고, 그렇게 할 때 그 유익을 간과하지 않는다. 10절의 두 행은 각각 2·3조의 규칙성을 지니며 11절의 내용과도 연결되어 있다. 그러나 10절은 속담에서 가장 중요한 간결성이 부족하다. 따라서 10절을 제외한 11절만을 속담에 포함시키기로 한다.

---

369) 옥덴은 9:17-10:20을 9:17-10:4, 10:5-7, 10:8-11, 10:12-15, 10:16-20의 다섯 단락으로 나눈다. 그에 따르면 10:8-11은 9:17-10:20에 속한 둘째 단락이다. 8, 11절에서 נָחָשׁ(뱀)과 נָשַׁךְ(물다)라는 단어가 이 단락(10:8-11)의 인클루시오(inclusio)를 이루고 있다. 내용적으로나 양식적으로 10절은 다른 세 절과 일치하지 않는다. G. Ogden, Qohelet, p.161; "Qoheleth IX 17 - X 20," VT 30(1980), pp.27-37.

370) 두 절 모두 '예 그러나 잠언'(a true but saying, 9:18 등)으로 진술되어 있다. W. Staples, "Profit in Ecclesiastes," JNES 4(1945), pp.88-89.

202

8절의 두 행은 각각 한 가지 실제 상황을 묘사하고 있다. 먼저 1
절 상반절371)에서 '구덩이'라는 뜻의 아람어 גוּמָץ372)와 '파다'라는
뜻의 히브리어 חפר는 구약성경 가운데 유일하게 여기에서만 나타나
는 그 용례가 매우 드문 단어지만 이 문장의 의미를 파악하기는 어
렵지 않다. 전도자는 여기에서 구덩이를 파다가 실수로 빠질 수 있
는 것처럼 지혜롭고 부지런한 사람도 위험에 빠질 수 있다고 지적한
다. 이런 잠재적 위험 상황은 지혜의 유약성을 말하기 위한 것이다.
다시 8절 상반절의 속담과 대구를 이루는 8절 하반절의 관찰 대상은
벽을 허무는 일이다. 벽을 허물던 사람이 숨어있던 뱀을 실수로 건
드려 물릴 수 있는 상황을 상상할 수 있다. 그런 점에서 '뱀'(נחש)과
'벽'(גדר)373) 역시 모두 위험을 내포한 실제 가능한 상황이며,374) 벽
을 허무는 사람'(פרץ גדר) 역시 그가 비록 벽을 허무는 전문가라
하더라도 위험은 언제나 잠재되어 있는 것이다. 벽을 깨는 행동에
잠재된 위험을 말하는 이 속담은 궁극적으로는 지혜의 유약성을 염
두에 둔 관찰이다.

다시 9절 상반절과 하반절의 속담 역시 8절 상, 하반절과 마찬가지
로 분사 주어와 미완료 동사 술어가 합친 구조와 4·4조의 리듬을
지니고 있다. 이 속담 역시 행동과 결과의 관계를 묘사하고 있다. 숙
련된 행동이라도 때때로 좋지 않은 결과를 가져올 수 있다. '돌을 깨
는 사람'(מסיע אבנים)은 이스라엘의 건물이 대부분 돌로 건축되는

---

371) "구덩이를 파는 자는 자신이 그 속에 빠진다"는 속담은 구약성서 다른 곳
에서도 언급되고 있다(잠 26:27; 시 7:16; 9:16-17; 35:7-8; 57:7; 집 27:26).

372) 이와 비슷한 잠언이 여러 곳에서 발견되지만 '구덩이'를 뜻하는 낱말
로 גוּמָץ가 쓰이지 않고 שחת(잠 26:27; 시 7:15) 혹은 שיח(시 57:6)가
쓰인다. C-L. Seow, *Ecclesiastes*, p.316.

373) 가데르(גדר)는 여러 종류의 '벽'에 사용할 수 있는 단어이다. G. Ogden,
Koheleth, p.168.

374) 암 5:19과 비교해 보라. *Ibid.*, p.169.

만큼 주변에서 쉽게 만날 수 있다.375) 숙련된 석공일지라도 자신이
다루는 그 돌로 인해 상처를 입을 수 있다는 것이다. 이와 유사한 위
기 상황을 9절 하반절에서도 볼 수 있다. 장작을 팰 때 실수로 일어
나는 상해 사고에도 그런 잠재적 위험이 도사리고 있다(신 19:5참조).

　이렇게 8-9절의 4행은 모두 같은 문법 구조와 리듬을 지닌 속담이
다.376) 이것은 자연과 일상에 대한 관찰과 경험에서 터득한 주변 세
계의 모습을 간결하고도 인상적으로 표현한 속담이다.377) 이 속담은
자신에게 익숙한 전문적인 직업에서조차 위험을 만날 수 있음을 보
다 강조한다. 이는 모든 일을 해결할 수 있는 숙련된 기술에도 위기
나 위험은 언제나 잠재되어 있기 때문에 각별한 주의가 필요하다는
사실을 말해준다.

　한편 11절의 속담은 뱀 주술에 관한 특이한 기술 곧 지혜를 말하
고 있다.378) 8-9절에서 언급한 다른 종류의 전문 기술과 마찬가지로
뱀 주술의 기술과 경험379)을 가진 사람일지라도 실수로 뱀으로부터
해를 입을 수 있을 뿐만 아니라 그 기술을 사용할 시기를 놓치면 그
기술마저 불필요하게 되므로 결국 그 사람마저 불필요해진다고 경고

---

375) '깨다'라는 의미를 가진 동사(מַפְצִיעַ, 히필 분사)는 실제로 땅에서 돌을
　　부수고 깨는 행동을 묘사하는 것이다(왕상 5:31). 이 상황을 언덕에서
　　적에게 돌을 던지는 장면으로 보는 스코트의 해석은 문맥상 확실하지
　　않다. R. B. Y. Scott, *Proverbs, Ecclesiastes*, p.251.

376) 대부분의 학자들은 이 문장들을 속담으로 간주하고 있다. 그러나 바바
　　로만이 유일하게 9절을 속담으로 규정하고 있지 않다. F. Barbaro, 『잠
　　언, 전도서, 욥기』, p.299.

377) R. Johnson, *A Form Critical Analysis of the Sayings*, p.176.

378) 뱀 주술은 고대 근동 지방에서 흔히 행해지던 것이다(사 3:3; 렘 8:17; 시
　　58:6; 집 12:13; 지 12:13). 임승필, 『룻기, 아가, 코헬렛(전도서)……』, p.107.

379) 구약성경에서 주술사가 지혜인(חכם)으로 불리고 있다(창 41:8; 출 7:11;
　　사 44:25; 단 2:13, 27; 사 3:3). 뱀술사에 대해 동사 חכם의 푸알 분사
　　(מְחֻכָּם)로 표시되고 있다(시 58:5). M. Fox, *A Time to Tear down & a
　　Time to Build up*, p.306.

204

한다. 다시 말하면 11절은 어떤 전문가라 할지라도 때때로 실수하거
나 실패할 수 있으며, 자신이 가진 전문성을 제 때에 살릴 수 없을
때는 전문가마저도 무용지물이 될 수 있다는 메시지를 지닌 속담으
로서 앞의 본문 8-9절의 의미를 넘어서고 있다.380) 또한 비록 독사
뱀이라 할지라도 적절하게 다룰 수 있다면 결코 유해한 것이 아니라
는 점에서 지혜의 유용성을 말하는 10절과 비슷하다. 이런 특징들은
8-9, 11절을 속담으로 분류할 수 있게 한다.381) 이 속담들 모두 지혜
의 가치를 직접 주장하지 않고 독자들이나 청중들로 하여금 현존하
는 정보에 대한 판단을 통하여 지혜의 한계와 유용성을 인식할 것을
촉구하고 있다. 이처럼 같은 내용의 속담을 반복적으로 사용한 것은
지혜의 잠재적인 위험을 깨닫게 하고, 궁극적으로 지혜의 유약성을
강조하려는데 그 목적이 있기 때문이다.382) 특히 8-9절의 속담은 일
상 생활에서 쉽게 경험할 수 있는 상황을 묘사한다. 이것은 지혜에
대한 전도자의 관찰이 철저하고 그의 적용 범위가 넓다는 것을 의미
한다.383) 이렇게 다양한 상황들을 반영하는 속담을 연속적으로 배열
한 것은 반복을 통한 교육적 효과를 높이기 위해서이다.384) 이 속담
은 각각 행동과 그 결과를 묘사하고 있다. 전도자의 고민은 그 행동
의 결과가 자신의 기대와는 다르게 될 수 있다는 데 있다. 전도자는

---

380) 그러므로 크렌쇼가 11절을 제 때에 사용되지 않은 기술을 낭비되는
   것으로 이해한 것은 옳다. J. Crenshaw, *Ecclesiastes*, p.173; R. Murphy,
   Ecclesiastes, p.102; T. Longman Ⅲ, *Ecclesiastes*, p.245.

381) R. Johnson, *A Form Critical Analysis of the Sayings*, p.180.

382) G. Ogden, *Koheleth*, p.168

383) 죤슨은 8-9절과 10-11절의 주제를 각각 서로 다른 것으로 보고 있다.
   즉 보상이 8-9절의 주제라면 10-11절의 주제는 지혜와 통찰력이라고
   한다. 하지만 8-9절과 10-11절은 전도자의 조심스런 관찰에서 비롯된
   지혜의 서로 다른 측면이지 결코 다른 주제는 아니다. R. Johnson, *A
   Form Critical Analysis of the Sayings*, p.178.

384) *Ibid.*, p.176.

지혜의 힘을 잘 알고 있지만 역시 지혜의 약점도 말하고 싶어한다.

위에서 살펴본 8-9, 11절의 속담이 한 단락을 이루는 9장 17절-10장 20절에서 수행하는 기능을 파악하기가 쉽지 않다. 왜냐하면 이 속담들과 그들 앞부분(9:17-10:7)과 뒷부분(10:12-20)과의 관계를 논리적으로 규정하기가 어렵기 때문이다. 그러나 구약성서에 나타나는 히브리어 '지혜'(חכמה)는 금속 세공, 목수와 직조를 비롯하여 주술과 같은 숙련된 일 혹은 기술에도 적용되고 있음을 주목할 필요가 있다 (대상 22:15-16; 출 25:35; 창 41:8; 출 7:11; 사 44:25; 단 2:27, 13; 사 3:3).[385] 그렇다면 8-9, 11절의 여러 전문 기술들 즉 '구덩이를 파는 일,' '담을 허무는 일,' '돌을 부수는 일,' '나무를 쪼개는 일,' '뱀 주술'도 충분히 '지혜'(חכמה)로 이해될 수 있다. 실제로 전도자가 언급한 이러한 상황은 전도자의 주된 관심이 아니다. 전도자는 오히려 이것을 통해 현실 세계에 내재된 지혜의 위험 내지는 위기를 말하려고 한다. 이렇게 연관지어 볼 때 옥덴(Ogden)의 견해는 옳다.[386] 그에 따르면 이 속담은 단락(9:17-10:20)의 곳곳에서 단락 처음에 위치한 9장 18절 상반절과 10장 1절 상반절에서 제기한 작은 어리석음이나 실수가 지혜를 망가뜨릴 수 있는 것과 마찬가지로 지혜의 이중적 속성을 그의 주제로 다루고 있다는 것이다. 그러므로 10장 8-9절의 속담은 9장 18절과 10장 1절에서 제기한 지혜의 유약성의 문제를 이 단락의 중간 부분에서 다시 보충하거나 상기시켜주고, 결과적으로 단락의 주제를 일관성있게 유지시켜주는 역할을 하고 있다. 이 속담들

---

385) R. Murphy, "Wisdom in the OT," *ABD* 6, p.920; M. Fox, *A Time to Tear up & a Time to Build up,* p.306.

386) 이와는 달리 존슨은 그의 논문에서 10:8-9을 인간 행동의 결과에 대한 불확실성을 말하는 전도자의 충고(11:1-2)의 서문으로 간주하지만 이런 관계는 설득력이 없어 보인다. 왜냐하면 일상 생활에서 경험될 수 있는 "지혜의 유약성"의 문제가 이 단락에서 집중적으로 다루어지고 있기 때문이다. G. Ogden, *Koheleth,* p.169; R. Johnson, *A Form Critical Analysis of the Sayings,* p.175.

은 단락 전체에서 볼 때 이들의 앞 본문(5-7절)과 뒷부분(12-16절)과 논리적으로 직접적인 연결 고리를 보여주지 않고 단지 단락의 연속 선상에 서 있다. 그러나 이것들 역시 이 단락의 처음 부분 즉 9장 17-18절에서 특히 10장 1절 상반절의 속담이 제기한 지혜의 유약성의 문제를 그의 독자들이나 청중들이 현실적으로 느낄 수 있도록 제시해 준 것이다. 말하자면 8-9, 11절의 속담은 앞에서(9:18상; 10:1상) 제기한 지혜의 유약성의 문제를 알기 쉽게 설명한 예화들이다.

(4) 10장 18절

בַּעֲצַלְתַּיִם יִמַּךְ הַמְּקָרֶה וּבְשִׁפְלוּת יָדַיִם יִדְלֹף הַבָּיִת׃

    c'   b'   a'   c   b   a

18 게으름 때문에 그 석가래가 내려앉고
    늘어진 두 손 때문에 그 집에 물이 샌다.

18절의 두 행은 양식과 운율의 측면에서 균형과 조화미를 갖추고 서로 동의 대구(abc//a'b'c')를 이루고 있다. 각 행의 첫 단어와 함께 사용된 전치사 בְּ는 원인을 가리키는 접속사이다.[387] 여기에서 묘사된 '석가래가 내려앉는 것'과 '집에 물이 새는 것'은 모두 게으른 행동의 결과이다. 전통 지혜의 주제를 지닌 각 행은 게으름을 경고하고 있다. 그러나 여기에 사용된 מְּקָרֶה와 שִׁפְלוּת는 다른 성경에서는 찾아보기가 어렵고 독특하다는 사실을 고려할 때 이 속담은 단순한 인용보다는 전도자의 저작으로 보인다.[388]

---

387) R. Johnson, op. cit., p.188.

388) 다후드는 10:18의 יִדְלֹף와 יִמַּךְ, הַבָּיִת와 הַמְּקָרֶה은 히브리 성경에서 매우 드물게 나타나는 것으로써 우가릿 문헌과 평행을 이루고 있는 것을 볼 때 적어도 이 본문은 가나안 영향의 증거라고 단정할 수는 없지만 적어도 전도자 특유의 표현으로 볼 수 있다고 주장한다. M. Dahood,

전도자는 이같은 특성을 지닌 속담을 이 단락의 거의 마지막 부분
에 배치하고 있다. 그런데 문제는 이 속담이 9장 17절-10장 20절에서
주로 다루고 있는 주제 즉 지혜의 양면성과는 거리가 있어 보인다는
점이다. 예를 들면 18절이 위치해 있는 마지막 다섯 절 곧 16-20절은
주로 왕 혹은 귀족을 주요 관심으로 삼고 있다.[389] 그러므로 여기에
등장하는 왕(מלך)과 고관(חר)과 왕자(שׂר)에 덧붙여 어린 아이(נער)의
행동에 관심을 모을 필요가 있다. 10장 16-17절은 지혜로운 통치와
어리석은 통치의 대조를 축복과 저주[390]로 대비하고, '어린 아이'가
왕(מלך)이 되는 상황을 진술하고 있다. 히브리어 נער는 한편으로는 부
친 혹은 보호자의 보호가 필요한 나이 어린 사람을 가리킨다. 다른
한편으로는 나이와는 상관없이 왕, 관리, 족장 혹은 부모의 보호를
필요로 하는 아직 독립적이지 못한 미성숙한 사람을 가리킨다.[391] 이
런 사전적 의미를 볼 때 '나아르'가 왕이 된다는 것은 위의 두 의미
가운데 어느 것이든 '어리석은 일'에 속한 것임을 알 수 있다.[392] 지
혜로운 왕이 지녀야 할 자질은 독주(毒酒)를 피하는 일이다(잠 31:4).
그렇지 못할 경우 그 왕은 어리석게 된다. 16절에서 '아침에 먹는
자'(בבקר יאכלו)라는 표현이 의무를 게을리 하는 방종에 대한 은유

"Three parallel pairs in Ecclesiastes 10:18," *JQR* 62(1971), pp.84-87.

389) 전도자는 조심스럽게 4종류의 서로 다른 장르들 곧 축복문(blessed saying),
도덕 문장(moral sentence)과 권고(admonition))을 사용하면서 왕을 주제
로 한 자료들을 논리적으로 배열하고 있다. 왕(מלך)이 16, 20절에서 인
클루시오를 이루고 있는 것으로 보아 옥덴의 구분처럼 16-20절을 단락
9:17-10:20의 소단락으로 볼 수 있을 것이다. G. Ogden, "Qoheleth IX
17-X 20," *Ibid.*, pp.27-37.

390) 16-17절은 왕에 대한 저주(אי־לך으로 시작)와 축복(אשׁריך)을 다룬 문장
으로서 이같은 유형은 전도서에서 유일하게 여기에만 나타나고 있다.
M. Murphy, *Wisdom Literature*, p.147.

391) W. 침멀리, 『잠언, 전도서』, p.371.

392) R. Gordis, *Qoheleth*, p.325.

208

적 표현이라는 점을 감안하면(사 5:11-12, 22)[393], 18절의 속담은
16-17절에 대한 경고와 이유로서 역시 지혜로운 자와 어리석은 자를
대조하고 있다. 이런 관점에서 볼 때 게으름을 말하는 18절 역시 어
리석음의 내용과 잘 부합되고 있다. 왜냐하면 게으름은 지혜 전승에
따르면 어리석은 자의 전형적인 특징이기 때문이다(잠 6:6-11; 12:11;
20:4; 21:17; 28:19). 의인과 대조를 이루는 게으른 사람은 제 철에 밭
을 갈지 않아서 추수 때가 되어도 거둘 것이 없는 사람으로서 어리
석은 사람이요 악인이다(잠 20:4). 반대로 의인 곧 지혜로운 사람은
밭을 열심히 갈아서 먹을 것이 넉넉한 사람이다. 이와 같이 전도자는
전통적인 지혜 문학의 주제인 근면과 게으름의 대조를 통해 지혜와
어리석음의 문제를 해결하고 있다.[394]

이어서 18절의 속담을 19절의 의미와 연관지을 필요가 있다. 빵
(לחם), 포도주(יין)와 돈(כסף)에 관심을 두고 있는 19절은 서로 대구를
이루는 세 행으로 구성되어 있으며 부지런함과 정중함의 문제를 다
루고 있다.[395] 전도자에게 있어서 빵과 포도주는 인생의 기쁨의 기
초가 되므로 돈(כסף)은 이 둘을 얻게 해주는 수단으로 볼 수 있다.
이처럼 이 구절은 돈의 중요성을 유일하게 언급하고 있다.[396] 포도
주와 빵은 인간의 욕구를 부분적으로 충족시켜 주는 것이다. 이것들
은 적당히 취할 때 인생에 유익하다(10:16, 17하). 돈은 부지런한 노
동으로부터 나오고 노동은 인생을 진지하고 지혜롭게 살도록 한다.
이 주제는 속담이 사용되기 이전에 나오는 16-17절과 연관지을 수

393) R. Whybray, *Ecclesiastes*, p.156.
394) 이렇게 볼 때 18절은 주변의 내용과 벗어나 있으므로 18절의 현재 위치
   는 적절하지 않다고 단언하는 폭스의 견해는 재고되어야 할 것이다(잠
   24:30-34). M. Fox, *A Time to Tear down & a Time to Build up*, p.309.
395) R. Johnson, *op. cit.*, p.189.
396) 돈을 초월하는 지혜의 가치가 성경 여러 곳에서 언급되고 있다(잠 3:14;
   8:16; 16:16; 욥 28:15; 전 5:9-10).

있을 것이다. 그러므로 19절을 16-17, 20절과 연결할 때 이 단락의
뒷부분(10:16-20)은 전체적으로 '절제'야말로 지혜로운 사람의 특징
이라는 측면에서 이해될 수 있을 것이다. 그렇다면 18절에서 언급된
게으름은 어리석은 행동으로서 지혜로운 사람이 반드시 피하고 경계
해야 할 사항이다(11:4 참조).

이러한 관찰을 근거로 18절의 속담을 전후한 16-20절 역시 전체적
으로 지혜와 어리석음의 선택을 그 주제로 하고 있다. 그런 측면에서
바튼(Barton)이 18절을 16-17절의 주석으로 이해한 것은 매우 적절한
설명이다.397) 이 때문에 18절의 속담은 독자들이나 청중들로 하여금
지혜로운 사람과 어리석은 사람의 특성을 대조하게 하고 지혜로운 삶
에로의 관심과 결단을 하도록 요구하고 있다. 지혜로운 사람은 어리
석은 행동인 게으름과 태만을 피해야 한다.398) 그러므로 18절의 속담
은 이 단락의 마지막 부분에서 게으름과 태만의 자제, 이를테면 지혜
로운 삶을 촉구하는 데 있어서 독자들이나 청중들에게 쉽고 인상적
인 메시지를 제공해 주고 있다.399) 이 속담은 게으름 때문에 적시(適
時)에 대처하지 못해 집이 붕괴되고 심할 경우 어리석은 자의 가정
혹은 개인 집(בית)의 비참한 결과를 말해주고 있다. 이 속담을 다시
16-17절의 왕(מלך)과 연결해 볼 때 여기의 집(בית)을 개인적 차원을
넘어서 왕국과 같은 국가적 범위로 확대한다면 국가의 파멸도 포함시
킬 수 있다(삼상 20:16; 삼하 7:11; 왕상 12:26; 13:2; 사 7:2, 13 등).400)
위의 어느 경우에도 적용 가능하지만 전도자의 관심은 개인 집의 파

---

397) G. Barton, *Ecclesiastes,* p.175.

398) C. Chen, "A Study of Ecclesiastes 10:18-19," *TJT* 11(1989), p.122.

399) *Ibid.,* p.122.

400) 시아우는 10:16-20에 나타나는 통치자들(מלך, שר, חר)의 언급 때문에
    사회 정치적 위기로 제한하지만 반드시 그럴 필요는 없어 보인다. C-L.
    Seow, *Ecclesiastes,* pp.331, 340; E. Davis, *Proverbs, Ecclesiastes, and
    the Song of Songs,* pp.215-217.

멸이나 국가의 붕괴를 묻는데 있지 않아 보인다. 오히려 그 원인 제
공이 어리석은 행동과 게으름과 태만에 있음을 주지시키는 데 있다.
그러므로 18절은 간결한 속담의 양식을 빌어서 게으름을 포함한 어
리석은 행동을 경고하면서 옛 잠언의 지혜와 어리석음의 문제를 재
해석하는 듯하다.[401] 이 세계에 존재하는 어리석음은 종류나 분량에
관계없이 아무리 작은 것이라도 모든 것을 망칠 수 있는 '향유에 빠
진 죽은 파리'(10:1상)에 비교할 만큼 경계해야 할 것이다.

지혜와 어리석음의 선택의 문제를 게으름과 같은 고전적인 주제를
통해 접근하는 18절의 속담 역시 전도자의 의도를 분명히 내포하고
있음에도 불구하고 9장 17절-10장 20절 안에서 구체적인 기능을 갖
고 있지 못하는 것처럼 보인다. 그러나 이 속담은 단락 전체에서 지
속적으로 다루고 있는 주제 즉 어리석음을 경계하고 지혜의 조심스
런 선택의 권고를 색다른 감각으로 그 의미를 강화시켜 주고 있다.
전도자는 현실적인 문제와 관련하여 지혜의 가치를 회의하기도 한
다. 그는 이렇게 지혜로운 삶의 전통적인 가치와 권고를 결코 늦추
지 않고 있다.

(5) 10장 20절 하반절

כִּי עוֹף הַשָּׁמַיִם יוֹלִיךְ אֶת-הַקּוֹל וּבַעַל הַכְּנָפַיִם יַגֵּיד דָּבָר :

하늘의 새가 그 소리를 옮기고 날짐승이 말을 전하기 때문이다.

20절 하반절의 장르에 대해 속담으로 분류하는 학자가 매우 적
다.[402] 그러나 20절 하반절은 문법적으로나 내용적으로 서로 동의

---

401) E. Davis, *Ibid.*, p.215.

402) 임승필만이 20절 하반절을 속담으로 분류하고 있다. 임승필, 『룻기, 아

대구를 이루는 두 행으로 되어 있고, 첫 낱말 'כִּי를 제외한다면 그
운율은 4 · 4조의 규칙성을 지니고 있다. 이 절은 하늘의 새와 날짐
승이라는 자연계에 속한 존재에 대한 관찰을 통해 수집된 정보를 기
초로 작성된 간결한 문장과 비유를 기초로 한다는 점에서 속담의 조
건이 되고 있다. 무엇보다 이 속담은 "낮말은 새가 듣고 밤 말은 쥐
가 듣는다"는 한국 속담과 유사하다. 이런 조건들은 20절 하반절이
속담으로서 여러 상황에 적용될 수 있는 통용성이 있음을 말해준다.
20절 상반절에서 왕이나 밀담(密談)이 중요한 정치 스파이나 밀고자
와 같은 특정 계층만이 아니라403) 모든 사람의 행동 특히 말의 신중
함(prudence)을 그의 주요 관심사로 다루고 있다.404)

전도자는 이 단락의 주제, 즉 지혜의 위대성과 유약성이라는 양면
성에도 불구하고 어리석음이 아닌 지혜의 선택을 지속적으로 권장해
오고 있다. 이 속담은 혀 곧 말의 지속적인 절제와 신중함을 말하고
있는데, 이는 역시 지혜의 문제이다.405) 즉 말하는 일에 절제하고 비
밀을 유지하는 것은 지혜로운 사람이라면 어떤 상황에서도 반드시
지켜야 할 지혜로운 행동이다. 그렇다면 20절 하반절의 속담은 지혜
로운 자가 선택해야 할 또 다른 종류의 지혜이다. 전도자는 신중함
이라는 지혜의 의미를 전달하기 위해 새와 날짐승 비유를 사용하고
있다. 이처럼 작은 생물이나 짐승과 같은 자연계에 대한 관찰은 10
장에 나타나는 속담의 특징이다.406)

이 속담은 이 단락의 마지막 절에 위치해 있기 때문에 결론의 기
능을 지니는 것처럼 보인다. 그러나 20절 하반절은 논리적인 측면에

가, 코헬렛(전도서)……』, p.109.
403) C-L. Seow, *Ecclesiastes.* p.341.
404) W. Brown, *Ecclesiastes,* p.101.
405) 전 5:5(6); 잠 10:19-21, 32; 11:12; 12:18; 15:2; 17:28; 눅 12:2-3.
406) 20절 말고는 1절의 파리와 8절, 11절의 뱀이 그런 보기이다.

서 이 단락의 최종적인 결론이 아니다. 이 단락에 나타나는 다른 속담과 마찬가지로 이 속담도 신중함의 문제를 통해 이 지혜조차도 쉽게 오염되어 어리석게 될 수 있음을 경고한다. 전도자는 다시금 지혜의 삶을 높이 평가하고 이를 권고한다. 지혜로운 자와 어리석은 자의 절대 경계란 없기 때문에 어리석음을 피하고 지혜의 삶을 살 수 있도록 긴장하고 주의를 해야 한다. 이를 볼 때 20절 하반절의 속담은 이 단락의 논리적인 결론이 아니라 지혜로운 삶의 선택을 이끌 수 있는 또 다른 종류의 지혜인 '신중함'을 제시해 준다.

정리하면 여러 작은 단락으로 구성되어 있는 9장 17절-10장 20절 전체를 한 단락으로 할 때, 여기에 포함된 속담(9:18상; 10:1상, 8-9, 11, 18, 20하)의 기능은 외형적으로 분명하지 않다. 이 단락의 전체적인 내용이 논리가 아닌 동일한 주제를 중심으로 전개되고 있기 때문이다. 이러한 특징은 많은 학자들로 하여금 10장을 잡다한 잠언 모음집으로 명명하게도 하고 이들의 구조와 논리적 통일성을 찾는 일을 포기하도록 하고 있다. 그러나 본 단락에서 전도자는 지혜의 힘과 어리석음이 유지될 수 없는 상황을 분명히 인식하고, 이 주제를 여러 종류의 장르로 표현하고 있다. 여기에서 발견되는 같은 주제의 여러 속담들이 이 단락의 여러 곳에 위치하면서 전도자와 독자들이나 청중들 사이의 의사소통을 원활히 할 수 있도록 도와주고 있다.

그러나 이 단락에 속한 속담은 전도서의 다른 속담 주변에서 발견할 수 있는 특징인 הבל 혹은 그와 유사한 문구나 수사 의문문이 전혀 나타나고 있지 않다. 이같은 현상은 논리적인 기능을 갖지 않은 7장과 10장의 속담에서 거의 공통적으로 나타나고 있다. 하지만 예외적으로 10장 5절과 7절에서 각각 '내가 보았다'(ראיתי)라는 문구를 속담 주변에서 발견할 수 있다. 이것은 이 단락이 같은 주제를 중심으로 한 다양한 장르들의 수집일지라도 그의 저작 또는 편집 의도가 반영되어 있음을 보여준다.

이 단락에 속한 속담들의 기능을 다음과 같이 요약할 수 있다. 먼저 9장 18절 상반절과 10장 1절 상반절의 속담은 이 단락(9:17-10:20)의 서두에 위치하면서 지혜의 힘과 약함이라는 지혜의 양면성을 그 주제로 소개한다는 점에서 서론의 기능을 지닌다. 그러나 단순히 논리적인 서론은 아니고 앞으로 전개될 단락 전체의 주제를 소개하는 역할을 하고 있다. 그 다음 10장 8-9절과 11절의 속담 역시 지혜의 힘보다는 지혜의 유약성의 문제에 강조하고 일상 생활에서 쉽게 발견할 수 있는 그런 실례들을 들려주면서 지혜를 유지하고 지키도록 권고하고 있다. 이런 예들은 언제라도 돌출할 수 있는 잠재적인 위험이 있기 때문에 지혜로운 자라도 늘 조심해야 함을 가르쳐준다. 마지막으로 10장 18절과 20절 하반절의 속담은 전형적인 전통 잠언을 반영하는 것으로서 게으름과 경솔함 곧 신중함의 부재라는 다른 종류의 어리석음을 말하고 있다. 이렇게 지혜와 어리석음의 주제가 속담의 양식을 빌어서 전달될 때 독자들이나 청중들은 전도자의 주장에 더 쉽게 동의하게 된다. 이 단락에서 발견되는 속담은 모두 지혜의 유약성의 문제를 조심스럽게 정면으로 내세우면서도 지혜의 위대성이라는 전통적 가치를 간과하거나 무시하지 않는다. 이 속담은 오히려 지혜의 가치를 탄력적으로 전달해주고, 이 단락의 모든 자료를 함께 묶어주는 접착제와 같은 효과를 지니고 있다.[407] 결국 이 모든 속담들은 지혜와 어리석음의 문제에서 지혜를 선택하는데 공헌하고 있다. 물론 이것들은 전도서의 다른 속담처럼 각 단락에서 서론이나 결론이나 단락의 중간 지점의 역할과 같은 논리적인 기능을 수행하지 않는다. 그러나 전도자는 단지 지혜와 어리석음이라는 전통적 대조에만 머물지 않고, 현실적으로 드러난 지혜의 힘과 유약성과 같은 지혜의 양면성을 주제로 한 속담을 단락 중간에 배치하면서

407) G. Ogden, *Koheleth*, p.161.

그의 논지를 일관성있게 전달하고 있다. 이 점은 지혜의 고전적 가
치만을 주장하는 전통 지혜라는 측면에서 볼 때 새로운 도전이기도
하다. 그럼에도 불구하고 이 단락의 속담들은 궁극적으로 지혜로운
삶에 가치를 두고 이를 선택하도록 권하고 있다.

3) 요 약

7장 1-14절과 9장 18절-10장 20절에 들어있는 속담들은 그들의 기
능에 있어서 지금까지 앞에서 다룬 속담과 다르다. 앞에서 다룬 속
담들은 이들이 속한 단락의 위치에 따라 단락의 서론이나 결론 혹은
보충 자료와 같은 세 종류의 논리적 기능을 지니고 있다. 그러나 여
기에서 언급하고 있는 속담들은 그 단락에서 그러한 논리적 기능을
수행하고 있지 않다. 예를 들면 비록 7장 1절 상반절이나 9장 18절
상반절 혹은 10장 1절 상반절의 속담은 각각 단락의 처음 부분에
위치하고 그 단락이 앞으로 다루려고 하는 주제를 소개하고 있다.
그러나 이 속담들은 논리적인 의미의 서론이 아니라 이들이 속한 단
락이 다루고자 하는 주제를 속담과 같은 인상적인 문체를 통해 효과
적으로 소개하고 있을 뿐이다. 그리고 그와 동일한 주제의 다른 속
담들이 이 단락의 여러 곳에서 사용되면서 그 주제와 의미를 역시
전달해주고 있다. 말하자면 이 범주에 속한 속담은 단락의 위치에
관계없이 공통된 주제를 반복하면서 전도자의 문학적이고 의도적인
의사소통을 도와주고 그의 메시지를 강화(强化)하고 있다. 이처럼 같
은 주제의 속담은 곳곳에서 독자들이나 청중들로 하여금 이 단락의
주제를 보다 잘 이해하고 인상적으로 기억하도록 도와주고 있다.
이렇게 공통된 주제의 속담들이 한 단락 안에서 연속적으로 혹은
다수로 나타나게 될 경우 주목할 것은 서론, 결론 혹은 보충 자료로

사용되고 있는 속담들의 경우와는 달리 속담 주변에서 자주 발견할 수 있는 הבל 혹은 רעות רוח나 그와 유사한 문구들 아니면 수사 의문문과 같은 전도자의 독특한 주석이나 평가가 거의 나타나고 있지 않다는 점이다.[408] 이는 아마도 공통된 주제를 중심으로 다수의 속담이 한 단락에서 발견될 경우 굳이 그런 문학 장치들이 없이도 동일 주제의 속담들을 통해 충분한 의사소통이 되고 있기 때문이라고 짐작할 수 있다. 마찬가지로 전도자 '나'의 자서전 문체로 된 회상 장르도 이러한 속담의 단락에서 거의 나타나지 않는다는 점도 역시 같은 맥락에서 이해될 수 있을 것이다.[409]

요약컨대 이러한 종류의 속담은 그 주변의 전도자 특유의 문체나 문구, 이를테면 수사 의문문이나 הבל 혹은 רעות רוח을 사용하지 않는 대신 공통된 주제의 속담을 통해 전도자가 의도한 주제를 효과적으로 전달해주고 있다. 같은 주제의 속담을 반복적으로 사용함으로써 그것의 위치에 관계없이 주제를 유지하고 강조하는 수사학적인 기능을 가능하게 해준다.

5. 전도자의 관심에 나타난 속담의 효과

지금까지 전도서의 거의 모든 단락에서 다양한 내용의 속담들이 사용되고 있음을 논의하였다. 전도서에서 발견되는 24개의 속담들은

---

408) 7:6절 상반절의 속담만 예외적으로 속담 다음에 גם-זה הבל이 1회 사용되었을 뿐이다. 특히 6:10이하 לא ידע나 לא יוכל ימצא는 단락의 범위를 정하는데 있어서 중요한 기준이 되고 있으며 속담과 역시 가까운 위치에서 밀접한 관계를 맺고 있으나 7장 혹은 10장에 나타나는 속담 주변에서는 이러한 문구를 찾아보기 어렵다.

409) 예외적으로 10:5, 7(ראיתי)에서만 전도자 '나'가 전하는 회상 장르가 나타날 뿐이다.

그의 기능에 따라 4종류로 분류되었는데, 이것들은 각 단락에서 서론, 결론, 보충과 같은 논리적 기능과 주제의 강조를 수행하고 있다. 그 속담들이 발견되는 11개의 단락들은 전도자의 주요 관심을 표현하는데, 이것들은 '인간 수고의 무가치' (1:12-15), '지혜 획득의 무가치'(1:16-18), '지혜와 어리석음의 우열'(2:12-17), '적절한 노동의 가치'(4:4-6), '공동체적인 삶의 풍요로움'(4:7-12), '부의 무가치'(5:6-6:9), '지혜와 어리석음의 분별'(7:1-14), '삶과 죽음의 우열' (9:1-6), '지혜의 힘'(9:13-16), '지혜의 힘과 유약성'(9:17-10:20)과 '근면의 중요성' (11:1-6)이다. 이 주제들은 전도자의 관찰과 경험을 바탕으로 고민한 그의 다양한 관심사들이다.

여기에서 주목할 것은 비록 이러한 주제들이 전통적이고 독자들이나 청중들에게 익숙한 것이지만 이들에 관한 전도자의 관점은 언제나 그렇지 않다는 점이다. 예를 들면 전도자는 어리석음에 대한 지혜의 우월성을 분명히 말하고 있지만 그것만 주장하거나 머무르지 않는다. 전도자는 동시에 지혜의 한계와 유약성을 현실에서 발견하고 이것을 논증하기도 한다. 마찬가지로 근면과 노동의 가치를 말하지만 그는 또한 반대로 지나친 노동과 부의 축적을 경계하고 있다. 역시 지혜와 어리석음 사이의 분명한 차이를 인정하지만 지혜와 어리석음 사이의 구별이 없음도 동시에 말하고 있다. 이것은 전도자가 지금까지 전통적으로 내려온 지혜 전승을 무조건 받아들이거나 답습하고 있지 않음을 말해 준다. 말하자면 전도자는 한편으로는 전통적으로 내려온 가치를 지지하고 주장하기도 하지만, 다른 한편으로 자신의 관찰과 경험을 기초로 이것을 비판하기도 한다. 이것은 전도자의 독특한 논쟁 방식으로 전개되고 있는데, 특히 속담 주변에 הבל이나 רעות רוח 혹은 그와 유사한 전도자 특유의 문구나 그 밖의 수사 의문문과 같은 부정적 문구들을 사용함으로써 전도자의 도전과 새로운 관점을 더욱 돋보이게 하고 있다(부록에 있는 도표 3 참조). 이러한 비평적 관점과 부정적인 문구들은 여호와 신앙이나 이스라엘 지혜에 대한 전도자의 입장과 태도를 부정적으로 보게 하는 요소이다.

그러나 전도서의 속담들은 각 단락 안에서 그런 회의적 태도를 완화시키고 독자들이나 청중들로 하여금 전도자 자신의 관심과 견해로 보다 자연스럽게 이끌어내는 역할을 하고 있다. 그 속담들은 한 단락의 서론, 결론, 보충의 자리에 위치하면서 그에 따른 논리적 기능을 수행하거나 주제의 강조를 위해 반복적으로 사용되면서 각 단락의 주제를 연결해 주고 있다. 이처럼 전도서에 나타난 속담들은 전도자의 궁극적인 관심과 주장을 효과적으로 설득하고 논증하는 수사학적인 의사소통의 중요한 도구로 자리잡고 있다.

제5장 결 론

전도서의 연구에서 양식과 구조 문제가 중요하게 다루어져 왔다. 그러나 전도서에 나타난 마샬(משל)에 속한 장르에 관한 연구는 아직 초기 단계에 머물고 있다. 본 논문은 전도서에 나타나는 마샬의 한 장르인 속담(popular proverbs)의 의미와 기능을 통해 전도서의 의도와 구조를 이해하는데 관심을 두고 이를 주요 연구 과제로 삼았다.

먼저 본 논문의 주요 관심인 속담은 실제로 고정된 양식에 얽매이지 않고 매우 유동적이어서 그 양식을 규정하는 일이 쉽지 않다. 제2-3장에서 다룬 것과 같이 본 논문에서 규정한 속담은 문체적 특징을 지니며, 무엇보다 주변 문맥과 구별되고, 특히 독자들이나 청중들에 의해 익숙하게 사용될 수 있는 간결성과 대중성과 통용성을 주요 특징으로 하고 있다. 속담의 내용은 주로 일상 생활과 자연 환경을 관찰하고 경험한 것을 기초로 하고 있다. 속담은 '이것이 그 길이다'라는 인생이나 자연의 보편적 진리를 기본 메시지로 하고 있다. 또한 속담은 인간의 보편적 관찰과 경험을 압축한 것이기에 다양한 해석과 적용이 가능하고, 속담이 발견되는 단락의 위치에 따라 그 의미와 기능이 달라질 수 있을 만큼 유동성이 강하다. 적응력이 뛰어난 속담은 전도자 자신의 논의와 논증을 위해 다양한 상황에서 다양한 의미로 사용되고 있다.

본 논문에서 규정한 속담의 이러한 기준에 따르면, 전도서 1:15, 18, 2:14상, 4:5, 6, 12하, 5:9, 10상, 11, 6:7, 9상, 7:1상, 6상, 8상, 9:4하, 9:16상, 9:18상, 10:1상, 8-9, 11, 18, 20하, 11:4에서 속담들을 찾아볼 수 있다. 속담은 외형적 구조에 따라 한 행과 두 행의 속담으로 구분할 수 있다. 한 행의 속담으로는 4:6, 4:12하, 6:9상, 7:1상, 6상, 8상, 9:4하, 9:16상, 9:18상, 10:1상이 있고, 두 행의 속담으로는 1:15, 18, 2:14상, 4:5, 5:9, 10상, 11, 6:7, 9상, 10:8-9, 11, 18, 20하, 11:4이 있다. 일반적으로 서로 대구(parallelism)를 이루는 두 행의 속담은 교사 혹은 현인을 기원으로 한 예술 잠언 또는 지혜 잠언이나 지혜 문장으로 부르고 있다. 그러나 한 행의 속담이 언제나 두 행의 예술 잠언보다 덜 예술적이지도 않으며 기원적인 측면에서 속담이 예술 잠언보다 더 원시적이라고 단정하기도 어렵다. 말하자면 속담은 한 행이든 두 행이든 그의 외형적 구조에 관계없이 모두 예술성과 대중성을 골고루 갖춘 장르이다.

본 논문의 주요 관심은 전도서에서 발견되는 속담의 의미와 수사학적 기능에 있다. 속담이 속한 단락 안에서의 위치와 기능에 따라 다음과 같이 정리할 수 있다.

첫째로, 단락 서두에 위치하면서 단락의 서론으로 기능하는 속담들이 있다. 5장 9절 상반절과 10절 상반절과 11절에서 이런 속담을 찾을 수 있으며, 모두 단락 5장 9절-6장 9절에 들어 있다. 서론의 기능을 수행하는 일련의 속담이 단락 앞부분에 위치한 것은 속담이 지닌 간결성과 비유와 같은 문학적 특징을 통해 주제에 대한 독자들이나 청중들의 관심과 흥미를 높여서 그가 의도하는 주제로 이끌어가려는 전도자의 의도 때문이다. 특히 이것이 독자들이나 청중들에게 익숙한 속담일 경우 그들은 훨씬 쉽게 단락의 주제에 보다 쉽게 접근하게 된다. 말하자면 서론의 기능을 하는 이 속담들은 그 단락의 첫 부분에 위치하면서 독자들이나 청중들로 하여금 전도자의 주제와 논증에 이르도록 효과적인 의사소통을 도와주고 있다.

이런 기능을 가진 속담의 사용에서 특징적으로 나타나는 것은 그것들 주변에 הבל이나 גם־זה הבל 혹은 수사 의문문과 전도자 '나'가 나타나는 자서전 문체의 회상 장르가 공통적으로 나타난다는 점이다 (부록에 있는 도표 3 참조). 전도자의 독특한 문체인 이같은 문구들은 속담과 위치적으로 가까운 곳에서 전도자의 수사학적인 의사소통의 기능을 한층 강화해주고 있다. 역으로 속담은 전도자의 이러한 독특한 문구들을 통해 주위를 환기시키고 그 의미를 보다 잘 드러내게 된다. 이처럼 첫째 분류에 속한 속담은 그것의 주변 문맥에서 전

222

도자의 독특한 문구와 함께 새 단락 혹은 새 주제를 소개하거나 새 주제로 넘어가는 중요한 문학 장치로 사용되고 있다. 단락 처음에 위치한 이 속담은 기억되기 쉬운 간결한 문장과 문학적 특징 때문에 전도자가 전달하려는 주제를 더욱 인상적으로 전달할 수 있게 해 준다.

둘째로, 단원의 결론적인 진술로 사용되는 속담들이 있다. 이런 속담들은 1장 15절, 18절, 4장 5-6절, 4장 9절 상반절, 4장 12절 하반절, 6장 7절, 9절, 9장 16절 상반절이 해당된다.[1] 이 종류의 속담은 그것이 위치한 단락에서 논의되고 있는 문제에 대해 전도자 '나'가 그의 관찰 경험을 최종적으로 결론짓는데 사용되고 있다.

결론 기능의 속담 역시 서론의 기능을 가진 속담과 마찬가지로 그 근처에 הבל이나 רעות רוח 혹은 수사 의문문과 같은 전도자 특유의 문구들과 함께 사용되면서 전도자가 강조하려는 속담의 의미를 한층 강화하고 있다. 물론 예외적으로 9장 16절 상반절의 속담 근처에서는 속담의 의미를 보조하거나 부각시킬 수 있는 어떤 형태의 문학 장치들이 발견되고 있지 않다(부록에 있는 도표 3 참조). 하지만 이 문구들은 6장 10절 이하에서는 거의 나타나지 않고 있음을 감안할 때, 그런 특징이 나타나지 않는다고 해도 특이한 경우로는 볼 수 없다. 이처럼 결론의 기능을 가진 속담들이 단락의 종결 부분에서 전도자 특유의 표현 문구들과 함께 사용될 때 그가 의도하는 주제의 결론은 독자들이나 청중들의 관심을 집중시킬 수 있는 효과를 지니게 된다. 결과적으로 전도자가 사용하는 간결하고 익숙한 속담은 독자들이나 청중들에게 기억되기 쉽고 설득력을 갖게 한다.

셋째로, 단락 중간에 위치하면서 그 주제의 의미를 보충해 주거나

---

1) 4:5-6과 6:7, 9의 속담은 연속적으로 나타난다는 점에서 본 논문에서 네 번째로 분류한 속담(제4장 4. 그 외의 다른 속담)과 비슷한 양상을 띤다. 그러나 이들이 비록 연속적으로 사용되고 있지만 결론으로서의 논리적인 기능을 수행하고 있기 때문에 그 속담과는 달리 취급했다.

반전(反轉)하는데 도와주는 속담들이 있다. 이 범주에 속하는 속담으로는 2장 14절 상반절, 9장 4절 하반절과 11장 4절이 있다. 이 속담은 단락의 중간에 위치하면서 속담 전후의 본문을 자연스럽게 연결해주고 전도자의 논쟁을 도와주고 있다. 독자들이나 청중들에게 새로운 논쟁점으로 유도하거나 다음 논쟁을 위한 출발점을 제공할 필요가 있을 경우 전도자는 속담을 보조 장치로 사용하고 있다. 이 속담은 다음 논증의 매개체가 되어 독자들이나 청중들의 동의를 얻거나 관심을 고조시킴으로써 전도자가 전개하려는 주제의 새로운 출발점이나 전환점을 제공해 준다. 즉 이 속담은 이중적인 기능을 지니게 되는데, 앞 본문의 중간 결론이면서 동시에 다음 논의의 출발점이 되고 있다. 이 속담은 비록 전도자의 최종적인 결론은 아니지만 다음의 궁극적인 결론에 이르는 발판을 제공해 주게 된다. 말하자면 여기에 속한 속담은 독자들이나 청중들로 하여금 그의 논증에 합류하게 하고 궁극적으로는 그의 주장에 동조할 수 있도록 단락 안에서 교량 역할을 하고 있다.

이러한 기능을 가진 세 개의 속담 가운데 2장 14절 상반절과 9장 4절 하반절에는 역시 전도자 '나'의 일인칭 보고 안에서 발견되고 있다. 또한 이 속담의 주변에 הבל(2:15, 17) 혹은 רעות רוח(2:17)이나 לא תדע(9:1, 5; 11:2, 5, 6)와 그와 유사한 전도자 특유의 문구를 찾아볼 수 있다(도표 3 참조). 이를 볼 때 이러한 속담 역시 전도자만의 독특한 문구들과 함께 전도자의 논쟁과 의사 소통을 도와주는 중간 단계의 중요한 문학 장치로 사용되고 있음을 알 수 있다. 여기서 전도자의 계획적이고 치밀한 속담 사용이 돋보인다.

마지막으로, 넷째 범주에 속하는 속담은 논리적 기능 대신 단락 안에서의 주제를 지원하고 강조하고 있다. 이러한 속담은 같은 단락 안에서 그들의 위치와는 무관하게 여러 곳에서 발견되면서도 한 주제를 중점적으로 다루고 있다. 이들은 단락 안에서 자신의 논리적

224

기능을 수행하기보다는 주제를 강조하기 위해 연속적으로 나타나고
있다. 특히 7, 10장에서 집중적으로 발견되는데, 7장 1절 상반절, 6
절 상반절, 8절 상반절, 9장 18절 상반절, 10장 1절 상반절, 8-9절,
11절, 18절, 20절 하반절이 이 속담에 속한다.

　이런 종류의 속담은 주제의 이탈을 막아주고 그 의미를 강조하면
서 단락 안에서 전도자가 주장하는 논쟁적이고 교육적 의도를 높이
고 있다. 이들은 같은 주제의 속담으로 논리적인 기능을 수행하기
위한 단락 안에서의 위치와는 무관하게 사용되기 때문에 사실 이들
가운데 한 두 개의 속담이 그의 단락 안에서 생략되어도 의미 전달
에는 무리를 주지 않는다. 왜냐하면 이러한 속담은 그 단락 안에서
논리적인 기능보다는 그들이 지닌 문학적이고 감각적인 맛을 더하고
독자들이나 청중들로 하여금 전도자의 주제를 훨씬 쉽고 인상적으로
기억하도록 도와주는 것을 주요 목표로 하기 때문이다.

　그러나 이런 종류의 속담은 그 주변에 자서전적인 문체나 הבל 혹
은 그와 유사한 문구나 수사 의문문이 거의 나타나고 있지 않다(도표
3 참조). 이같은 현상은 논리적인 기능을 갖지 않은 속담이 소개되는
단락 안에서 거의 공통적으로 나타나는 현상이다. 하지만 소수이긴
하지만 10장 5절과 7절에서 '나는 보았다'(ראיתי)와 10장 14절과 15절
에서 '알지 못한다'(לא ידע)라는 전도자의 부정적 평가를 말해주는 다
른 종류의 문구를 발견할 수 있다. 그러므로 이런 속담이 많이 발견
되는 전도서 7, 10장을 잡다한 잠언 모음집으로 명명하고 이들의 계
획적인 구조와 논리적 연결점을 포기하는 것은 성급한 판단이다. 같
은 주제의 속담이나 다양한 장르들로 구성된 단락 안에서도 전도자
는 자신의 저작 혹은 편집 의도를 반영하고 있음에 틀림없다.

　이처럼 다양한 기능을 수행하는 속담을 통해 우리는 전도서에 나
타나는 속담의 기능을 다음과 같이 정리해 볼 수 있다. 첫째로, 속담
은 전도자가 제시하는 주제의 본의를 밝히고, 독자들이나 청중들의

관심을 집중시키기 위하여 단락의 서론, 결론, 보충 혹은 주제의 강
조와 같은 중요한 기능을 수행하고 있다.[2] 이는 전도자가 속담을 중
요한 수사학적인 장치로 사용하고 있음을 보여주는 것이다. 둘째로,
기존의 가치관을 그대로 수용하기보다는 도전적인 성격을 지닌 속담
이 전도서 전체에서 발견되는 것은 전통적인 혹은 동시대의 지혜교
사들의 가치와 신학적 견해에 대한 그의 실험 정신을 반영하고 있
다. 전도자는 과거의 배운 지혜를 그대로 답습하는 것이 아니라 자
신의 직접적인 관찰과 경험을 통해 독자들이나 청중들의 동의를 구
하고 설득하고 있다. 속담이 지닌 문학적 특성과 상징성은 그의 교
육적 혹은 수사학적 효과를 증대시키기 때문이다.

전도서에서 발견되는 속담은 인용된 것이든 아니면 창작한 것이든
적어도 그의 청중들이나 독자들이 쉽게 이해하고 동감할 수 있는 주
변의 사물과 인간에 관한 관찰과 경험에서 비롯된 것이다. 속담은
기억되기 쉬운 캡슐 형태가 되어서 수사학적인 의사소통을 위한 매
개체로 사용되고 있다.

요약하면 전도자는 자신의 주제에 맞춰 단락 안의 적절한 위치에
서 기존의 속담을 인용하거나 필요에 따라 창작하기도 한다. 전도서
에 나타난 속담은 비록 학자들 사이에 속담의 기준과 범위가 일치하
지 않는다 하더라도 전도자의 논증을 위한 본문으로서 문학적이고
수사학적인 효과를 증가시키고 궁극적으로 그의 메시지를 강조하기
위한 다양한 기능들을 수행하고 있다. 속담은 주변의 관찰과 경험들
을 상기시키고 이전의 상황 혹은 적용 가능한 현실을 돌아보게 하고
실례를 찾을 수 있도록 도와준다. 또한 속담은 미래에 적용 가능한

---

2) 펀틴은 역사서(삿 8:2, 8:21; 삼상 16:7 등)에 나타난 전통 잠언 즉 속담
   의 기능을 한 단락에서 언급하는 분쟁을 해결하기 위한 최종적인 해결
   책, 즉 결론의 기능으로 매듭짓고 있다. 반면에 전도서에 나타나는 속담
   의 기능은 본 논문에서 연구된 것처럼 다양하게 사용되고 있다. C.
   Fontaine, *op. cit.*, pp.305-306.

상황을 상상하도록 도와주기도 한다. 말하자면 각 속담이 여러 상황에 적용되고 또 현명한 반응과 판단을 하도록 이끌어 주고 있다. 전도자는 속담이 지닌 힘을 잘 알고 있다. 그는 잘 선택된 속담으로 논쟁을 효과적으로 시작하기도 하고 때로는 결론적 진술로 사용하기도 하며 혹은 반전할 수 있는 계기를 마련해 줌으로써 독자들이나 청중들을 최소한의 어휘들로 설득하고 있다.3) 더욱이 속담은 독자들이나 청중들에게 이미 알고 있는 인용이거나 쉽게 기억될 수 있는 간결한 문장이기 때문에 교육적인 효과를 증대시킬 수 있다. 이렇게 전도자의 속담의 사용 또는 인용에서 보듯이 전도서는 계획적이고 의도적으로 구성되어 있다. 본 논문을 통해 분명하게 말할 수 있는 것은 속담의 사용을 통해, 그 외에도 회상이나 비교 잠언 혹은 수사 의문문과 같은 다른 문학적 장치들과 함께, 전도자는 자신의 주제와 논점을 효과적으로 표현하고 있으며, 이것은 궁극적으로 전도서의 계획적이고 의도적인 구조를 밝혀주는데 중요한 증거가 되고 있다는 점이다.

속담을 중심으로 단락들을 구분하고 전도서의 구조를 볼 때 여기에서 제외되는 부분들, 즉 속담이 발견되지 않는 부분들이 있다. 1장 1-11절, 2장 1-11절, 3장 1-9절, 8장, 12장 1-14절이 그런 경우이다. 이 부분들은 전도서에서 속담이 아닌 다른 장르들, 이를테면 시(poetry), 틀(framework), 교훈(instruction)과 같은 장르로 구성되어 있다. 특히 1장 2절, 7장 27절, 12장 8절에서는 전도자가 1인칭에서 3인칭으로 바뀌고 있다.4) 따라서 이 부분들은 많은 학자들에 의해 후

---

3) T. Long, *Preaching and the Literary Forms*(Philadephia: Fortress, 1985), pp.56-59; L. Ryken, *Words of Delight: a Literary Introduction to the Bible*(Grand Rapids: Baker, 1992), pp.316-17.

4) 이 부분은 3인칭 단수로 되어 있으며, 그의 기본 형태는 קהלת אמר 이다. 이것은 즉 전도자에 관하여 적고 있음을 말한다. 이런 부분에 대한 일반적인 견해는 1) 수동적인 편집자, 2) 재편집자, 3) 수집자 및 재 배열자라고 보면

대 첨가로 간주되거나 아니면 전도서의 복합적 구성을 주장하는 근
거로 사용되고 있다. 그러나 이런 사실 때문에 이 부분들을 전도자
의 의도가 배제된 후대의 첨가나 통일성의 결핍으로 주장하는 것은
너무 성급한 판단으로 보인다. 이러한 문제는 본 논문에서 다음의
과제[5]로 삼아야 할 것이다.

서 전도자가 아닌 제3의 글로 후대의 첨가로 여기는 것이다. 이것은 아직
도 해결되지 않은 과제이다. M. Fox, "Frame-Narrative and Composition in
the Book of Qohelet," *HUCA* 48(1977), pp.83-106, 특히 pp.84-85, 104-106.

5) 본 논문에서 다루지 못한 또 다른 문제는 고대 근동(메소포타미아, 이집
트 등)의 지혜 문학과 그 안에서 발견되는 속담과의 비교 연구이다. 이
런 접근은 전도서의 양식과 구조 문제와 아울러 전도서의 속담 연구를
보다 객관적으로 이해할 수 있게 할 것이다. 그러나 이 문제는 본 논문
의 범위밖에 있으므로 다음의 과제로 남겨두기로 한다.

I. 사전류

신기철, 신용철 편. 『새 우리말 큰 사전』. 상권. 서울: 삼성, 1981.

Albertz, R. "הבל," *TLOT*. vol.1(ed. by E. Jenni & C. Westermann; tr. by M. Biddle). Peabody: Hendrickson Publishers, Inc., 1997, pp.351-53.

Beyse, K. M. "משל," *TDOT*. vol.9(ed. by G. J. Botteweck, H. Ringgren, & H. Fabry). Grand Rapids, Michigan, Cambridge: W. E. Eerdmans Publishing Company, 1998, pp.64-67.

Bowling, A. "לבב," *Theological Wordbook of the Bible*. vol.1(ed. by R. L. Harris, etc.). Chicago: Moody Press, 1980, pp.466-67.

Coppes, L. J. "הָלַל," *TWOT*. vol.1(ed. by R. L. Harris, etc). Chicago: Moody Press, 1980, pp.218-19.

Domeris, W. R. "מִסְכֵּן," *NIDOTTE*. vol.2(ed. by W. A. Van Gemeren). Grand Rapids, Michigan: Zondervan Publishing House, 1997, pp.1001-1002.

Goldberg, L. "סָכַל," *TWOT*. vol.2(ed. by R. L. Harris, etc). Chicago: Moody Press, 1980, pp.624-25.

Jepsen, A "בָּטַח," *TDOT*. vol.2. pp.88-94.

Jonker, L. "תקן," *NIDOTTE*. vol.4. pp.328-29.

Kosmala, H. "גָּבַר, גְּרוּרָה," *TDOT*. vol.2. pp.367-82.

Lohfink, N. "כָּעַס, כַּעַס," *TDOT*. vol.7. pp.282-88.

Nel, P.J. "משל," *NIDOTTE*. vol.2. pp.1136-1137.

Oswalt, J. N. "כָּאַב," *TWOT*. vol.1. p.425.

Payne, J. "צָדַק‎ ‧‧‧‧‧‧צָדֵק‎," *TWOT.* vol.2. pp.763-64.

Soggin, J. A. "מָשַׁל‎," *TLOT.* vol.2, pp.689-91

Stolz, F. "כַּעַס‎," *TLOT.* vol.2, pp.622-24.

Tsevat, M. "הָקַר‎," *TDOT.* vol.5. pp.148-50.

Weber, C. "הָמוֹן‎," *TWOT.* vol.1. pp.219-20.

Webster's Third New International Dictionary of the English Language. vol.2. Chicago: Encyclopaedia Britannica, Inc., 1986.

Ⅱ. 지혜서 및 일반 서적

1. 단행본

김중은. "성문서의 지혜문학,"『구약의 말씀과 현실』. 서울: 한국성서학연구소, 1996, pp.84-98.

Archer, G. 『구약총론』(김정우 역). 서울: 기독교문서회, 1985.

Bentzen, A. *Introduction to the Old Testament.* 2 vols. Copenhagen: G.E.C. Gad Publisher, 1961.

Bergant, D. *Israel's Wisdom Literature.* Minneapolis: Fortress Press, 1997.

Brown, W. P. *Character in Crisis: A Fresh Approach to the Wisdom Literature of the Old Testament.* Grand Rapids: B. Eerdmans, 1996.

Bullock, C. H. 『시가서 개론』(임영섭 역). 서울: 은성, 1999.

Clifford, R. J. "The Book of Ecclesiastes," *NIB.* vol.5. Nashville: Abingdon, 1997, pp.267-87.

Clifford, R. J. *The Wisdom Literature.* Nashville: Abingdon, 1998.

Cox, D. *Proverbs.* Delaware: Michael Glazier, 1982.

Crenshaw, J. L. 『구약 지혜문학의 이해』(강성렬 역). 서울: 한국장로교출판사, 1993.

Crenshaw, J. L. "The Concept of God in Old Testament Wisdom," *In Search of Wisdom*(ed. by L. G. Perdue, etc.). Westminster: John Knox Press, 1993.

Eissfeldt, O. *Der Maschal im Alten Testament.* BZAW 24. Gissen: A. Töpelmann, 1913.

Eissfeldt, O. *The Old Testament: An Introduction.* Oxford: Basil Blackwell, 1974.

Fohrer, G. *Introduction to the Old Testament.* London: SPCK, 1970.

Fontaine, C. R. *The Use of the Traditional Saying in the Old Testament.* Duke Uni. Ph. D. dissertation unpublished. 1979.

Fox, M. V. "Wisdom in Qoheleth," *In Search of Wisdom*(ed. by L. G. Perdue, etc.). Westminster: John Knox Press, 1993, pp.115-31.

Fritsch, C. T. "The Book of Proverbs, Introduction and Exegesis," *IB.* vol.4. pp.771-72.

Gammie, J.(ed.) *Israelite Wisdom: Theological & Literary Essays in Honor of Samuel Terrien.* N.Y.: Union Theological Seminary, 1978.

Grabbe, L. L. "Prophets, Priests, Diviners and Sages in Ancient Israel," *Of Prophets' Visions & the Wisdom of Sages.* Sheffield: JSOT, 1993, pp.43-62.

Hallo, W.(ed.) *The Context of Scripture.* vol.1. Leiden, N. Y., Köln: Brill, 1997.

Harrison, R. *Introduction to the Old Testament.* Michigan: W. B. Eerdmans, 1969.

Hayes, J. H.(ed.) *Old Testament Form Criticism.* San Antonio: Trinity University Press, 1974.

Heaton, E. W. *The School Tradition of the Old Testament.* Oxford: Oxford University press, 1994.

Hengel, H. *Judaism and Hellenism.* London: SCM, 1974.

Johnson, A. R. "מָשָׁל," *Wisdom in Israel and in the Ancient Near East*(ed. by M. Noth & p.W. Thomas). Leiden: E. J. Brill, 1960, pp.162-69.

Kidner, D. *Wisdom to Live by.* Leicester: Inter-Varsity Press, 1985

Klein, W., Blomberg, C., Hubbard, R. *Introduction to Biblical Interpretation.* Dallas: Word Publishing, 1993.

Kramer, S. 『역사는 수메르에서 시작되었다』(박성식 역). 서울: 가람기획, 2000.

Lasor, W. S. *Old Testament Survey*(2nd ed.). Michigan, Cambridge: William Eerdmans Publishing Company, 1996.

McKane, W. *Proverbs: a New Approach.* OTL. London: SCM, 1970.

Murphy, R. *Wisdom Literature: Job, Proverbs, Ruth, Canticles, Ecclesiastes and Esther.* Michigan: William B. Eerdmans Publishing Company, 1981.

Nel, P. J. *The Structure and Ethos of the Wisdom Admonitions in Proverbs.*

Berlin, N.Y.: de Gruyter, 1982.

O'Connor, K. M. *The Wisdom Literature.* Wilmington, Delaware: Michael Glazier, 1988.

Perdue, L. G. *Wisdom & Creation: The Theology of Wisdom Literature.* Nashville: Abingdon Press, 1994.

Pritchard, J. B.(ed.) *Ancient Near Eastern Texts Relating to the Old Testament.* Princeton, New Jersey: Princeton University Press, 1969.

Rad, G. von. 『이스라엘의 지혜신학』(허혁 역). 서울: 분도, 1980.

Rahlfs, A. *Septuaginta.* Deutsche Bibelgesellschaft Stuttgart, 1935, 1979.

Ryken, L. 『문학에서 본 성경』(유성덕 역). 서울: 크리스챤다이제스트, 1993.

Schoekel, L. *A Manual of Hebrew Poetics.* Roma: Editrice Pontificio Instituto Biblico, 1988.

Scott, R. B. Y. *The Way of Wisdom in the Old Testament.* New York: Macmillan, 1971.

Sheppard, G. *Wisdom as a Hermeneutical Construct.* Berlin, N.Y.: Walter de Gruyter, 1980.

Short, R. *A Time to be Born-A Time to Die.* N.Y.: Harper & Row, 1973.

Taylor, A. *The Proverb and an Index to the Proverb.* Copenhagen & Hartoro, PA.: Rosenkilde & Baggers, 1962.

Thompson, J. M. *The Form and Function of Proverbs in Ancient Israel.* The Hague, Paris: Mouton, 1974.

Westermann, C. *Roots of Wisdom: the Oldest Proverbs of Israel and Other Peoples.* Kentucky: Westminister John Knox Press, 1995.

Whybray, R. N. *The Intellectual Tradition in the Old Testament.* Berlin, N.Y.: Walter de Gruyter, 1974.

Whybray, R. N. *Ecclesiastes.* Sheffield: JSOT, 1989.

Whybray, R. N. *Ecclesiastes.* Grand Rapids: Um B. Eerdmans Publ. Co., 1989.

Whybray, R. N. *The Composition of the Book of Proverbs.* Sheffield: JSOT Press, 1994.

Zuck, R. B.(ed.) *Learning from the Sages: Selected Studies on the Book of Proverbs.* Michigan: Baker Books, 1995.

2. 논문 및 정기 간행물

Baumgartner, W. "The Wisdom Literature," *The Old Testament and Modern Study*(ed. by H. H. Rowley). Oxford: Clarendon, 1951.

Blenkinsopp, J. *Sage, Priest, Prophet.* Louisville, Westminster: John Knox Press, 1995.

Collins, J. J. "Wisdom, Apocalypticism and the Dead Sea Scrolls," *Jedes Ding hat seine Zeit*(ed. by A. A. Diesel & R. Lehmann). Berlin, N.Y.: Walter de Gruyter, 1996, pp.19-30.

Crenshaw, J. L. "In Search of Divine Presence," *RE* 74(1977). pp.353-69.

Crenshaw, J. L. "Method in Determining Wisdom Influence upon 'Historical' Literature," *JBL* 88(1969). pp.129-42.

Crenshaw, J. L. "Wisdom," *Old Testament Form Criticism*(ed. by J. Hayes). San Antonio: Trinity University Press, 1974, pp.226-64.

Fredericks, D. C. "A North Israelite Dialect in the Hebrew Bible?: Questions of Methodology," *HS* 37(1996). pp.7-20.

Godbey, A. H. "The Hebrew Maschal," *AJOSLL* XXXIX(1922 / 3). pp.89-108.

Gordis, R. "The Social Background of Wisdom Literature," *HUCA* 18(1943-44). pp.77-118.

Herbert, A. S. "The 'parable'(Masal) in the Old Testament," *SJT* 7(1954). pp.180-96.

Hultgren, A. J. "The Scope of Wisdom," *Word & World* 7(1987). pp.239-60.

Jenks, A. W. "Theological Presuppositions of Israel's Wisdom Literature," *Horisons in Biblical Theology* 7(1985). pp.43-75.

Muilenburg, J. "The Linguistic and Rhetorical Usages of the Particle 'כי' in the Old Testament," *HUCA* 32(1961). pp.135-60.

Murphy, R. E. "The Interpretation of Old Testament Wisdom Literature," *INT* 23(1969). pp.289-301.

Murphy, R. E. "The Sage in Ecclesiastes and Qoheleth the Sage," *The Sage in Israel and the Ancient Near East*(ed. by J. G. Gammie, L. G. Perdue). Winona Lake: Eisenbrauns, 1990, pp.263-74.

Murphy, R. E. "Form Criticism and Wisdom Literature," *CBQ* 31(1969). pp.475-83.

Murphy, R. E. "Wisdom in the Old Testament," *ABD*. vol.6. pp.920-31.

Scott, R. B. Y. "Folk Proverbs of the Ancient Near East," *Studies in Ancient Israelite Wisdom*(ed. by J. Crenshaw). N.Y.: KTAV publishing House, Inc., 1976, pp.417-26.

Scott, R. B. Y. "Wise and Foolish, Righteous and Wicked," *VTS* 23(1972). pp.146-65.

Whybray, R. N. "The Social World of the Wisdom Writers," *The World of Ancient Israel*(ed. by R. E. Clement). Cambridge: Cambridge University Press, 1989, pp.227-51.

Whybray, R. N. "Book of Proverbs," *DBI* II. pp.320-23.

Williams, J. G. "The Power of Form: A Study of Biblical Proverbs," *Learning from the Sages*(ed. by R. B. Zuck). Grand Rapids: Baker Books, 1995, pp.73-97. first presented in *Semeia* 17(1980). pp.35-58.

Zimmerli, W. "The Place and Limit of the Wisdom in the Framework of the Old Testament theology," *SJT* 17(1964). pp.146-58.

III. 전도서

1. 단행본

박요한영식. 『코헬렛의 지혜와 즐거운 인생』. 서울: 성서와 함께, 1997.

박요한영식. 『생명의 샘과 인생길』. 서울: 성바오로, 1999.

박형룡 편. 『성경주석: 잠언, 전도, 아가』. 경성: 장로회총회종교교육부, 소화 14(1939).

방지일. 『전도서 강해』. 서울: 대한예수교장로회총회교육부, 1982.

이상근. 『잠언, 전도, 아가서』. 구약성서주해, 대구: 성등사, 1994.

임승필. 『룻기, 아가, 코헬렛(전도서), 애가, 에스텔』. 서울: 한국천주교중앙협의회, 1993.

Anderson, W. H. U. Q*oheleth and its Pessimistic Theology: Hermeneutical Struggles in Wisdom Literature.* Lewiston, Queenston, Lampeter: Mellen Biblical Press, 1997.

Barbaro, F. 『잠언, 전도서, 욥기』(김창수역). 서울: 크리스챤 출판사, 1986.

Barnes, A. & Leupold, H. C.『반즈 신구약 성경주석: 전도서』(명종남 역). 서울: 크리스챤서적, 1992.

Bartholomew, C. *Reading Ecclesiastes: Old Testament Exegesis and Hermeneutical Theory.* Roma: Editrice Pontificio Istituto Biblico, 1998.

Barton, G. A. *The Book of Ecclesiastes.* ICC. Edinburgh: T. & T. Clark, 1912.

Barton, G. A. "The Book of Ecclesiastes," *New Interpreter's Bible.* vol.5. Nashville: Abingdon, 1997.

Bigger, S.(ed.) *Creating the Old Testament.* Cambridge: Basil Blackwell, 1989.

Bonora, A. 『코헬렛』(이선영 역). 서울: 성서와 함께, 1999.

Bridges, C. *Ecclesiastes.* Carlisle: The Banner of Truth Trust, 1860.

Brown, W. P. *Ecclesiastes.* Louisville: John Knox Press, 2000.

Burkes, S. *Death in Qoheleth and Egyptian Biographies of the Late Period.* Atlanta: SBL, 1999.

Bush, B. *Walking in Wisdom: A Woman's Workshop on Ecclesiastes.* Michigan: Zondervan Publishing House, 1982.

Carny, P. "Theodicy in the Book of Qohelet," *Justice and Righteousness* (ed. by H. Reventlow & Y. Hoffman). Sheffield: JSOT, 1992.

Crenshaw, J. L. "The Birth of Skepticism in Ancient Israel," *The Divine Helmsman.* N.Y.: KTAV Publishing House, Inc., 1980, pp.1-19.

Crenshaw, J. L. "The Expression מִי יוֹדֵעַ in the Hebrew Bible," *VT* 36(1986). pp.274-88.

Crenshaw, J. L. *Ecclesiastes.* OTL, Philadelphia: the Westminster Press, 1987.

Crenshaw, J. L. *Urgent Advice and Probing Questioning.* Georgia: Mercer, 1995.

Cruesemann, F. "The Unchangeable World: The 'Crisis of Wisdom' in Koheleth," *God of the Lowly*(ed. by W. Schottroff & W. Stegemann; tr. by M. J. O'Connell). N.Y.: Orbis Books, 1984.

Davis, E. F. *Proverbs, Ecclesiastes, and the Song of Songs.* Louisville,

Westminster: John Knox Press, 2000.

Delitzsch, F. *Commentary on the Song of Songs and Ecclesiastes*(tr. by M. G. Easton). Edinburgh: T. & T. Clark, 1949-1951.

Eaton, M. A. *Ecclesiastes.* the Tyndale Old Testament Commentaries. Leicester, Downers Grove: Inter-Varsity Press, 1983.

Ellermeier, F. *Qohelet.* Herzberg: Verlag Erwin Jungfer, 1970.

Ellul, J. *Reason for Being.* Michigan: Eerdmans, 1990.

Farmer, K. A. *Proverbs & Ecclesiastes: Who Knows What is Good?.* Edinburgh: Eerdmans, 1991.

Fox, M. V. *Qohelet and His Contradictions.* Sheffield: the Almond Press, 1989.

Fox, M. V. *A Time to Tear down and a Time to Build up: A Rereading of Ecclesiastes.* Grand Rapids: Eerdmans, 1999.

Fredericks, D. C. *Coping with Transience: Ecclesiastes on Brevity in Life.* Sheffield: JSOT Press, 1993.

Galling, K. "Koheletstudien," *ZAW* 50(1932). pp.276-299.

Garrett, D. *Proverbs, Ecclesiastes, Song of Songs.* Nashville: Broadman, 1993.

Ginsberg, H. L. *Studies in Kohelet.* N.Y.: The Jewish Theological Seminary of America, 1950.

Ginsberg, H. L. "The Structure and Contents of the Book of Koheleth," *Wisdom in Israel and in Ancient Near East*(ed. by M. Noth & D. Thomas). Leiden: E. J. Brill, 1955, pp.138-149.

Ginsberg, H. L. *The Five Megilloth & Jonah.* Philadelphia: The Jewish Publication society of America, 1969.

Ginsburg, C. *The Song of Songs and Coheleth.* Reprint. New York: KTAV, 1970.

Good, E. M. "Qoheleth: the Limits of Wisdom," *Irony in the Old Testament.* Philadelphia: the Westminster press, 1965, pp.168-195.

Good, E. M. "The Unfilled Sea: Style and Meaning in Ecclesiastes," *Israelite Wisdom: Theological & Literary Essays in Honor of Samuel Terrien*(ed. by Gammie, J.). N.Y.: Union Theological Seminary, 1978.

Gordis, R. *Qoheleth-The Man and His World.* New York: Schocken, 1968.

Gross Louis, K. R. R. "Ecclesiastes," *Literary Interpretation of Biblical*

Narratives(ed. by K. R. R. Gross Louis, J. Ackerman & T. Warshow). Nashville: Abingdon, 1974, pp.267-82.

Hayman, A. P. "Kohelet, the Rabbis and the Wisdom Text from the Cairo Geniza," *Understanding Poets and Prophets*(ed. by A. Aduld). Sheffield: JSOT Press, 1993.

Henry, M. 『전도서, 아가: 성서 주석 시리즈』(소창길 역). 서울: 기독교문사, 1979.

Henshaw, T. "Ecclesiastes," *The Writings: the Third Division of the Old Testament Canon.* London: George Allen & Unwin LTD, 1963, pp.218-40.

Isaksson, B. *Studies in the Languages of Qoheleth.* Uppsala: Almqvist & Wiksell International, 1987.

Jarick, J. "Theodore of Mopsuestia and the Text of Ecclesiastes," Ⅷ *Congress of the International Organization for Septuagint & Cognate studies.* Paris, Atlanta: Scholars Press, 1992, pp.367-85.

Johnson, R. E. *The Rhetorical Question as a Literary Device in Ecclesiastes.* Ph. D. Dissertation. the Southern Baptist Theological Seminary, 1986.

Johnson, R. F. *A Form Critical Analysis of the Sayings in the Book of Ecclesiastes.* Ph. D. Dissertation. Emory University, 1973.

Kaiser Jr., W. C. *Ecclesiastes: Total Life.* Chicago: Moody Press, 1979.

Klein, C. *Kohelet und die Weisheit Israels: Eine formgeschichtliche Studie.* Stuttgart / Berlin / Cologne: Kolhammer, 1994.

Leupold, H. C. *Exposition of Ecclesiastes.* Columbus: the Wartburg Press, 1952.

Levine, E. "Qohelet's Fool: A Composite Portrait," *On Humour & the Cosmic in the Hebrew Bible*(Y.T. Radday & A. Brenner). Sheffield: the Almond press, 1990, pp.277-94.

Loader, J. A. *Polar Structures in the Book of Qohelet.* Berlin, New York: de Gruyter, 1979.

Loader, J. A. *Ecclesiastes,* Michigan: Grand Rapids, 1986.

Longman Ⅲ, T. *The Book of Ecclesiastes.* Grand Rapids: William B. Eerdmans, 1998.

Loretz, O. "Poetry and Prose in the Book of Qoheleth," *Verse in Ancient Near Eastern Prose*(ed. by J. C. de Moor & W. G. E. Watson).

Kevelaer: Butzon und Bercker, Neukirchen-Vluyn: Neukirchener Verl, 1993, pp.155-89.

Merkin, D. "Ecclesiastes," *Congregation*(ed. by D. Rosenberg). San Diego, N.Y. London: Harcourt Brace Jovanovich, 1987, pp.393-405.

Moriarty, R. "Translating the Homilies," *Gregrory of Nyssa Homilies on Ecclesiastes.* Berlin, N.Y.: Walter de Gruyter, 1993.

Mulder, J. S. M. "Qoheleth's Division and also its Main Point," *Von Kanaan bis Kerala*(ed. by W. C. Delsman, etc.). Neukirchener Verlag: Neukirchen-Vluyn, 1982, pp.149-59.

Murphy, R. E. "Qohelet's Quarrel with the Fathers," *From Faith to Faith* (ed. by D. Y. Hadidian). Pittburgh: the Pickwick Press, 1979, pp.235-45.

Murphy, R. E. *Ecclesiastes.* WBC 23. Dallas: Word Books, 1992.

Murphy, R. E. *The Tree of Life: An Exploration of Biblical Wisdom Literature.* N.Y.: Doubleday, 1992 = 박요한영식역, 『생명의 나무』. 서울: 성바오로, 1998.

Ogden, G. *Qohelet.* Sheffield: JSOT Press, 1987.

Ogden, G. & Zogbo, L. *A Handbook on Ecclesiastes.* N. Y.: United Bible Societies, 1997.

Olyott, S. 『전도서. 아가』(이중수 역). 웰린강해신서, 서울: 목회자료사, 1990.

Perry, T. A. *Dialogues with Kohelet: The Book of Ecclesiastes.* Pennsylvania: the Pennsylvania State University Press, 1993.

Polk, T. "Paradigms, Parables, and Mesalim: On Reading the Masal in Scripture," *CBQ* 45(1983). pp.564-83.

Ringgren, H. & Zimmerli, W. *Spruche & Prediger*(『잠언, 전도서』. 박영옥 역). 천안: 한국신학연구소, 1992.

Rosendal, B. "Popular Wisdom in Qohelet," *In the Last Days*(ed. by K. Jeppesen, K. Kielsen & B. Rosendal). Esbjerg: Aarhus University, 1994, pp.121-27.

Ryken, L. "Ecclesiastes," *A Complete Literary Guide to the Bible*(ed. by L. Ryken & T. Longman Ⅲ). Michigan: Zondervan, 1993 pp.268-80.

Schoors, A. *The Preacher Sought to Find Pleasing Words: A Study of the*

Language of Qoheleth. Leuven: Peeters Press & Department Oriental-istiek, 1992.

Schoors, A. *Qohelet in the Context of Wisdom.* Leuven-Louvain: Leuven University Press, 1998

Scott, R. B. Y. *Proverbs, Ecclesiastes.* AB. N. Y.: Doubleday, 1965.

Seow, C. L. "Beyond Them, My Son, Be Warned: The Epilogue of Qohelet Revisited," *Wisdom, You are my Sister*(ed. by M. L. Barre, S. S.). The CBQ Monography Series 29. 1997, pp.125-41.

Seow, C. L. *Ecclesiastes.* New York: Doublday, 1997.

Sheppard, G. T. "The Epilogue to Qoheleth as Theological Commentary," *CBQ* 39(1977). pp.182-89.

Skehan, P. W. *The Literary Relationship Between the Book of Wisdom & the Protocanonical Wisdom Books of the Old Testament.* Washington: the Catholic University of America, 1938.

Smith, J. & Lee, R. 『강해설교자료: 전도서, 아가, 이사야, 예레미야, 예레미야 애가』(구영철 역). 서울: 한국문서선교회, 1993.

Spence, H. D. M. 『풀핏성경주석』. 대구: 보문, 1975.

Spina, F. A. "Qoheleth and the Reformation of Wisdom," *The Quest for the Kingdom of God: Studies in Honour of G. E. Mendenhall*(ed. by H. B. Huffmon, etc). Winona Lake: Eisenbrauns, 1983.

Steese, P.(ed.) *Ecclesiastes.* Boston: Allyn & Bacon, Inc., 1966.

Suter, D. W. "Masal in the Similitudes of Enoch," *JBL* 100(1981). pp.193-212.

Swindoll, C. R. 『전도서, 잠언』(정옥배, 강인철역). 찰스 스윈돌 성경연구. 서울: 두란노, 1994.

Whitley, C. F. *Koheleth: His Language and Thought.* Berlin, N.Y.: de Gruyter. 1979.

Zockler, O. 『랑게주석: 전도서, 아가서』. 서울: 백합, 1982.

2. 논문 및 정기 간행물

강사문. "한계 속에서 하나님을 향하는 삶," 『그말씀』 36(1995). 두란노서원,

240

pp.131-140.

구덕관. "전도서 연구(1)," 『기독교사상』 332(1986). pp.196-204.

구덕관. "전도서 연구(2)," 『기독교사상』 333(1986). pp.196-205.

구덕관. "전도서 연구(3)," 『기독교사상』 334(1986). pp.200-09.

구덕관. "전도서 연구(4)," 『기독교사상』 335(1986). pp.181-93.

구덕관. "전도서 연구(5)," 『기독교사상』 336(1986). pp.174-84.

구덕관. "전도서 연구(6)," 『기독교사상』 337(1986). pp.170-82.

김충희. 『코헬렛의 하나님 연구: 전도서 3장 9-22절을 중심으로』. 석사학위
    논문. 서울: 장로회신학대학교 신학대학원, 1998.

남은우. 『傳道書 著作年代에 관한 硏究』. 석사학위논문. 대전: 한남대학교
    대학원, 2001.

노세영. "모든 것이 헛되도다," 『그말씀』 36(1995). 두란노서원, pp.110-20.

민영진. "설교자와 전도서," 『그말씀』 36(1995). 두란노서원, pp.88-96.

민영진. "전도서 번역에 나타난 성서번역의 일반적 문제와 그 잠정적 해
    결," 『신학과 세계』 10(1984). 감신대 출판부, pp.233-66.

민영진. "전도서의 어려운 본문해설," 『신앙계』 240(1987). 국민일보사,
    pp.122-23.

민영진. "전도서의 어려운 본문해설," 『신앙계』 241(1987). 국민일보사,
    pp.122-23.

민영진. "전도서 독자를 위한 어려운 본문해설," 『신앙계』 242(1987). 국민
    일보사, pp.118-19.

민영진. "전도서 독자를 위한 어려운 본문해설," 『신앙계』 243(1987). 국민
    일보사, pp.118-19.

민영진. "전도서 독자를 위한 어려운 본문해설," 『신앙계』 244(1987). 국민
    일보사, pp.118-19.

민영진. "전도서 독자를 위한 어려운 본문해설," 『신앙계』 245(1987). 국민
    일보사, pp.118-19.

민영진. "전도서 독자를 위한 어려운 본문해설," 『신앙계』 246(1987). 국민
    일보사, pp.118-19.

박종칠. "傳道書에 나타난 人生論," 『고려신학보』 11(1985). 고신대학, pp.87-99.

박철우. "삶을 긍정하는 유신론적 허무주의," 『그말씀』 36(1995). 두란노서

원, pp.121-30.

백종연. 『코헬 8:9-15에 나타난 인간 인해』. 석사학위논문. 서울: 카톨릭대학교 신학대학원, 2000.

성서와 함께 편집부. "전도서: 창세기에서 묵시록까지," 『성서와 함께』 182(1991). 가톨릭성서모임, pp.59-63.

엄원식. "코헬렛 허무주의에 대한 연구," 『히브리 성서와 고대근동문학의 비교 연구』. 서울: 한들, 2000, pp.887-910.

여운학. "전도-서신전도의 꿈, 평신도 설교," 『개혁신학과 설교연구』 1집 6호(1986). pp.153-57.

유윤종. "전도서 안의 창세기," 『구약논단』 7(1999). 한국구약학회, pp.95-118.

이상범. "깊은 허무감에서 나온 생에 대한 통찰," 『새가정』 464(1996). 새가정사, pp.48-51.

이상범. "역사와 현실을 관조한 시인, 코헤렛," 『새가정』 465(1996). 새가정사, pp.56-60.

이상범. "올가미와 같은 여자," 『새가정』 466(1996). 새가정사, pp.58-61.

이상범. "한 히브리 귀족의 허무감," 『새가정』 467(1996). 새가정사, pp.52-66.

이상범. "소와 나귀는 한 멍에를 멜 수 있는가?," 『새가정』468(1996). 새가정사, pp.56-59.

이상범. "자유로운 숨결과 넘치는 인간미 느낄 수 있어," 『새가정』 469(1998). 새가정사, pp.64-67.

이양구. "전도서 12장 1-2절 구약연구," 『신앙세계』 255(1989). 신앙세계사, pp.87-91.

이주희. 『전도서의 통일성(Unity)에 관한 연구』. 석사학위논문. 서울: 서울신학대학교, 1997.

전정현. 『전도서에 나타난 하나님 경외사상』. 석사학위논문. 서울: 한신대학, 1980.

정중호. "삶을 기쁨으로 살아가라," 『그말씀』 36(1995). 두란노서원, pp.141-49.

주크 B. R. "전도서에 나타난 하나님과 사람," 『그말씀』 36(1995). 두란노서원, pp.97-109.

최창모. "전도서의 수사적 질문과 헤벨(הבל)의 상징적 기능에 관한 연구," 『신학사상』 104(1999). pp.112-45.

Armstrong, J. F. "Ecclesiastes in Old Testament theology," *PSB* 4(1983). pp.16-25.

Brindle, W. A. "Righteousness and Wickedness in Ecclesiastes 7:15-18," *Andrews University Seminary Studies* 23(1985). pp.243-57.

Brown, S. G. "The Structure of Ecclesiastes," *The Evangelical Review of Theology* 14(1990). pp.195-208.

Broyde, M. "Defilement of the Hands, Canonization of the Bible and the Special Status of Esther, Ecclesiastes, and Song of Songs," *Judaism* 44(1995). pp.65-79.

Caneday, A. B. "Qoheleth: Enigmatic Pessimist or Godly Sage?," *Grace Theological Journal* 7(1986). pp.21-56.

Castellino, G. "Qoheleth and His Wisdom," *CBQ* 30(1968). pp.15-28.

Ceresko, A. R. "The Function of Antanaclasis(mṣ' "to find"//mṣ' "to reach, overtake, grasp") in Hebrew Poetry, Especially in the Book of Qoheleth," *CBQ* 44(1982). pp.551-69.

Chen, Chin-Wen. "A Study of Ecclesiastes 10:18-19," *TJT* 11(1989). pp.117-26.

Crenshaw, J. L. "The Shadow of Death in Qoheleth," *Israelite Wisdom: Theological & Literary Essays in Honor of Samuel Terrien*(ed. by J. Gammie, etc). N. Y.: Union Theological Seminary, 1978, pp.205-16.

Crenshaw, J. L. "Qoheleth in Current Research," *HAR* 7(1983). pp.41-56.

Crenshaw, J. L. "Prohibitions in Proverbs and Qoheleth," *Priests, Prophets and Scribes* (ed. by E. Ulrich, etc). Sheffield: JSOT, 1992, pp.115-24.

Crenshaw, J. L. "Youth and Old age in Qoheleth," *HAR* 10(1986). pp.1-13.

Dahood, M. "Three Parallel Pairs in Ecclesiastes 10:18," *JQR* 62(1971). pp.84-87.

Dahood, M. "Qoheleth and Northwest Semitic Philology," *Biblica* 43(1962). pp.349-65.

Dahood, M. "Qoheleth and Recent Discoveries," *Biblica* 39(1958). pp.302-18.

Davis, B. C. "Ecclesiastes 12:1-8-Death, an Impetus for Life," *Bibliotheca Sacra* 146 (1989). pp.298-18.

Donald, T. "The Semantic Field of 'Folly' in Proverbs, Job, Psalms, and

Ecclesiastes," *VT* 13(1963). pp.285-92.

Driver, G. R. "Problems and Solutions," *VT* 4(1954). pp.225-45.

Forman, C. C. "The Pessimism of Ecclesiastes," *JSS* 3(1958). pp.336-43.

Forman, C. C. "Koheleth's use of Genesis," *JSS* 5(1960). pp.256-63.

Fox, M. "Frame-Narrative and Composition in the Book of Qohelet," *HUCA* 48(1977). pp.83-106.

Fox, M. "The Identification of Quotations in Biblical Literature," *ZAW* 92(1980). pp.416-31.

Fox, M. "Qohelet's Epistemology," *HUCA* 58(1987). pp.137-55.

Fox, M. "Qohelet 1.4," *JSOT* 40(1988). p.109.

Fox, M. "Wisdom in Qoheleth," *In Search of Wisdom*(ed. by L.G. Perdue, etc). Westminster: John Knox Press, 1993, pp.115-31.

Fredericks, D. C. "Chiasm and Parallel Structure in Qoheleth 5:9-6:9," *JBL* 108 (1989). pp.17-35.

Frendo, A. "The Broken Construct Chain in Qoh 10:10b," *Biblica* 62(1981). pp.544-45.

Galling, K. "Das Raetsel der Zeit in Urteil Kohelets(Koh 3:1-15)," *ZTK* 58(1961). pp.1-15.

Garrett, D. "Qoheleth on the Use and Abuse of Political Power," *Trinity Journal* 8(1959). pp.159-77.

Glasson, T. F. " 'You never know': The Message of Ecclesiastes 11:1-6," *The Evangelical Quarterly* 55(1983). pp.43-48.

Glenn, D. R. "Mankind's ignorance: Ecc. 8:1-10:11," *Reflecting with Solomon: Selected Studies on the Book of Ecclesiastes*(ed. by R. Zuck). Michigan: Baker Books, 1994, pp.321-29.

Gordis, R. "Quotations as a Literary Usage in Biblical, Oriental and Rabbinic Literature," *HUCA* 22(1949). pp.157-219.

Gordis, R. "Quotations in Wisdom literature," *JQR* 30(1939-1940). pp.123-47.

Gordis, R. "Qoheleth and Qumran," *Biblica* 41(1960). pp.395-410.

Hart, T. M. "Qoheleth Looks at Friendship," *The Bible Today* 32(1994). pp.74-78.

Horton, E. "Koheleth's Concept of Opposites," *Numen* 19(1972). pp.1-21.

Jarick, J. "An 'Allegory of Age' As Apocalypse(Eccl. 12:1-7)," *Colloguium* 22(1990). pp.19-27.

Johnston, R. K. "Confessions of a Workaholic: A Reappraisal of Qoheleth," *CBQ* 38(1976). pp.14-28.

de Jong, S. "A Book on Labour: the Structuring Principles and the Main Theme of the Book of Qohelet," *JSOT* 54(1992). pp.107-16.

de Jong, S. "Qohelet and the Ambitious Spirit of the Ptolemaic Period," *JSOT* 61(1994). pp.85-96.

Kidner, D. "The Search for Satisfaction: Ecc. 1:12-2:26," *Reflecting with Solomon: Selected Studies on the Book of Ecclesiastes*(ed by R. Zuck). Michigan: Baker Books, 1994, pp.249-56.

Longman Ⅲ., T. "해외특별기고: 전도서를 어떻게 설교할 것인가," 『목회와 신학』 111(1998). 서울: 두란노서원, pp.160-63.

McKenna J. E. "The Concept of 'Hebel' in the Book of Ecclesiastes," *Scottish Journal of Theology* 45(1992). pp.19-28.

Miller, D. B. "Qohelet's Symbolic Use of הבל," *JBL* 117(1998). pp.437-54.

Min, Young-Jin. "How do the Rivers flow?(Eccl. 1:7)," *BT* 42(1991). pp.226-31.

Muilenburg, J. "A Qohelet Scroll from Qumran," *BASOR* 135(1954). pp.26-27.

Murphy, R. E. "Wisdom Literature and Biblical Theology," *BTB* 24(1994). pp.4-7.

Murphy, R. E. "Qohelet Interpreted: The Bearing of the Past on the Present," *VT* 32(1982). pp.331-36.

Murphy, R. E. "A Form-Critical Consideration of Ecclesiastes 7," *SBL Seminar Paper* 74. pp.77-85.

Murphy, R. E. "Qoheleth and Theology," *BTB* 21(1991). pp.30-39.

Murphy, R. E. "On Translating Ecclesiastes," *CBQ* 53(1991). pp.571-79.

Ogden, G. *The "Tob-Spruch" in Qoheleth: Its Function and Significance as a Criterion for Isolating and Identifying Aspects of Qoheleth's Thought.* Princeton Theological Seminary Ph. D. Dissertation unpublished. 1975.

Ogden, G. "The 'Better-Proverb(Tob-Spruch), Rhetorical Criticism and Qoheleth,"

JBL 96(1977). pp.489-505.

Ogden, G. "Qoheleth's Use of the nothing is better-form," *JBL* 98(1979). pp.339-50.

Ogden, G. "Qoheleth Ⅸ 17-X 20," *VT* 30(1980). pp.27-37.

Ogden, G. "Qoheleth Ⅸ 1-16," *VT* 32(1982). pp.158-69.

Ogden, G. "Qoheleth Ⅺ 1-6," *VT* 33(1983). pp.222-30.

Ogden, G. "The Mathematics of Wisdom: Qoheleth Ⅳ 1-12," *VT* 34(1984). pp.446-53.

Ogden, G. "Translation Problems in Ecclesiastes 5:13-17," *BT* 41(1990). pp.422-37.

Osborn, N. D. "A Guide for Balanced Living: An Exegetical Study of Ecclesiastes 7:1-14," *The Bible Translator* 21(1970). pp.85-196.

Rainey, A. F. "A Study of Ecclesiastes," *CTM* 35(1964). pp.148-57.

Rankin, O. "The Book of Ecclesiastes: Introduction and Exegesis," *IB.* vol.5. N. Y. & Nashville: Abingdon Press, 1956.

Robertson, D. "Job and Ecclesiastes," *Soundings* 73(1990). pp.257-72.

Salters, R. B. "Qoheleth and the Canon," *ET* 86(1975). pp.339-42.

Salters, R. B. "Text and Exegesis in Koh 10:19," *ZAW* 89(1977). pp.423-26.

Scheffler, E. "Qohelet's Positive Advice," *Old Testament Essays* 6(1993). pp.248-71.

Schoors, A. "Koheleth: a Perspective of Life after Death?," *Ephemerides Theological Lovanienses* 61(1985). pp.295-03.

Schoors, A. "The Peshitta of Kohelet and Its Relation to the Septuagint," *After Chalcedon: Studies in Theology and Church History*(ed. by C. Laga, J. A. Munitiz & L. Rompay). Leuven: Departement Orientalishek, Leuven: Uitgeverij Peeters, 1985, pp.347-57.

Schoors, A. "The Pronouns in Qoheleth," *Hebrew Studies* 30(1989). pp.73-89.

Schoors, A. "Qohelet: A Book in a Changing Society," *Old Testament Essays* 9(1996). pp.68-87.

Schoors, A. "The Verb ראה in the Book of Qoheleth," *Jedes Ding hat seine Zeit*(ed. by A. A. Diesel & R. Lehmann). Berlin, N.Y.: Walter de

Gruyter, 1996, pp.227-41.

Schwartz, M. J. "Koheleth and Camus: Two Views of Achievement," *Judaism* 35(1986). pp.29-34.

Schwarzschild, R. "The Syntax of 'asher' in Biblical Hebrew with Special Reference to Qoheleth," *Hebrew Studies* 31(1990). pp.7-39.

Seow, C-L. "The Socioeconomic Context of the Preacher's Hermeneutic," *PSB* 27(1996). pp.168-95.

Seow, C-L. "The Dating of Qohelet," *JBL* 115(1996). pp.643-666.

Seow, C-L. "Qohelet's Eschatological Poem," *JBL* 118(1999). pp.209-34.

Shank, H. C. "Qoheleth's World and life View as Seen in his Recurring Phrases," *Westminster Theological Journal* 37(1974). pp.57-73.

Shead, A. G. "Ecclesiastes from the Outside In," *The Reformed Theological Review* 55(1996). pp.24-37.

Spangenberg, I. J. "Irony in the Book of Qohelet," *JSOT* 72(1996). pp.57-69.

Staples, W. E. "The Meaning of HEPES in Ecclesiastes," *JNES* 24(1965). pp.110-12.

Staples, W. E. "Profit in Ecclesiastes," *JNES* 4(1945). pp.87-96.

Staples, W. E. "The Vanity of Ecclesiastes," *JNES* 2(1943). pp.95-104.

Stohlmann, S. C. "Everything Beautiful in Its Time: A Meditation on Ecclesiastes or the Preacher 3:1-15," *CJ* 7(1981). pp.178-81.

Tamez, E. "The Preacher & the New World Order," *The Other Side* 31(1995). pp.22-28.

Tamez, E. "Living Wisely in the Midst of Absurdity: Meditations from the Book of Ecclesiastes," *Church & Society* 86(1996). pp.28-42.

Taylor, J. "A Time to Dance: Reflections on the Book of Ecclesiastes," *Irish Biblical Studies* 18(1996). pp.114-35.

Tsukimoto, A. "The Background of Qoh 11:1-6 and Qohelet's Agnosticism," *AJBI* 19(1993). pp.34-52.

Vogel, D. "Koheleth and the Modern Temper," *Tradition* 2(1959-60). pp.82-92.

de Waard, J. "The Translator and Textual Criticism," *Biblica* 60(1979). pp.509-29.

Whybray, R. N. "The Identification and Use of Quotation in Ecclesiastes," *Congress Volume Vienna* 1980(ed. by J. Emerton). Leiden: E. J. Brill, 1981, pp.435-51.

Whybray, R. N. "Qoheleth, Preacher of Joy," *JSOT* 23(1982). pp.87-98.

Whybray, R. N. "Ecclesiastes 1:5-7 and the Wonders of Nature," *JSOT* 41(1988). pp.105-12.

Williams, J. G. "What does It Profit a Man?: The Wisdom of Koheleth," *Judaism* 20(1971). pp.179-93.

Wilson, G. H. "The Words of the Wise: the Intent and Significance of Qohelet 12:9-14," *JBL* 103(1984). pp.175-92.

Wright, A. G. "The Riddle of the Sphinx: The Structure of the Book of Qoheleth," *CBQ* 30(1968). pp.313-34.

Wright, A. G. "The Riddle of the Sphinx Revisited: Numerical Patterns in the Book of Qoheleth," *CBQ* 42(1980). pp.38-51.

Wright, A. G. "Additional Numerical Patterns in Qoheleth," *CBQ* 45(1983). pp.32-43.

Youngblood, R. "Qoheleth's Dark house"(Eccl 12:5), *Evangelical Theological Society Journal* 29(1986). pp.397-410.

Ⅳ. 수사 비평 및 다른 영역

1. 단행본

왕대일. 『새로운 구약주석: 이론과 실제』. 서울: 성서연구사, 1996.

이동수. 『심판에서 구원으로』. 서울: 장로회신학대학교 출판부, 1998.

이동수. 『구약주석과 설교』. 서울: 장로회신학대학교 출판부, 2000.

Berry, D. *The Psalms & their Readers*. Sheffield: JSOT, 1993.

Clines, D. & Davies, P. *Rhetoric & Biblical Interpretation.* Sheffield: Almond press, 1990.

Clines, D., Gunn, D. & Hauser, A. *Art & Meaning: Rhetoric in Biblical*

Literature, Sheffield: JSOT, 1982.

Exum, J & Clines, D.(ed.). *The New Literary Criticism and the Hebrew Bible.* Pennsylvania: Trinity Press International, 1993.

Foss, S. K. *Rhetorical Criticism: Exploration & Practice.* Illinois: Waveland Press, 1989.

Gitay, Y. *Isaiah and his Audience: the Structure and Meaning of Isaiah 1-12.* Assen: Van Gorcum & Gomp., 1991.

House, P.(ed.) *Beyond Form Criticism.* Winona Lake: Eisenbrauns, 1992.

Jackson, J. J. & Kessler, M.(ed.). *Rhetorical Criticism: Essays in Honor of James Muilenburg.* Pittsburgh: the Pickwick press, 1974.

Koch, K. *The Growth of the Biblical Tradition,* London: Adam and Charles Black, 1969.

Lundbom, J. R. *Jeremiah: A Study.* Indiana: Eisenbrauns, 1997.

Mack, B. L. 『수사학과 신약성서』(유태엽 역). 서울: 나단, 1993.

Ryken, L. & Longman Ⅲ, T.(ed.) *A Complete Literary Guide to the Bible.* Michigan: Zondervan, 1993.

Trible, R. *Rhetorical Criticism: Context, Method and the Book of Jonah.* Minneapolis: Fortress Press, 1994.

Tucker, G. M. *Form Criticism of the Old Testament.* Philadelphia: Fortress Press, 1971.

Zimmermann, F. *The Inner World of Qohelet.* N.Y.: KTAV Publishing House, Inc, 1973.

Zuck, R. B.(ed.) *Reflecting with Solomon: Selected Studies on the Book of Ecclesiastes.* Michigan: Baker Books, 1994.

2. 논문 및 정기 간행물

김이곤. "호세아 2:2-23(4-25)의 수사비평적 연구-호세아의 '고난신학'을 제 창하며", 『신학논단』 17(1987). pp.75-98.

Bossman, D. M. "Rhetoric of Hate, Instruments of War," *BTB* 21(1991). pp.2-3.

Clines, D. J. A. "Reading Esther from Left to Right," *The Bible in Three*

Dimensions(ed. by D. J. A. Clines, S. Fowl & S. Porter). Sheffield: JSOT, 1990, pp.33-52.

Gitay, Y. "A Study of Amos's Art of Speech: A Rhetorical Analysis of Amos 3:1-5," *CBQ* 42(1980). pp.293-309.

Greenwood, D. "Rhetorical Criticism and Formgeschichte: Some Methodological Considerations," *JBL* 89(1970). pp.418-26.

Howard, D. M. "Rhetorical Criticism in Old Testament studies," *Bulletin for Biblical Research* 4(1994). pp.87-104.

Kuntz, J. K. "King Triumphant: A Rhetorical Study of Psalms 20 and 21," *HAR* 10(1986). pp.157-76.

Leigh, B. Y. *A Rhetorical and Structural Study of the Book of Habakkuk.* An unpublished Th. D. Dissertation submitted in 1992, Golden Gate Baptist Theological seminary.

Low, R. K. *A Theological understanding of Ps. 74 & Ps. 79 in Light of Rhetorical and Linguistical Analysis.* Th. D. Dissertation submitted in 1995, Golden Gate Baptist Theological seminary.

Muilenburg, J. "Form Criticism and Beyond," *JBL* 88(1969). pp.1-18 = 김이 곤 역, "양식비평학과 그 극복," 『신학사상』84(1994), pp.177-205.

Shapiro, S. "Rhetoric as Ideology Critique," *JAAR* 62(1994). pp.123-50.

Wuellner W. "Where is Rhetorical Criticism Taking Us?," *CBQ* 49(1987). pp.448-63.

도표 1: 전도서에 나타난 속담의 명칭과 범위

장	Johnson (proverbs, 속담)	Whybray (aphorisms, 격언)	Gordis (proverbial citations, 잠언의 인용)	Rosendal (popular wisdom, 대중지혜)	Scott (proverbs / folk saying, 민속잠언)	Loader (maxims, 경구)	Klein (Sprichwörter)	채은하 (popuar proverbs, 속담)
1	15, 18	4, 8하, 15, 18		15, 18	15, 18	15, 18	15, 18	15, 18
2		13, 14상,	13, 14, 18			14a		14상
3	20			20하				
4	5, 12하	4, 5, 6, 9, 11, 13, 17상	5, 6, 7, 8, 9, 10, 11, 12	5, 6, 12하	5, 6,	5, 12,	5, 6, 12하	5, 6, 12하
5	10, 11	2, 9상	1, 2, 9	10, 11상, 15	1, 3, 7, 10, 11, 12	3, 10, 11, 12	10상	9, 10상, 11
6	7,	7, 9상	9	9	11		7, 9상	7, 9상
7	6, 20	1, 2상, 3, 4, 5, 6상, 7, 8, 9, 12	1-14,	6, 8	대부분	4, 19,	1상, 8	1상, 6상, 8상
8		1하, 4, 8	2, 3, 4, 5, 6, 11, 12, 13, 14	8	8	4, 8		
9		4하, 17, 18,	4, 5, 6, 16, 18	4	17, 18	4	4하	4하, 16상ㄴ, 18상
10	2, 3, 8, 9, 11, 12, 13, 14, 15	2, 3, 8, 9, 11, 18, 19	2, 8, 9, 18,	1, 4하, 8, 9, 18	대부분	1, 2, 3, 12, 8, 9, 11, 18	1상, 4하, 8, 9, 10이하, 14상, 18	1상, 8-9, 11, 18, 20하
11	3, 4,	1, 4	1, 3, 4	4	3, 4	3, 4, 13	3, 4	4
12								

도표 2: 구약성경에 나타난 마샬[1]과 그 번역들

	속담	잠언	비유	노래	예언	금언	읊음	비사	풍자
개역	12	8	5	6	3			2	
(말거리와 슬픈 애가가 각각 1회씩)									
공동번역	10	5	2			3	9		
(격언, 희롱거리, 교훈, 풍자의 노래, 넋두리, 풍자시, 노래, 눈총, 비꼬는 말은 각각 1회씩)									
표준새번역	10	9	6	2	7				2
(격언, 조롱, 풍자시, 빈정대는 노래는 각각 1회씩)									
개역개정	12	8	5	2	7				
(말거리와 슬픈 노래는 각각 1회씩)									
	proverbs	byword	parable	discourse	oracle	saying	song	allegory	ridicule & scorn
NIV	14	4	4	2	7	2	1		2
(taunt, sport은 각각 1회)									
NRSV	19	3	1	2	7		2(taunt song)	3	
(mocking riddles는 1회)									

---

1) משל 혹은 משלים이 나오는 구절이다: 민 23:7, 18; 24:3, 15, 20, 21, 23; 28:37; 삼상 10:12; 24:14(13), 왕상 5:12(4:32); 9:7; 대하 7:20; 욥 13:12; 27:1; 시 49:5; 69:12; 78:2; 잠 1:1, 6; 10:1; 25:1; 26:7, 9; 전 12:9; 사 14:4; 렘 24:9; 겔 12:22, 23; 14:8; 17:2; 18:2, 3; 21:5(20:49); 24:3; 미 2:4; 합 2:6.

도표 3: 속담 주변의 문학 장치들

속담	1:15	1:18	2:14상	4:5, 6	4:12b	5:9, 10상, 11상	6:7, 9상
단원	1:12-15	1:16-18	2:12-17	4:4-6	4:7-12	5:9-6:9	5:9-6:9
자서전적 문체(나)	○	○	○	○	○	○	○
기능2)	B	B	C	B	B	A	B
הבל	1:14하	1:17하3)	2:15하, 17하	4:4	4:7, 8하	5:9하	6:9하
רעות רוח	1:14하		2:17하	4:6	4:16		6:9하
수사 의문문			2:15		4:8	5:10하, 15	6:8

속담	7:1상, 6상, 8상	9:4하	9:16상ㄴ	9:18상	10:1상, 8-9, 11, 18, 20하		11:4
단원	7:1-14	9:1-6	9:13-16		9:17-10:20		11:1-6
자서전적 문체(나)	×	○	○	○			×
기능	D	C	B	D			C
הבל	7:6하						
ידע / מצא 4)	7:14 מצא לא	9:5 יודעים יודעים			10:14 ידע לא(x2)		11:2, 5, 6 5)
수사 의문문	6:12, 7:13						

---

2) A-서론의 기능; B-결론의 기능; C 보충의 기능; D 그 외의 다른 속담.

3) 1:17에서는 רעות רוח가 아니라 대신 רעיון רוח가 발견되고 있다. 그러나 이들 사이의 의미상 차이는 없다.

4) 동사 ידע나 מצא가 부정어(לא 혹은 אין)와 함께 "알지 못한다"는 의미를 전달하고 있다.

5) לא תדע(11:2), לא תדע(11:5), אינך יודע(11:6).

· 저자 ·

채은하   · 약 력 ·
(蔡銀河)   장로회신학대학교 기독교교육과 졸업
장로회신학대학교 신학대학원 목회학석사
호주 멜본신학대학교 신학석사
장로회신학대학교 대학원 신학박사
한일장신대학교 신학부 조교수

· 주요논저 ·
「헤벨(הבל)을 통해 본 코헬렛의 제3세계 위기의식과 고민」
「장애, 문화적 / 종교적 고통과 치유」
『신구약중간시대의 문헌 이해』(M. Mcnamara, 역서)
『전도서』(P. Brown, 역서)
『구약성서개론』(공저)
외 다수

전도서에 나타난
속담의
수사학적 기능 연구

· 초판 인쇄	2008년 1월 5일
· 초판 발행	2008년 1월 5일
· 지 은 이	채은하
· 펴 낸 이	채종준
· 펴 낸 곳	한국학술정보㈜
	경기도 파주시 교하읍 문발리 513-5
	파주출판문화정보산업단지
	전화 031) 908-3181(대표) · 팩스 031) 908-3189
	홈페이지 http://www.kstudy.com
	e-mail(출판사업부) publish@kstudy.com
· 등 록	제일산-115호(2000. 6. 19)
· 가 격	17,000원

ISBN   978-89-534-7535-9 93230 (Paper Book)
978-89-534-7536-6 98230 (e-Book)